尚晓援◎编著

保护和支持受到性侵害的儿童政策与实践

华东理工大学出版社
EAST CHINA UNIVERSITY OF SCIENCE AND TECHNOLOGY PRESS
·上海·

图书在版编目(CIP)数据

保护和支持受到性侵害的儿童: 政策与实践 / 尚晓援编著.
-- 上海 : 华东理工大学出版社, 2023. 12.
ISBN 978-7-5628-7134-7
I. R167-49
中国国家版本馆 CIP 数据核字第 2024YH4297 号

内 容 提 要

本书重点研究中国对受到性侵害儿童的保护和支持,考察和分析儿童保护的法制基础和主要制度安排、秉持的基本原则和司法实践、国家行为和社会参与。研究发现,中国已经建立起能够为所有儿童提供底线保护的儿童保护制度,儿童权利成为指导实践的主要原则,社会组织的参与补充了儿童保护的需要。同时,本研究也发现,中国的儿童保护正在发展,为了更有效地保护受到性侵害的儿童,需要更多的投入和更长时间的经验积累。本书还讨论了中国儿童保护制度发展的经验和教训,以及怎样改进和完善现有的制度与实践。本书共六编十九章,分别从我们为什么需要儿童保护制度、建立儿童保护的法制基础、建立底线的儿童保护制度、建立以儿童权利为基础的保护制度、中国应对儿童性侵害的努力、社会各界参与儿童保护的行动等方面进行分析和探讨。

策划编辑 / 刘　军
责任编辑 / 秦静良　王雪飞
责任校对 / 张　云
装帧设计 / 徐　蓉
出版发行 / 华东理工大学出版社有限公司
地址: 上海市梅陇路 130 号,200237
电话: 021 - 64250306
网址: www.ecustpress.cn
邮箱: zongbianban@ecustpress.cn
印　　刷 / 上海光扬印务有限公司
开　　本 / 710 mm×1000 mm　1/16
印　　张 / 18.5
字　　数 / 272 千字
版　　次 / 2023 年 12 月第 1 版
印　　次 / 2023 年 12 月第 1 次
定　　价 / 120.00 元

致　谢

本书主要内容的写作，基于北京师范大学社会发展与公共政策学院、澳大利亚新南威尔士大学社会政策研究中心、北京青少年法律援助与研究中心、儿童乐益会（中国）的合作研究，这项研究得到了澳大利亚研究署（Australian Research Council）（LP140100086，Protecting sexually abused children in China；LP160100188，Building China's welfare state—government purchased services for children）、北京青少年法律援助与研究中心、儿童乐益会（中国）、澳大利亚新南威尔士大学、北京师范大学的资金和实物支持，特此致谢。

目　录

绪论　1

第一节　研究的背景和目的　1

第二节　未成年人保护制度与儿童保护　2

第三节　针对儿童的暴力和虐待　3

第四节　研究方法　4

第五节　分析框架　5

第六节　本书结构　9

第一编

我们为什么需要儿童保护制度?

第一章　底线保护的必要性：针对儿童的暴力和性侵害　13

第一节　针对儿童的暴力：发生地点分析　14

第二节　儿童性侵害受害者分析　17

第三节　小结：针对儿童的暴力是一个重要的社会问题　18

第二编

建立儿童保护的法制基础

第二章　儿童保护的法律法规　23

第一节　联合国《儿童权利公约》　23

第二节　进步的脚步：完善中国的法律法规　25

第三节　小结　28

第三章　怎样定义对儿童的性侵害　30

第一节　研究方法和主要研究问题　32

第二节 法律法规和学术研究对“性侵害”的定义 34
第三节 结论 44
第四章 惩罚与保护：有关性侵害未成年人的法律规定和实践 48
第一节 法律关于性侵害未成年人行为的惩戒规定 49
第二节 法律对性侵害未成年人侵害者的规定 54
第三节 法律法规关于受性侵害未成年人的程序保护规定 55
第四节 法律援助：对性侵害未成年人犯罪受害者的支持 58
第五节 对性侵害未成年人的预防措施 63
第六节 结论 64

第三编 建立底线的儿童保护制度

第五章 儿童保护的政府组织 67
第一节 中国各级政府和儿童保护事务 68
第二节 有政府背景的人民团体和社会团体 81
第六章 建立儿童保护的强制报告制度 84
第一节 建立儿童保护的报告制度：从自愿报告到强制报告 85
第二节 报告责任主体 89
第三节 报告对象 92
第四节 报告事件范围 93
第五节 关于未能报告儿童保护案件的责任规定 96
第六节 报告后的处理措施 98
第七节 讨论 103

第七章 建立儿童保护的调查和司法程序：剥夺父母监护权第一案 112
第一节 导言 112
第二节 儿童保护案件的处理过程分析 118
第三节 判决后对受虐待儿童提供的支持 122
第四节 未成年人的隐私权保护贯穿始终 123
第五节 讨论 124
第六节 发现的问题 126
第八章 替代性养护制度和儿童保护 128
第一节 替代性养护的定义和特点 129
第二节 中国的替代性养护制度 134
第三节 中国替代性养护制度面临挑战 138
第九章 先行一步：张家港市建立具有四个基本要素的儿童保护制度 140
第一节 建立具有四个基本要素的儿童保护制度 141
第二节 其他制度建设经验 144
第三节 小结 145

第四编
改革之路：建立以儿童权利为基础的保护制度

第十章 儿童保护最佳实践分析框架 149
第一节 最佳实践的分析方法和使用前提 150
第二节 建立儿童保护案件的分析框架和指标 151
第三节 建立以儿童权利为基础的受害者支持框架 153
第四节 最佳实践的分析方法 155

第十一章 保护遭受性侵害的精神残疾女童 157
第一节 导言 157
第二节 启动儿童保护案件的处理程序 160
第三节 司法程序的儿童权利分析 161
第四节 对受害儿童及其家庭的后期安置和支持 165
第五节 本案引发的处理监护人性侵案件的思考与建议 167
第十二章 大众传播和儿童保护——剥夺父母监护权案件中的传播策略分析 171
第一节 儿童保护案件中传播政策的重要性 172
第二节 中国首个儿童保护案件中的传播策略分析 173
第三节 传播情况分析：J省X市撤销监护权案件报道基本情况统计 176
第四节 讨论和分析 178

第五编

向儿童性侵害说不：中国的努力

第十三章 高风险和无意识：儿童性侵害高发的原因分析 183
第一节 发展中儿童面对的风险增加，家庭和社区保护能力下降 184
第二节 中国的儿童性教育 188
第三节 讨论和政策建议 193
第十四章 难以启齿：性侵害受害儿童自我披露行为研究 197
第一节 导言 198
第二节 受害者和性侵者基本情况分析 201

第三节 揭露状况及其后果 204
第四节 儿童不愿揭露受性侵害的原因 204
第五节 被揭露和发现的性侵害案例分析 207
第六节 研究讨论 211
第七节 防治儿童性侵的政策建议 214
第八节 研究的局限和意义 216

第六编

社会在行动

第十五章 非政府的儿童保护组织 219
第一节 非政府儿童保护组织的类型 220
第二节 服务组织个案分析 225
第三节 小结 230
第十六章 未成年人保护公益律师在儿童保护制度发展中的作用 232
第一节 导言 233
第二节 中国未成年人保护法律专业组织和专业队伍的建设 234
第三节 未保律师组织在儿童保护中的作用 238
第四节 主要发现和讨论 242
第十七章 专业律师对儿童性侵害案件的介入 243
第一节 导言 243
第二节 未保律师个案介入的重要性 245
第三节 专业律师的个案介入 247
第四节 结论和政策建议 254
第十八章 儿童保护服务：政府购买和慈善捐款支持 257
第一节 导言 258

第二节 对儿童暴力受害者的保护和服务：政府购买服务 261
第三节 对儿童暴力受害者的保护和服务：慈善资金支持服务 267
第四节 慈善捐款服务和政府购买服务的异同 274
第五节 结论 276
第十九章 结语：儿童保护，任重道远 278

后记 283

绪　论

尚晓援

第一节　研究的背景和目的

自 1978 年改革开放以来，中国的经济高速发展，国民发展状况获得了极大改善。中国成为自人类发展指数被提出以后，第一个从低发展状态进入高发展状态的国家。在此背景下，儿童发展也成就显著。3 亿多儿童摆脱绝对贫困，在营养、健康、教育和生活质量等方面，儿童的发展状态得到大大改善。

在改善儿童发展状态的过程中，国家优先解决儿童面临的生存和发展问题，如新生儿保健、营养、健康和教育等，对儿童保护问题采取的措施相对滞后。长期以来，儿童由家庭监护，保护儿童免受各种暴力伤害主要是家庭的责任。在家庭内对儿童发生的暴力行为相对隐蔽，难以得到有效制止。学术界、政策学界和全社会，对儿童保护的重要性的认识经历了逐渐深化的过程。2013 年，中国开始了地方性的儿童保护政策试点，探索如何建立现代意义上的未成年人保护制度。经过数年的发展，到 2021 年年底，中国初步建立了底线的未成年人保护制度。

本书主要考察中国的未成年人保护制度，思考怎样为受到性侵害的儿童提供保护和支持，探讨在制度发展过程中的经验和教训，进一步探索怎样为受到性侵害的儿童提供更有效的保护和支持。

第二节　未成年人保护制度与儿童保护

本书研究的主要对象是中国的未成年人保护制度，一般也称为“儿童保护制度”，特别关注对受到性侵害儿童提供保护和支持的制度。

为此，我们需要首先谈谈“儿童保护”的含义。

在中国正式的法律用语中，“未成年人”是指所有未满十八周岁的公民。在学术研究中，“儿童”和“未成年人”两个术语都可以使用。在特定的研究场合，则需要进行严格的定义。因为在中国的法律中，“未成年人”有比较严格的定义，所以，未成年人保护制度是严谨的法律术语。但是，中国的儿童保护研究受国际组织和国际学术界的影响甚深，与儿童保护相应的英语概念为“child protection”。在联合国的文件中，儿童（child）的年龄有严格的定义，和中国的“未成年人”的年龄规定相同。[①] 因此，在本书中，笔者即在未成年人的意义上，使用“儿童”的概念。中国的未成年人保护制度发展较晚，在学术研究中，“儿童保护制度”这一概念使用甚广，在学术界和社会上均被广泛接受。因此，本书中未特殊指明的地方，“儿童保护”和“未成年人保护”两个术语具有相同的意义，相应的英语概念为“child protection”。

此外，在学术研究中，对未成年人的保护有广义和狭义之分。广义的保护与广义的儿童福利制度的含义类似，是指现代福利国家为改善儿童状况、促进儿童福利的各种制度安排。在本书中，我们主要讨论狭义的未成年人保护制度。狭义的未成年人保护是一个有特定法律含义的概念，是指国家通过一系列的制度安排，包括法庭命令、法律诉讼、社会服务、社会救助和替代性养护等措施，为受到和可能受到暴力侵害（亦称“儿童虐待”，含各种形式的暴力，如身体暴力、精神暴力、性暴力、忽视、遗弃和剥削）的未成年人提供的一系列旨在救助、保护和服务的措施，使未成年人能够在安全的环境中健康成长。

虽然我们研究的主要关注点不在广义的未成年人保护制度，但是广义的未

---

① 1989 年联合国《儿童权利公约》第一条规定：“儿童系指十八岁以下的任何人，除非对其适用之法律规定成年年龄低于十八岁。”

成年人保护制度对实现狭义的未成年人保护的目的有非常重要的作用。在主要西方国家中,越来越多的研究者注意到,一般的社会福利和儿童福利政策对受到虐待和忽视的儿童有重要的保护与支持作用。有些研究者使用“积极的儿童和家庭福利制度”①这一术语来形容广义的儿童保护。这是从关注儿童虐待问题的儿童保护制度多年的发展经验和教训中得到的结果,值得中国在制度建设之初给予重视。

“儿童保护”是普惠制服务,保护的对象是全体儿童,即所有受到和可能受到暴力和其他形式伤害的儿童。在所有儿童中,困境儿童处于高风险环境中,面临暴力侵害的风险更大。因此,儿童保护为处于高风险的困境儿童提供更高程度的保护。

儿童期是人生发展的初期,儿童对身心伤害非常敏感,儿童期受到的伤害会影响一个人一生的发展。因此,对儿童提供保护需要特殊的专业技能。

中国的未成年人保护制度为所有未满十八周岁的未成年人提供服务。但是,本书关注的重点是受到性侵害的儿童。为了为受到性侵害的儿童提供有效的特殊保护,法律对不同年龄的受害者有更严格的年龄定义,怎样为不同年龄的未成年人提供保护也有特殊的规定,本书第一章将专门讨论这个问题。

第三节 针对儿童的暴力和虐待

根据世界卫生组织的界定,儿童虐待包括所有形式的针对儿童的身体和(或)情感伤害、性虐待、忽视、疏忽照顾以及商业和其他形式的剥削。

儿童虐待主要包括身体虐待、性虐待、忽视和精神虐待四种形式。这四种形式几乎囊括了所有对儿童的伤害。

世界卫生组织对这四种形式的界定如下:① 身体虐待,指不是意外所造成

① Gary Cameron, Marshall Fine, Sarah Maiter, Karen Frensch, and Nancy Freymond (eds.), *Creating Positive Systems of Child and Family Welfare: Congruence with the Everyday Lives of Children and Parents* (Toronto: University of Toronto Press, 2013).

的对儿童的身体伤害或痛苦(non-accidental injury)，或不做任何预防使儿童身体受伤或受痛苦。② 性虐待(性侵害)，指牵涉儿童的非法的性活动，或者所牵涉的儿童不能做出知情同意的性活动。③ 忽视，指严重或长期忽视儿童的基本需要，如饮食、衣服、住宿、教育和医疗照顾，以致危害儿童的健康或发展；或在本来可以避免的情况下令儿童面对极大的危险。目前国际上普遍认为忽视应包括四个方面，即身体忽视、情感忽视、医疗忽视和教育忽视。④ 精神虐待，指危害或损害儿童心理、情绪或智力发展的行为和态度，包括羞辱、惊吓、孤立、剥削、漠视儿童的情绪需要等。①②

就针对儿童的暴力和虐待的各个方面而言，儿童期性侵害/性虐待(child sexual abuse，CSA)是一个在国内外被特殊关注的问题。在中国，近些年，随着新的传播手段的发展，针对儿童的性侵害(如强奸、性猥亵、性剥削等)案件在网上被曝光，儿童期性侵害的问题得到广泛关注，这有助于推动儿童保护制度的发展并加强对儿童期性侵害受害者的保护。

第四节 研究方法

本研究使用了多种研究方法，主要使用的是文献研究法和质性研究法。文献研究的对象包括法律法规文献，关于儿童虐待、儿童性侵害和儿童保护的已经发表的学术研究成果，政府和非政府组织内部的(发表或未发表的)文献，以及大众传播媒介的有关报告和报道等。质性研究主要依靠实地调查，包括面对面访谈、焦点小组讨论、访问会、实地观察等，以此收集资料，通过对资料的系统分析来得出主要结论。

---

① 世界卫生组织、国际预防儿童虐待与忽视协会：《预防儿童虐待：采取行动与收集证据指南》，https://iris.who.int/bitstream/handle/10665/43499/9241594365_chi.pdf? sequence=2&is Allowed=y，访问日期：2023 年 10 月 26 日。

② 世界卫生组织：《虐待儿童》，https://www.who.int/zh/news-room/fact-sheets/detail/child-maltreatment，访问日期：2019 年 10 月 26 日。

本研究的实地调查时间跨度较大，从 2013 年到 2019 年。因为 2019 年之后，中国的未成年人保护制度快速发展，所以本书中的政策文件研究还涉及 2021 年年底之前的一些重要变化。由于中国未成年人保护制度的迅速发展，在第一次实地调查之后，往往还需要进行数次后续调查，因而本研究开展实地调查的地区，受到未成年人保护制度建设和未成年人性侵害案件发生地点的限制，包括江苏省、浙江省、四川省、山东省、广东省深圳市、北京市、河南省、辽宁省等多个地区。

本研究的实地调查，由北京师范大学家庭与儿童研究中心、澳大利亚新南威尔士大学社会政策研究中心、北京青少年法律援助与研究中心联合组成的研究团队负责实施。

第五节　分析框架

一、具有四个基本要素的底线保护制度

笔者使用底线保护的制度分析框架，对中国的儿童保护制度发展进行分析。

在 21 世纪初，中国尚未建立正式的儿童保护制度。[①] 研究者发现，中国在儿童保护方面存在诸多制度要素缺失。尚晓援等提出，为了在中国提供底线的儿童保护服务，要建立必要的法制基础和包括四个基本制度要素在内的儿童保护制度。[②③] 这四个基本的制度要素如下。第一，儿童保护的责任主体机构（国家指定儿童保护主管机构）。为了对儿童提供有效的保护，必须有一个组织（国

---

① Therese Hesketh, Zhang Shu Hong and Margaret A Lynch, "Child Abuse in China: the Views and Experiences of Child Health Professionals," *Child Abuse & Neglect* 24, no.6(2000): 867 - 872.

② 尚晓援、张雅桦等：《建立有效的中国儿童保护制度》，社会科学文献出版社，2011，第 42—50 页。

③ Xiaoyuan Shang and Ilan Katz. "Missing Elements in the Protection of Children: Three Cases from China," *Journal of Social Service Research* 40, no.4(2014): 545 - 559.

家或国家授权的组织）负责儿童保护的有关事宜。这个组织必须有足够的权力、相应的资源和一定的管理能力来处理儿童受到暴力侵害的案例，并为儿童安排保护性监护。第二，强制报告（mandatory reporting）的责任制度。为儿童提供有效的保护，首先必须保证儿童受虐的现象被揭露出来。因此，报告制度是儿童保护的第一步。在很多国家，从事与儿童有关工作的人员，如教师、医生、社会工作者等，当发现儿童受到暴力侵害的迹象时，有义务向有关机构进行报告，这就是强制报告制度。第三，建立专门针对儿童保护的案件处理程序。如有关机构在接到报告之后，必须在规定时间内对儿童暴力侵害案件做出必要的处理和安排，包括接受立案、调查、评估、确认和干预等在内的全过程。第四，替代性的国家监护制度。对发生儿童虐待的家庭，有时需要国家进行干预，可能使用最极端的手段——把儿童从家庭中移出，永久性或暂时性地剥夺家长的监护权。没有国家监护制度，剥夺父母的监护权之后，儿童的安置就成为问题，儿童还是无法得到有效的保护。这四个要素是底线的儿童保护制度的最基础条件。尚晓援等据此提出了“儿童保护制度基本要素”的分析框架。①

建立具有四个基本要素的儿童保护制度，是一种底线的福利制度。②“底线保护”满足的儿童需求有两个特点：一是在儿童健康成长的基本需要中的刚性需求，如儿童的生命权和受保护权等；二是所有儿童都一致性地具有对底线保护的需求，即满足这些需求对每一个儿童都具有绝对的优先性。儿童保护制度对满足儿童的这些需求具有关键意义。对政府和社会来说，这是不能推卸、必须提供的服务。

自 2011 年至今，已经过去了十多年，中国的底线儿童保护制度已具雏形。

---

① 尚晓援、张雅桦等：《建立有效的中国儿童保护制度》，社会科学文献出版社，2011，第 99—101 页。

② 进入 21 世纪以来，随着经济发展，中国的社会政策领域面临着社会福利的模式选择问题。为了应对社会福利供给的挑战，也为了避免中国陷入其他发达国家曾经遇到的社会福利支出高企的问题，中国社会政策学界提出了多种社会福利模式的设想。景天魁等根据中国社会保障制度发展中遇到的挑战和问题，提出了底线公平的福利模式的设想，并讨论过底线公平的福利模式的基本原则、制度体系、主要特征等。在讨论为儿童提供底线保护时，笔者参考了景天魁等关于底线福利模式基本原则的理论思路。

本书对中国的底线儿童保护制度进行分析，讨论该制度怎样为受到性侵害的儿童提供保护和支持服务。

除了满足所有儿童对底线保护的需求之外，底线的儿童保护制度存在的问题是，这项制度旨在满足所有儿童共享的、一般性的（刚性）需求。对于受到性虐待的儿童而言，除了共享性需求之外，她（他）们往往还有对康复、补偿、重建个人生活环境的非共享需求。从社会的角度看，这些需求往往具有个人特点，不是可以共享的需求，而是需要超出底线保护的服务来满足；从个体的角度看，儿童对这些方面的需求也是刚性的需求，但是由于这些需求具有“非共享性”，政府提供的普惠制福利服务很难在这些方面提供超出底线保护的服务。由于存在对超出底线保护的非共享性需求，因而中国有一些非政府的儿童福利组织利用慈善资金为受害儿童提供服务，以满足他们的需求。

二、底线保护，从自由放任主义向国家干预的转变

底线的福利提供模式强调在服务提供中的政府首责原则。[①] 从儿童保护制度的发展中，我们可以看到在儿童保护中出现了明显的从自由放任主义向国家干预的转变。笔者在对儿童保护制度的发展问题进行考察时，对国家、家庭、儿童和社会之间的关系进行分析，分析的重点是儿童保护的职责怎样逐渐从家庭向国家转移，使国家越来越多地承担起儿童保护的责任。

在儿童保护制度发展的过程中，价值取向、传统的和文化的因素具有重要的影响。[②③] 在中国的传统社会中，儿童保护主要是家庭的责任。在 1949 年后，虽然国家、家庭和儿童之间的关系经历了巨大的转变，国家公权力干预了重要的家庭决策（如儿童教育），但是直到 2013 年，在儿童养育行为方面，主要的政策取向还是自由放任和父权主义的（laissez-faire and patriarchy）。[④] 儿童保护的责

① 景天魁、毕天云：《论底线公平福利模式》，《社会科学战线》2011 年第 5 期。

② 杨生勇、陈小蓓：《国外对儿童保护的批判性研究及启示》，《国外社会科学》2017 年第 2 期。

③ Marie Connolly and Ilan Katz, “Typologies of Child Protection Systems: An International Approach,” *Child Abuse Review* 28, no.5(2019): 381 - 394.

④ Fox Harding and Lorraine M, “The Children Act 1989 in Context: Four Perspectives in Child Care Law and Policy(I),” *Journal of Social Welfare and Family Law* 13, no.3(1991): 179 - 193.

任，几乎完全是家庭的责任。在家庭内，父母怎样养育子女，国家几乎不加干预。在旧的制度框架下，公权力在儿童保护方面的作为受到极大限制，甚至在父母对子女严重的虐待和忽视行为被揭露之后，国家的公权力也不能予以干预。其后，在多种环境因素的作用下，随着被曝光的恶性儿童伤害案件数量的增加，国家逐渐承担起更多的责任，开始干预父母的行为，保护儿童不受虐待。从政策取向分析，我国逐渐放弃自由放任的政策，向国家干预和儿童保护的政策取向转变。

三、底线的儿童保护，以儿童权利和刑事案件受害者权利为基础

儿童保护制度发展的基础，是儿童对保护服务的需求。笔者使用核心理论框架分析儿童需求，这是一种以儿童权利为基础的受害者支持框架。

儿童权利由联合国《儿童权利公约》定义，它是缔约国关于保护儿童权利、促进儿童发展的共同承诺。其中规定，缔约国应确保每个儿童都能够享有安全、营养、幸福的童年时光，能够为儿童成长创造良好的环境。各国都应努力使儿童享有生存、健康、保护、发展和参与等权利。在没有暴力侵害和剥削的环境中成长，是儿童最基本的权利之一。

在儿童权利的框架内，我们补充了刑事案件受害者权利的角度。在中国，对刑事案件受害者的需求和权利的研究尚不充分。因此，笔者使用的以儿童权利为基础的受害者支持框架参考了欧盟和澳大利亚的受害者支持框架。其中，受害者的权利包括尊重、知情、补偿、参与、受助等多个方面。①② 不过，一般而言，这些权利主要是从成年受害者的角度考虑的。对儿童受害者，特别是受到性侵害的儿童受害者，一般还应考虑包括特别的基于儿童需要的权利。

在中国，儿童权利的框架早已被学术界和政策学界所接受，其在政策制定方

---

① Hidemichi Morosawa, John J. P. Dussich and Gerd Ferdinand Kirchhoff, *Victimology and Human Security: New Horizons* (Nijmegen: Wolf Legal Publishers, 2012), pp. 535 - 559.

② Public Interest Advocacy Centre, "Statutory Review Victims Rights and Support Act 2013," accessed October 27, 2022, https://piac.asn.au/wp-content/uploads/2022/07/Victims-Rights-and-Support-Act-Statutory-review-PIAC-submission-11072022.pdf.

面也有相当大的影响。对刑事案件受害者的救助政策从2004年开始试行,这是一个尚未获得足够的学术和政策关注的领域。[①] 不过,这个领域的发展在中国是一个不小的进步,因为救助政策肯定了刑事案件受害者享受国家救助的权利。在儿童保护发展的过程中,很多受害者获得该项国家救助。但是,对受害者的保护和支持还非常不足。如2019年,长刑期刑事犯的子女被列入了"事实无人抚养"的困境儿童的范围,并得到国家基本生活的保障。(《关于进一步加强事实无人抚养儿童保障工作的意见》)但作为刑事犯罪受害者的儿童,却没有被专门列入困境儿童的范围并获得国家帮助的权利。这个事实说明,中国对刑事案件儿童受害者的权利保护还需要进一步努力。

第六节　本书结构

本书除绪论外,共设六编十九章。第一编,《我们为什么需要儿童保护制度?》,分析了针对儿童的暴力侵害及其主要特点和危害性。第二编,《建立儿童保护的法制基础》,分析了中国儿童保护的法律法规、儿童性侵害的内涵及其发展、国家保护儿童的法律规定等。第三编,《建立底线的儿童保护制度》,考察了中国儿童保护的基本制度的建立,包括儿童保护的主管机构、强制报告制度、新的儿童保护的调查和司法程序、替代性养护的制度安排等。第四编,《改革之路:建立以儿童权利为基础的保护制度》,讨论怎样把儿童保护的制度建立在儿童权利保护的基础之上等。第五编,《向儿童性侵害说不:中国的努力》,分析了中国在各个方面面对的挑战和为儿童保护做出的努力。第六编,《社会在行动》,分析了中国社会组织和个人为儿童保护所做的工作。

---

① 杨树明:《彰显人文关怀 化解社会矛盾——最高人民法院推动刑事被害人救助制度改革综述》,https://www.chinacourt.org/article/detail/2012/06/id/521491.shtml,访问日期:2016年7月30日。

第一编

我们为什么需要儿童保护制度？

第一章

底线保护的必要性：针对儿童的暴力和性侵害

尚晓援

摘要：本章综述了针对儿童的各种暴力侵害的发生地点和受害者的特点，讨论了暴力侵害带给儿童、家庭和社会的恶果。分析表明，对儿童的暴力侵害，特别是性侵害，会给儿童带来严重的终身伤害，并通过"表观遗传"影响下一代，对家庭产生严重的负面影响，造成国家人力资源的损失。除此之外，对儿童的暴力侵害会给整个国家和社会造成直接的经济损失。有研究估计，2010 年，在中国（未统计港澳台地区），针对儿童的暴力侵害和虐待造成的经济损失超过千亿美元，约占国内生产总值（GDP）的 1.75%，其中儿童性侵害造成的损失约占 GDP 的 0.39%。因此，儿童保护涉及改善所有儿童的成长环境，保护数以千万计儿童的身心健康，并降低对儿童暴力侵害带来的社会成本。

关键词：儿童权利；儿童暴力；儿童性虐待；性侵害未成年人；儿童保护制度

2015 年，中国零到十四岁儿童约有 2.27 亿。[①] 儿童保护关系到所有儿童的

① 国家统计局、联合国儿童基金会、联合国人口基金：《2015 年中国儿童人口状况：事实与数据》，https://www.unicef.cn/reports/population-status-children-china-2015，访问日期：2020 年 11 月 12 日。

成长环境和数以千万计儿童的身心健康。在全体儿童中，还有许多困境儿童，如孤儿、残疾儿童、受艾滋病影响的儿童、流浪儿童和被遗弃的儿童等。困境儿童比其他儿童更易受到暴力行为的侵害。本章主要讨论对儿童的暴力侵害的发生地点、受害者和后果。

第一节 针对儿童的暴力：发生地点分析

一、家庭内对儿童的暴力

多次局部调查显示，针对儿童的暴力，发生在家庭内部或者熟人作案的最多。家庭暴力是儿童遇到最多的暴力伤害，父母常常用打骂、罚站等躯体虐待作为教育子女的方法。①

根据笔者组织的 2014 年 4 月在儿童保护项目试点地区（S 省 Z 市和 H 省 L 县）的基线调研，在调研前的两周内，Z 市受访儿童被父母或主要照料者斥骂的发生率为 46.1%，被用手打的发生率为 12.9%，被用硬物打的发生率为 5.8%。此外，部分 Z 市外来务工人员的未成年子女存在无监护人照料和看护的情况，甚至出现吃不饱的情况。在 L 县，在调研前的两周内，受访儿童被父母或主要照料者斥骂的发生率为 24.6%，被用手打的发生率为 5.6%，被用硬物打的发生率为 2.5%。

当然，不是所有发生在家庭中的暴力行为都达到了虐待入罪的程度，但是这对儿童造成的身心伤害很大。调研还发现，儿童在遭遇家庭暴力时，具有强烈的反抗愿望，甚至想采取极端的自毁手段来报复施暴者。此外，儿童对暴力伤害的恐惧比对其他伤害的恐惧更大，例如他们选择“害怕受到别人威胁、打骂”的比例高达 41.2%。

---

① Kai Ji and David Finkelhor, “A Meta-Analysis of Child Physical Abuse Prevalence in China,” *Child Abuse & Neglect* 43(2015): 61 - 72.

二、校园暴力

校园暴力包括教师等学校员工对儿童所施加的暴力和同伴群体施加的暴力（校园欺凌）。校园暴力，特别是欺凌，近年来被广泛报道。有研究显示，中国城市地区受到校园欺凌、参与欺凌他人或目睹校园欺凌的发生率分别为26.10%、9.03%和28.90%。[①] 在儿童保护项目试点地区的基线调研发现，在调研前的两周内，Z市有37.5%的受访儿童看到有同学被老师打骂，L县的数据是27%。

校园暴力会对儿童心理产生严重的负面影响。占少云曾做过一项关于校园暴力的调查，此调查中收回的900份学生调查问卷反映出，八成学生恐惧校园暴力。关于“你身边有校园暴力吗”的问题，67%的学生认为自己身边存在校园暴力，18%左右的学生认为自己的学校并不是很安全，78%以上的学生认为酒吧、网吧和一些偏僻的路段往往是学生打架斗殴的地方。此外，有80%以上的学生表现出对校园暴力的恐惧，有26%的同学承认自己曾遭遇校园暴力。这项调查还显示，在收回的900份家长调查问卷中，不少家长担心孩子在校的安全。占少云认为，校园暴力已成为家长普遍担忧的问题。[②]

在校园暴力中，最受关注的是发生在校园内的性侵害案件。

三、儿童服务机构内发生的针对儿童的暴力

在学校之外，中国存在各种各样的对普通儿童、困境儿童和有特殊需要的儿童提供替代性养护、照料和服务的机构。在监管不到位的情况下，这些儿童服务机构内可能发生针对儿童的暴力。

在21世纪的最初15年中，笔者本人领导的团队对国有儿童福利机构做过多次调查。调查团队访问了在机构内长大的孤儿，他们很多人童年时受到过诸如根据

---

① Ziqiang Han, Guirong Zhang, and Haibo Zhang, “School Bullying in Urban China: Prevalence and Correlation with School Climate,” *International Journal of Environmental Research and Public Health* 14, no.10(2017): 1116.

② 李少威、张玉云、张颖妍：《调查近三成学生曾遭遇校园暴力》http://www.cjn.cn/cjnjy/syfb/200901/t853440.htm，访问日期：2019年10月26日。

身体残疾的特征起外号、被打骂等令人不快的对待，也有的受到过来自同伴群体的霸凌。[①②] 进入21世纪之后，随着儿童福利机构经费保障机制的完善、儿童养育观念的更新和保育人员受教育程度的提高，这些现象大大减少，儿童生存状况得到改善。

除此之外，虽然国有儿童福利机构内严格禁止针对儿童的暴力，但是在少数贫困地区，国家养护的儿童可能被临时安置在成年人福利机构或养老机构中。在这些地方，儿童受到暴力侵犯，特别是性侵害的风险大大增加。在中国儿童保护制度建设的过程中，民政部门正在逐步解决这个问题。被临时安置在成年人福利机构或养老机构中的儿童数量极少，一般会被尽快转入更安全的儿童福利机构。

四、社会上发生的针对儿童的暴力

在公共场合发生的虐待儿童现象表明中国迫切需要建立儿童保护制度。社会上针对儿童的暴力主要表现为儿童拐卖。目前，在政府和社会的努力下，这种现象已经被有效遏制。

在制止儿童拐卖方面，民间社会力量发挥了重要作用。其中最著名的是儿童保护网站"宝贝回家"，其以民间的力量收集并发布被拐卖和失踪儿童的信息，通过互联网发动志愿者寻找孩子线索，帮助了很多被拐卖的儿童与家长团聚。著名学者于建嵘通过微博发起"随手拍照，解救乞讨儿童"活动，号召公众把看到的街头暴力拍下来，以便帮助解救这些儿童。在热心网友的帮助下，该活动收集了大量的在街头被施暴的儿童照片。除了通过互联网技术帮助减少儿童拐卖外，民间组织还通过正式的参政议政渠道向政府积极提出儿童保护建议。

除了民间的努力，公安部门和政府的努力对减少儿童拐卖也起到了重要作用。公安部在刑侦局下成立了打击拐卖妇女儿童犯罪办公室，开展了政府内的多部门合作，并与民间组织合作，采取多种措施，大大减少了街头被施暴儿童的

---

① Xiaoyuan Shang, Karen R. Fisher, "Child Maltreatment and Prevention Practices in Chinese Orphanages," in *Child Maltreatment in Residential Care: History, Research, and Current Practice*, ed. Adrian V. Rus, Sheri R. Parris and Ecaterina Stativa (Cham: Springer International Publishing, 2017), pp. 323 - 336.

② Xiaoyuan Shang and Karen R. Fisher, *Young People Leaving State Care in China* (Bristol: Policy Press, 2017).

数量和被拐卖儿童的数量，该办公室成为遏制对儿童性剥削的重要机构。

五、针对儿童的网络暴力

当今大部分儿童广泛接触互联网，可能遭受来自网络的新形式的暴力和侵害。中国社会科学院 2018 年的研究报告显示，在被调查的儿童中，有 33%在网络上遇到过色情信息骚扰，37%遇到过网络诈骗信息，71%遇到过网络暴力辱骂信息，11%遇到过网络性骚扰。从性别来看，女性儿童遇到骚扰信息的比例为 12%，男性儿童遇到骚扰信息的比例为 11%。[①] 这些数据说明，网络已经成为预防儿童性侵害的一个不可忽视的场所。

第二节　儿童性侵害受害者分析

对中国的儿童性侵害受害者的研究缺少全面的数据。根据目前可以看到的研究成果，我们有以下发现。

一项关于 B 市 F 区人民检察院 2011—2013 年办理的案件的研究发现，在 F 区，外来务工的未成年人与外来务工人员的未成年子女是性侵害案件的主要受害者。研究者认为，这或许是因为儿童没有获得有效的教导，家长对儿童缺乏关心和保护。[②] 在解释因为父母外出打工而与亲戚同住的农村留守儿童容易遭到性侵害的问题时，多位研究者给出了非常类似的推论。[③④] 然而，一项关于 S 省儿童性侵害受害者的研究显示，父母在家的儿童和留守儿童遭到性侵害的比例并没有明显区别。[⑤] 在儿童性侵害研究中，常见一种假设——牢固的家庭

---

① 郭冉、田丰、朱迪：《互联网与中国青少年：多维视角下的网络使用与网络安全》，社会科学文献出版社，2018，第 59—73 页。

② 李章颖、陈莎莎：《近两年北京市丰台区未成年人遭受性侵害案件高发应引起重视》，《法制与社会》2014 年第 7 期。

③ 王进鑫：《青春期留守儿童性安全问题研究》，《当代青年研究》2009 年第 3 期。

④ 周楚、王德斌、洪倩：《留守儿童性侵害案件的成因及对策》，《医学与社会》2010 年第 1 期。

⑤ 王进鑫：《青春期留守儿童性安全问题研究》，《当代青年研究》2009 年第 3 期。

关系会使儿童的生活更加安全。但有研究者发现，无论在哪种家庭条件下，儿童性侵害的发生率都没有显著的区别。[①] 也有研究者发现，儿童性侵害的发生与父母的受教育程度、儿童是否为独生子女、生活在城市或农村和母亲是否失业没有显著的相关性，但是父亲的失业会增加性侵害的可能性，单亲家庭中的儿童比健全家庭中的儿童有更大风险遭受性侵害。[②③]

校园中的儿童性侵害往往获得普遍关注。校园内发生的性侵害案件隐蔽性强，难以被发现。此外，教师实施性侵害的案件很少被上报或者被怀疑，因为在传统文化中，教师是值得信任的，儿童被教育要绝对地服从教师的命令，同时家长和社会其他成员往往意识不到教师也可能成为性侵害的施害者。[④⑤]

儿童性侵害的研究和法律实践均缺乏对男童保护的关注。新闻报道中很少有受害者是男童的案子。研究也显示，家长和幼儿园教师通常意识不到男童也会成为性侵害受害者，他们缺乏保护男童免受性侵害的有关知识。[⑥] 有关分析见本书第三章。

第三节　小结：针对儿童的暴力是一个重要的社会问题

针对儿童的暴力对儿童、家庭以及整个社会都会产生严重的负面影响。

研究显示，儿童期受到的暴力会对儿童身心健康造成严重的伤害，这种影响

① 王进鑫：《青春期留守儿童性安全问题研究》，《当代青年研究》2009 年第 3 期。

② Jingqi Chen, Michael P Dunne, and Ping Han, "Child Sexual Abuse in China: A Study of Adolescents in Four Provinces," *Child Abuse & Neglect* 28, no.11(2004): 1171 - 1186.

③ Jingqi Chen, Michael P Dunne, and Ping Han, "Child Sexual Abuse in Henan Province, China: Associations with Sadness, Suicidality, and Risk Behaviors among Adolescent Girls," *Journal of Adolescent Health* 38, no.5(2006): 544 - 549.

④ 曾益康：《校园"性侵害"法律问题研究》，《法制与社会》2014 年第 23 期。

⑤ 姚建龙、颜湘颖：《校园性侵害的现状与抗制》，《青少年犯罪问题》2006 年第 3 期。

⑥ 姚建龙、颜湘颖：《校园性侵害的现状与抗制》，《青少年犯罪问题》2006 年第 3 期。

可以持续到成年，甚至会改变遗传性状。

暴力侵害给儿童和家庭造成痛苦，可能产生长期的不良后果。暴力侵害会导致受害儿童精神紧张，损害儿童早期大脑发育，极度紧张有可能损害精神和免疫系统发育，并对成年后的职业和社会行为产生因果性效应。曾经受过虐待的儿童在成年后，出现行为、身体和精神卫生问题的可能性增加，如施加暴力或沦为暴力受害者、抑郁症、吸烟、肥胖、高危性行为、意外怀孕、酗酒和滥用药物。虐待所造成的这些行为、身体和精神卫生方面的后果，会成为受害儿童日后罹患心脏病、癌症、性传播感染，以及自杀的一种诱因。①②③

在《自然》杂志上发表的研究成果显示，童年期遭受的虐待会导致受害儿童基因改变。童年期遭受的暴力可以以“表观遗传”的形式改变一个人基因的表达和遗传，具体影响的基因是 NR3C1，从而导致个人终身的抗压能力减弱，更容易生病或自杀。④ 从宏观结果看，这是国家人力资本的损失。

虐待儿童不仅造成个人健康和社会方面的后果，还会对经济发展产生负面影响。这包括治疗和康复方面的额外支出，比如住院治疗、心理健康治疗、儿童福利和长期医疗保健等产生的费用⑤，因为健康问题导致的生产率损失，以及犯罪率增加造成的损失等。

在全球，针对儿童的暴力行为非常普遍。其他国家的儿童保护制度发展的历史经验表明，针对儿童的暴力只有首先被广泛认识并构建成社会问题，才有可能通过儿童保护的制度建设获得政策解决。⑥

---

① Kai Ji and David Finkelhor, “A Meta-Analysis of Child Physical Abuse Prevalence in China,” *Child Abuse & Neglect* 43(2015): 61 – 72.

② Xiangming Fang, Deborah A Fry, Kai Ji, et al., “the Burden of Child Maltreatment in China: A Systematic Review,” *Bulletin of the World Health Organization* 93, no.3(2015): 176 – 185C.

③ 世界卫生组织：《虐待儿童》，https://www.who.int/zh/news-room/fact-sheets/detail/child-maltreatment，访问日期：2019 年 10 月 26 日。

④ Patrick O McGowan, Aya Sasaki, Ana C D' Alessio, et al., “Epigenetic Regulation of the Glucocorticoid Receptor in Human Brain Associates with Childhood Abuse,” *Nature Neuroscience* 12(2009): 342 – 348.

⑤ 世界卫生组织：《虐待儿童》，https://www.who.int/zh/news-room/fact-sheets/detail/child-maltreatment，访问日期：2019 年 10 月 26 日。

⑥ Kai Ji, David Finkelhor and Michael Dunne, “Child Sexual Abuse in China: A Meta-Analysis of 27 Studies,” *Child Abuse & Neglect* 37, no.9(2013): 613 – 622.

尚晓援等在中国2005年的调查表明，在当时，谈及虐待儿童的现象，多数被访者都没有意识到这是社会问题。[①] 这个现象在2013年有了重要的改变，对政府官员的访问表明，关于针对儿童的暴力和性侵害问题，政府正在采取措施，陆续制定有关的儿童保护政策。

对儿童保护服务的历史研究表明，在美国、英国、澳大利亚等国家，就针对儿童的暴力而言，由于身体虐待造成的后果明显可见，因而身体虐待是首先被构建为社会问题的。其次是性侵害。在中国，身体虐待和性侵害正在被构建成社会问题。但是，精神虐待、忽视等方面的问题尚未引起足够的重视。[②]

对儿童的暴力，特别是性侵害，是非常严重的社会问题，需要社会政策的干预和解决。

---

① Xiaoyuan Shang and Ilan Katz. "Missing Elements in the Protection of Children: Three Cases from China," *Journal of Social Service Research* 40, no.4(2014): 545 - 559.

② Ilan Katz, Xiaoyuan Shang and Yahua Zhang, *Child Protection Systems in Rural China: Interagency Responses* (Australia: the Chinese Social Policy Workshop, The University of New South Wales, 2009).

第二编

建立儿童保护的法制基础

第二章

儿童保护的法律法规

尚晓援

摘要：本章考察了中国儿童保护的法律法规。联合国《儿童权利公约》对中国儿童保护的法律、政策和实践有重要影响。为了实现《儿童权利公约》提出的各项儿童权利，中国逐渐建立了自己的儿童保护的法律框架：以宪法为核心，包括全国性的民事、刑事和行政法律法规，地方性法规，以及大量的司法解释等。此为中国儿童保护制度的法制基础。在此基础上，儿童受到国家的法律、行政法规和地方性法规等的多重保护。

关键词：儿童保护；儿童权利；儿童暴力；儿童性虐待；性侵害未成年人；联合国《儿童权利公约》

法律法规是儿童保护的法制基础。在中国，与儿童保护有关的法律法规包括国际公约、法律、行政法规（条例）、规章等。为了建立有效的儿童保护制度，中国政府努力完善法律法规，弥补在保护儿童免受暴力侵害方面存在的漏洞，为中国的儿童保护制度建立了初步的法制基础。

第一节　联合国《儿童权利公约》

中国是联合国《儿童权利公约》的缔约国。《儿童权利公约》对中国的有关法律、政策和实践有重要的影响。

在《儿童权利公约》中有保护儿童免受虐待和伤害的条款。《儿童权利公约》概述了儿童的公民、社会、经济、文化和其他人权，呼吁各国政府采取法律和其他措施，不因种族、肤色、性别、语言、宗教、政治和其他而产生区别，保护所有儿童。该公约是世界范围内最为广泛的人权公约，联合国的成员国除美国外都批准了该公约。此外，《儿童权利公约》还有关于儿童买卖、儿童卖淫和儿童色情制品的任择议定书。

第一，《儿童权利公约》文本中阐述了缔约国保护儿童免受性侵害和性剥削的义务。缔约国承担保护儿童免遭一切形式的色情剥削和性侵犯之害，为达此目的，缔约国尤应采取一切适当的国家、双边和多边措施，以防止：

（a）引诱或强迫儿童从事任何非法的性活动；

（b）利用儿童卖淫或从事其他非法的性行为；

（c）利用儿童进行淫秽表演和充当淫秽题材。

第二，《儿童权利公约》还阐述了国家应该保护儿童不受对儿童有某种照顾责任人的侵害。缔约国应采取一切适当的立法、行政、社会和教育措施，保护儿童在受父母、法定监护人或其他任何负责照管儿童的人的照料时，不至于受到任何形式的身心摧残、伤害或凌辱，忽视或照料不周，虐待或剥削，包括性侵犯。

这类保护性措施应酌情包括采取有效程序以建立社会方案，向儿童和负责照管儿童的人提供必要的资助，采取其他预防形式，查明、报告、查询、调查、处理和追究前述的虐待儿童事件，以及在适当时进行司法干预。

以上内容表明，联合国《儿童权利公约》包括保护儿童免受性侵害、性虐待和性剥削的内容。但是，从法律实践看，《儿童权利公约》是一个意向性文件，主要作用是为全世界各国儿童权利保护的法律、政策和实践提供指导，并帮助形成有利于儿童权利保护的文化氛围和实践经验。其对于形成儿童权利保护的社会和文化氛围，推动各国的法律、政策和实践的转变至关重要。[①] 在这个意义上，

---

① Ben Mathews and Donald C. Bross, "Using Law to Identify and Manage Child Maltreatment," in *Handbook of Child Maltreatment*, ed. Jill E. Korbin and Richard D. Krugman (Dordrecht: Springer, 2014), pp. 477 - 502.

《儿童权利公约》对儿童保护制度的发展起到了积极的推动作用。但在实践中,为了实现《儿童权利公约》提出的各项儿童权利,缔约国还需要考虑自身的法律、政策和实践的变迁。这需要一个过程,无法一蹴而就。

第二节　进步的脚步:完善中国的法律法规

中国未成年人保护的法律体系,在过去四十多年中逐渐发展起来,并在过去十几年中加速发展。这个体系以宪法为核心,包括全国性的民事、刑事和行政的法律法规,地方性法规,以及大量的司法解释等。在这个体系中,未成年人受到国家的法律、行政法规和地方性法规的多重保护。①②

《中华人民共和国宪法》在中国法律体系中具有最高的法律效力,是未成年人保护法律体系的核心。在宪法之下,对未成年人提供保护的法律还包括:一般性的、保护所有公民的法律,如《中华人民共和国刑法》(2020 年修订)、《中华人民共和国民法典》(2020 年颁布);为特定社会群体提供保护的法律,如《中华人民共和国妇女权益保障法》(2022 年修订);针对特定社会问题的法律,如《中华人民共和国反家庭暴力法》(2015 年颁布)、《中华人民共和国治安管理处罚法》(2005 年颁布);专门针对未成年人保护的法律,如《中华人民共和国未成年人保护法》(2020 年修订)、《中华人民共和国预防未成年人犯罪法》(2020 年修订);有关的司法解释等。

这些法律为儿童保护提供了最基本的法制基础。特别是《中华人民共和国未成年人保护法》和《中华人民共和国预防未成年人犯罪法》,以预防性法律形式强化对未成年人权益的保障。在实践中,《中华人民共和国刑法》注重加强对侵害未成年人犯罪行为的惩处,凡是涉及侵害未成年人权益的犯罪都坚持"严

---

① 于建伟:《未成年人保护法修订的背景、过程及重要意义》,http://www.npc.gov.cn/npc//c2/c189/c221/201905/t20190524_33028.html,访问日期:2022 年 5 月 21 日。

② 王雪梅:《儿童权利论:一个初步的比较研究》,社会科学文献出版社,2005,第 45—60 页。

格、严厉、严肃”的刑事政策导向。[①]

有学者认为，儿童作为公民，享有包括性权利在内的所有权利。因此，中国的法律包括对儿童性权利的保护。在《中华人民共和国刑法》中，对性侵害犯罪有比较细密的规定，如强奸罪、对奸淫幼女的情形从重处罚、猥亵儿童罪、强迫卖淫罪等。不足之处在于，公民权利中的性权利地位不高。《中华人民共和国宪法》在第二章“公民的基本权利和义务”中规定了公民享有的广泛权利，但是没有专门提到性权利保护，对儿童性权利的保护亦存在保护不足的问题。[②]

2020 年修订通过、自 2021 年 6 月 1 日起施行的《中华人民共和国未成年人保护法》，集大成地吸收了中国各个方面关于未成年人保护的法律规定和实践经验，在未成年人性权利保护方面发挥着重要作用。

虽然针对受到性侵害的未成年人有一系列的保护法律，但是这些法律在司法实践中尚有不足之处。为了应对层出不穷的涉及性侵害未成年人犯罪的刑法适用，政府颁布了多项刑法解释和部门规章，对司法实务中涉及奸淫幼女，组织、强迫与引诱幼女卖淫，猥亵儿童和嫖宿幼女等问题做了具体解释。行政法规和司法解释构成了儿童保护的法制基础的重要组成部分。

2013 年 10 月，最高人民法院、最高人民检察院、公安部、司法部发布的《关于依法惩治性侵害未成年人犯罪的意见》（2023 年 6 月已废止）更是其中集大成者。[③] 虽然学界对这个文件有颇多争议，但其在保护未成年人免受性侵害方面的确发挥了重要作用。在此之后，国家在完善未成年人保护法制基础方面的行动明显加速。中国自改革开放以来，形成了针对重大社会问题，各个部门联合发力，通过颁布各类的指导意见以解决问题的做法。一些重要的未成年人保护行政法规就是这样出台的。如 2014 年 12 月最高人民法院、最高人民检察院、公安部、民政部联合发布的《关于依法处理监护人侵害未成年人权益行为若干问题

---

① 卫磊：《从严惩治性侵害未成年人犯罪与刑法解释的严格责任化》，《青年探索》2014 年第 5 期。

② 付玉明：《论我国留守儿童性权利的法律保护：基于十起典型案例的实证分析》，《法学论坛》2016 年第 3 期。

③ 卫磊：《从严惩治性侵害未成年人犯罪与刑法解释的严格责任化》，《青年探索》2014 年第 5 期。

的意见》(2015 年 1 月 1 日起施行)。2020 年 5 月,最高人民检察院、国家监察委员会、教育部、公安部等九部门联合印发了《关于建立侵害未成年人案件强制报告制度的意见(试行)》,该文件规定,公职人员、密切接触未成年人行业的各类组织及其从业人员,在工作中发现未成年人遭受或者疑似遭受不法侵害,以及面临不法侵害危险的,应当立即向公安机关报案或举报。至 2021 年年底,通过强制报告办理的侵害未成年人案件 1 657 件,对未履行报告义务促整改、追责 459 件。①

此后,中国建立了涉及儿童的行业入职查询制度。2020 年 9 月,最高人民检察院联合教育部、公安部出台了《关于建立教职员工准入查询性侵违法犯罪信息制度的意见》。该文件规定,中小学校、幼儿园新招录教职员工前,教师资格认定机构在授予申请人教师资格前,都应当进行性侵违法犯罪信息查询,对有性侵违法犯罪记录的人员,不予录用或不予认定教师资格。行业入职查询制度从中小学和幼儿园开始执行,逐步覆盖所有密切接触未成年人的行业,实现全国性侵违法犯罪信息共享,以预防校园和机构内儿童性侵害。至 2021 年年底,推动密切接触未成年人行业入职查询 749 万人次,解聘 2 900 名有前科劣迹人员。②

除此之外,最高人民法院和最高人民检察院还通过发布司法解释和指导性案例,对法律法规的施行给予指导,这也是建立未成年人保护法制基础的一个重要部分。如最高人民检察院 2018 年发布第十一批指导性案例,对网络儿童性侵害案件给出代表性案例定义:"非直接身体接触猥亵可认定构成猥亵儿童罪。"

法律监督是未成年人保护法制基础的另一个重要部分。在 2018 年 10 月颁布的《中华人民共和国人民检察院组织法》中,"检察建议"被确立为检察机关行使法律监督职权的方式之一。2018 年 10 月 19 日,最高人民检察院向教育部发送"一号检察建议",要求教育部等关注和解决校园性侵问题。"一号检察建议"

① 中国政府网:《最高人民检察院工作报告(摘要)》,http://www.gov.cn/xinwen/2022-03/09/content_5678027.htm,访问日期:2022 年 8 月 15 日。
② 中国政府网:《最高人民检察院工作报告(摘要)》,http://www.gov.cn/xinwen/2022-03/09/content_5678027.htm,访问日期:2022 年 8 月 15 日。

是历史上首次以最高人民检察院名义对另外一个部级单位发出的、针对儿童性侵问题的“检察令”。之后，全国开展了“中小学生欺凌防治落实年行动”。2019年，教育部和25个省（自治区、直辖市）党委、政府对落实最高人民检察院“一号检察建议”做出了反馈。其后，各地持续加强对校园暴力的治理。①

除宪法、法律和行政法规等外，地方性法规也是未成年人保护法制基础的重要部分。很多情况下，地方性法规在未成年人保护方面先行一步，针对某些未成年人保护的法律空白先行立法或制定地方性的行政法规，如后文讨论的强制报告制度。

第三节　小　　结

关于对未成年人的保护，过去十几年，是我国有关法律高速发展和进一步完善的关键时期。2012年，第十一届全国人民代表大会第五次会议修订的《中华人民共和国刑事诉讼法》增设了未成年人保护专章，对办理涉及未成年人的犯罪案件增设了很多新的制度。2015年，第十二届全国人民代表大会第十八次会议通过了《中华人民共和国反家庭暴力法》，在我国历史上第一次以专门立法的形式全面反对家庭暴力，为保护儿童免受家庭暴力提供了法律支撑。全国人民代表大会于2015年通过的《中华人民共和国刑法修正案（九）》和于2020年通过的《中华人民共和国刑法修正案（十一）》，弥补了儿童保护方面的重要法律空白，加强了对儿童的刑事司法保护。2021年1月开始施行的《中华人民共和国民法典》全面加强了对未成年人民事权益的保护。2020年10月，全国人民代表大会修订了《中华人民共和国未成年人保护法》和《中华人民共和国预防未成年人犯罪法》，均于2021年6月开始施行。

除了出台新的法律、修改现有的法律外，国家还在《中国儿童发展纲要

① 中国政府网：《最高人民检察院工作报告（摘要）》，http://www.gov.cn/xinwen/2022-03/09/content_5678027.htm，访问日期：2022年8月15日。

(2021—2030)》中提出了落实上述有关法律的具体要求,并就未来完善儿童保护法律体系提出了具体的方向。比如,该文件在策略措施部分明确提出:“推动加快家庭教育、学前教育、儿童福利、网络保护等立法进程,适时修订相关法律法规、出台司法解释。”这些都是中国未成年人保护法律体系建设的重大进步。

回顾中国儿童保护法律体系的发展轨迹,每前进一步,都是在政府部门、学术界、非政府组织和民间力量等密切合作和共同努力下实现的。在推动法律法规完善方面,各界都关注涉及未成年人法律保护的普遍性问题。对法律保护的重点和难点问题,则往往由各界联手,重点关注,重大突破,如此才实现了未成年人保护法律体系的进步和完善,为中国未成年人提供更加全面的法律保护。

第三章

怎样定义对儿童的性侵害

尚晓援　崔雅文

摘要：建立关于儿童期性侵害/儿童性虐待现象清晰统一的定义，对加强性教育、预防侵害发生、惩罚侵害者和为儿童提供有效的保护服务具有重要意义。本章考察了法律法规和学术研究中关于儿童期性侵害的概念定义，发现法律规定自 2013 年开始变化，加强了对儿童的保护。仍然存在的问题有性同意年龄偏低、对强奸的定义过窄、对男童的保护不足等。

关键词：儿童性虐待；性侵害未成年人；儿童保护制度；未成年人保护法

对儿童的性侵害是一个全世界都关注并试图提出应对方案的社会问题。在中国，随着经济发展和各种传播媒介的普及，儿童期性侵害案件的报告率迅速攀升。[①] 北大法宝司法案例研究组分析其数据库收录的司法案例后发现，1991 年至 2018 年，中国儿童期性侵害类司法案件数量陆续攀升，2012 年后增长速度加快，数量最多的 2017 年单年达到 3 958 件。[②] 儿童期性侵害案件的曝光，使儿童期性侵害问题得到了广泛的社会关注。在大众传播和学术研究中，描述儿童期

---

① 卫磊：《从严惩治性侵害未成年人犯罪与刑法解释的严格责任化》，《青年探索》2014 年第 5 期。

② 北大法律信息网：《关于儿童性侵的司法案例数据分析报告（2018 年第 4 期，案例报告总第 7 期）》，http://weekly.pkulaw.cn/Admin/Content/Static/bfa50f54-13f8-4dc3-8cb6-2d8fb2a9750e.html，访问日期：2022 年 7 月 1 日。

性侵害的相关术语被普遍使用。但在中国，儿童期性侵害尚未得到清晰阐释，还缺少被广泛认可的定义。①

对儿童期性侵害做出清晰准确的定义是非常重要的问题。适当回答这个问题，有助于判断目前的法律是否可以对侵害者做出有威慑力的惩罚、是否可以对受到性侵害的儿童提供有效的保护；有助于决策怎样针对儿童期性侵害现象采取预防措施、怎样建立有关的道德和行为规范；有助于对家长和儿童进行预防性侵害的教育，对未成年人提供保护；有助于在案件发生后，思考怎样进行法律处理和为受害者提供社会支持。②③

在中国现行的语言中，有许多与"儿童期性侵害"含义近似的词语，在不同语境中的常见用语有所不同。法律和政策用语为"性侵害未成年人"，在社会政策和流行病学的调查研究中经常使用"儿童期性虐待"或"儿童性虐待"。在世界卫生组织和联合国的国际政策文件中，除了"儿童性虐待"，还有"性剥削""对儿童的性暴力"等。在新闻报道和大众传播的语境中，多出现"儿童性侵"等，很明显是从法律用语"性侵害未成年人"转变而来。

上述用语被用来总括性地指代各种形式的对儿童的性侵害或性虐待，其中包含了不同类型的行为和现象，如强奸、猥亵、强迫或引诱幼女/儿童卖淫、利用儿童制作色情制品、网络儿童性侵等。

本章使用"儿童期性侵害"和"对儿童的性侵害"两种说法，希望尽可能准确地通过一个总括性的概念来指代各种形式的对儿童的性侵害或性虐待。本章使用"性侵害"的概念，主要原因是这个概念在中国的法律中有确定的内涵，不会引起歧义。而"性虐待"的概念，在学术研究中的定义比在法律中的定义的范围广一些，在中国的法律中，"虐待"一般指家庭成员之间发生的暴力行为。本章使用"儿童"而非"未成年人"的概念，是因为"未成年人"在中国的法律中有确切的定义，是指未满十八周岁的公民，而在中国法律对性侵害未成年人的特殊保

---

① 王小红、桂莲：《国内儿童性侵犯问题研究综述》，《现代教育科学》2014 年第 8 期。

② 李丽、谢光荣：《儿童性虐待认定及其存在的问题》，《中国特殊教育》2012 年第 5 期。

③ Ben Mathews and Delphine Collin-Vézina, "Child Sexual Abuse: Toward a Conceptual Model and Definition," *Trauma, Violence & Abuse* 20, no.2(2019): 131 – 148.

护中，保护的对象一般不包括已满十六周岁的未成年人。使用“儿童”这个概念，则可以根据具体的情况对年龄做出规定，在讨论差别性的年龄规定时不产生歧义，而且和国际上通常使用的概念“child sexual abuse”衔接得更好。在综述和引用学术研究成果时，由于原来的研究者使用的都是“儿童性虐待”这一用语，本章也将其当作“儿童性侵害”的同义词沿用。不过请读者注意，这两个用语在中国的法律中有一定的区别。

本章试图从儿童保护的视角，对中国（未统计港澳台地区）背景下的“对儿童的性侵害”或“儿童期性侵害”“儿童性侵害”的内涵进行研究，探讨其准确的内涵。

第一节　研究方法和主要研究问题

对儿童的性侵害是一个复杂的社会现象，对其进行定义需要考虑多方面的因素，例如儿童发展（儿童生命周期决定的身心发育特点）、法律法规、社会政策、学术研究，还有约定俗成的社会行为规范、文化和道德标准等。因此，研究对儿童的性侵害这一现象，需要有跨学科的视角。

本章采用跨学科的研究方法，重点研究对儿童的性侵害在法律法规中的定义，再比较和参照学术研究对其的定义。主要资料收集方法是对法律法规、政策文本等进行比较分析。法律对儿童期性侵害的定义是最狭义的，法律规定是实际生活中必须严格遵守的行为底线，也是保护儿童的最后一道防线。但是只有法律和政策的定义是不够的。法律和政策需要与时俱进，学术研究成果则为这种“与时俱进”提供了未来的发展方向和实证依据。

对儿童期性侵害这一现象进行定义，有三个方面的问题必须回答：第一，“儿童”身份的定义；第二，性侵害中的“性行为”包括什么内容，怎样定义；第三，“性侵害”指什么，怎样定义。

一、儿童期性侵害的受害者

之所以对儿童期性侵害问题需要特别关注,有两个方面的原因。第一,受害者是儿童,其身体和心理的发育尚未成熟,性行为和性侵害对儿童的身心健康会产生长期的负面影响,因此需要对儿童特别加以保护。第二,在性侵害中,性关系发生在两个(或多个)主体之间。中国的法律承认个人的性自治权,拒绝强迫下的性行为是性自治权的主要内容。[①] 被强迫发生的性关系为强奸。因此,当讨论性侵害问题时,需要考虑性关系中的性同意问题,"儿童"的身份对性同意有关键性的影响。

就对性行为的决定而言,真正的性同意的标准应包括:身心发育足够成熟,能够充分理解性行为的含义,不受强迫和威胁而自愿做出的决定。[②] 我们讨论区别于成年人的儿童期性侵害问题,前提是儿童没有能力做出符合上述标准的知情同意的决定。因此,对儿童身份的确定,也是为了确定受害者是否有能力对性行为给予真正的知情同意。对儿童身份的确认,既需要考虑儿童身心发育成熟程度,也需要考虑民俗和普遍接受的社会规范等。当涉及具体案件时,唯一的行为标准是法律和政策规定。

二、性侵害中的"性行为"怎样定义?

在儿童期性侵害的定义中,"性行为"是必要的构成要素。性行为指什么?对这个问题,在学术研究中,认为是流行病学、法律法规或政策认定的性行为。如果涉及犯罪案件的定性,就只能以法律或政策认定的侵害行为为准。

因此,可以将儿童期性侵害中的性行为简单定义为:儿童期性侵害中的性行为是指侵害者以满足其性欲为目的的行为。性欲望的满足,可以是身体的或精神的,可以是即时的或延时的,也可以是现场的或非现场的。有关方面在认定时应符合法律或政策的有关规定。

在文化和社会习俗、学术研究、法律等不同语境中,性行为可以有多种定义,

---

① 罗翔:《刑法中的同意制度:以性侵犯罪为切入》,法律出版社,2012,第29—30页。
② 罗翔:《刑法中的同意制度:以性侵犯罪为切入》,法律出版社,2012,第62—65页。

这些定义相互关联但也存在差别，需要谨慎地区分和认识。

三、"性侵害"怎样定义？

性侵害不仅仅指与儿童的性行为，这种行为还具有强迫的、虐待的性质。性侵害行为有三个特点：第一，侵害行为的侵害者和受害者之间存在不平等的权力关系，即一方相比另外一方在政治、经济、社会地位，以及年龄、心理或生理等某个方面或多个方面具有优势；第二，在这种关系中，儿童受害者有先天的脆弱性，容易被用来施加影响并被迫服从；第三，缺少真实的知情同意。因此，侵害者往往通过暴力、诱骗、物质引诱等方式对儿童施加性侵害。

因为儿童期性侵害包括上述多方面的内容，所以本章使用多维度的理论框架来探讨其含义。

第二节　法律法规和学术研究对"性侵害"的定义

一、法律法规对儿童期性侵害犯罪的总括性用语

本章中，"法律法规"这一概念在广义上使用，包括法律、行政法规、国务院部门规章、地方性法规和规章等。在中国的法律法规中，没有直接使用在国际上被广泛接受的"儿童性虐待"（child sexual abuse）这一总括性术语，而是使用"性侵害未成年人"。这一用语首次正式出现于2006年修订的《中华人民共和国未成年人保护法》中。2013年，《关于依法惩治性侵害未成年人犯罪的意见》最早界定了这一总括性概念："本意见所称性侵害未成年人犯罪，包括刑法第二百三十六条、第二百三十七条、第三百五十八条、第三百五十九条、第三百六十条第二款规定的针对未成年人实施的强奸罪，强制猥亵、侮辱妇女罪，猥亵儿童罪，组织卖淫罪，强迫卖淫罪，引诱、容留、介绍卖淫罪，引诱幼女卖淫罪，嫖宿幼女罪

等。”其中，“嫖宿幼女罪”于 2015 年的《中华人民共和国刑法修正案（九）》中被废止。该修正案还对“强制猥亵、侮辱妇女罪”做了修改，猥亵的对象从“妇女”扩大到“他人”，以保护已满十四周岁的男性未成年人的性自主权。

此外，性侵害未成年人犯罪还应包括《中华人民共和国刑法》“妨害社会管理秩序罪”一章中的引诱未成年人聚众淫乱罪，制作、复制、出版、贩卖、传播淫秽物品牟利罪，传播淫秽物品罪，组织淫秽表演罪。《关于依法惩治性侵害未成年人犯罪的意见》中以“等”涵盖上述罪名，相关规定亦可适用。2013 年后，向儿童传播色情材料，以及利用儿童拍摄色情影片的现象得到更多披露，这些现象引起研究者和立法者更充分的重视。

总括性政策用语的出现，对深化性侵害未成年人犯罪的认识、预防该项犯罪、对受害者进行保护和提供支持等都是重要的积极的一步。我们进一步分析法律条文发现，与性侵害未成年人相关的罪名出现在《中华人民共和国刑法》的多个章节和条款中，主要集中在第四章（侵犯公民人身权利、民主权利罪）和第六章（妨害社会管理秩序罪）。《中华人民共和国刑法》的这种章节安排反映了中国在儿童保护的法律中存在两个基本原则：一是保护儿童的人身安全和权利，二是维护社会治安。这两个原则本质上并无冲突，但是侧重点不同。《中华人民共和国刑法》的制定和修改过程，部分反映了在特定的历史时期，这两个原则何者更被优先考虑。

二、法律法规对受害儿童年龄的规定

（一）《中华人民共和国刑法》及相关法律对受害者年龄的规定

《中华人民共和国刑法》及其他相关的法律通过受害者的年龄来确定他们的未成年人或儿童的身份。文本分析说明，中国法律多数时候使用“未成年人”这一术语，偶尔使用“儿童”，但两者的年龄范围不尽相同。《中华人民共和国刑法》中，提及“未成年人”的条款共八条①，提及“儿童”的条款共五条②，还有两条

---

① 《中华人民共和国刑法》第二百四十四条、第二百六十条、第二百六十二条、第三百零一条、第三百四十七条、第三百五十三条、第三百五十八条、第三百六十四条。

② 《中华人民共和国刑法》第二百三十七条、第二百四十条、第二百四十一条、第二百四十二条、第四百一十六条。

提及“幼女”[①]。但是,《中华人民共和国刑法》本身没有直接对“未成年人”或“儿童”的年龄范围给出一个“一刀切”的规定,其中某些条文具体设定了被害人的年龄范围,如“不满十四周岁的幼女”“不满十周岁的幼女”[②],或“已满十四周岁不满十六周岁的未成年女性”[③]等。对于“未成年人”的年龄范围,《中华人民共和国民法通则》(2021 年已废止)、《中华人民共和国未成年人保护法》有明确定义,即未满十八周岁的自然人。这与联合国《儿童权利公约》中对“儿童”年龄范围的定义相一致。因为《中华人民共和国刑法》本身没有直接对“未成年人”或“儿童”的年龄范围进行具体的一般性规定,这反映出在涉及性侵害时,对“未成年人”或“儿童”的年龄进行确定是一个相当复杂的问题,不是一个依靠“一刀切”的规定就可以解决的问题。[④]

2016 年,最高人民法院公布的《关于审理拐卖妇女儿童犯罪案件具体应用法律若干问题的解释》中规定:“刑法第二百四十条、第二百四十一条规定的儿童,是指不满十四周岁的人。其中,不满一周岁的为婴儿,一周岁以上不满六周岁的为幼儿。”按照这个解释,《中华人民共和国刑法》中的“儿童”是指不满十四周岁的自然人。但是,具体到性侵害行为的被害人,其年龄规定还要考虑性侵害的性质等问题。

（二）性同意年龄

在讨论儿童期性侵害的问题时,为什么年龄是一个非常重要的问题？为什么对受害儿童年龄做出清晰准确的定义是一个复杂的问题？主要是因为,儿童期性侵害受害者的年龄不仅仅指自然的年龄,其准确的含义应该是性同意年龄。而要界定性同意年龄,需要考虑多方面的因素。

著名刑法学家罗翔在讨论性侵害问题时曾说：不同意是性侵害罪的本质特征。在《中华人民共和国刑法》中,强奸是指以强制手段(暴力、胁迫或其他手

---

① 《中华人民共和国刑法》第二百三十六条、第三百五十九条。
② 《中华人民共和国刑法》第二百三十六条。
③ 《中华人民共和国刑法》第二百三十六条。
④ 罗翔:《刑法中的同意制度：以性侵犯罪为切入》,法律出版社,2012,第 206—227 页。

段）违背妇女的意愿而与之发生性交。“不同意”的表现形式之一，是“被害人由于年龄或身体原因不能理解性行为的意义，因而无性同意能力，并且由于欠缺反抗能力而无须反抗，行为人实施性行为就是一种犯罪行为”。[①] 在中国，与不满十四周岁的幼女发生性交，不采用强制手段便可构成强奸。十四周岁这一年龄界限即“性同意年龄”，又称“性承诺年龄”“最低合法性同意年龄”等。

规定性同意年龄，有多方面的根据。从儿童发展的角度看，过早的性行为会对其生理和心理造成极大的伤害。同时，儿童由于发展的不成熟性，不一定能做出合理的、不伤害自身利益的决定。因此，需要外在的力量确定未成年人的性同意年龄。世界各国通常认为，与一定年龄以下的未成年人发生性行为，无论未成年人是否同意，都构成犯罪。对性同意年龄，世界各国并不统一，通常是划定某个固定年龄界限，在这种界限以下的未成年人在法律上没有性同意能力。在确定年龄界限时，要综合考虑人的性成熟期、社会的文化传统、性开放程度和国家的司法控制能力等。[②] 其中，性成熟的时期因人而异，儿童的性生理和性心理的成熟也不同步。所以性成熟年龄和法定性同意年龄并不完全相同。法律对性同意年龄的规定在很大程度上只是一种法律拟制，是在保护未成年人的性自主权和免受伤害的权利之间寻求的一个人为的平衡点。

关于性同意年龄，曾经只强调生理上的性成熟（以女性初潮为标志）。在明清和民国初期，法律上都规定性同意年龄为十二岁。但考虑这个年龄界限过低，为了民族健康并参考西方国家的立法趋势，1928 年出台的《中华民国刑法》将此年龄界限提高到十六岁。随后在修改该法律的过程中，多数人认为十六岁太高，“根据通常女子发育程度，和表示同意之能力而言，似觉太严”，该年龄界限只适合乡村但不符合都市的实际情况，于是 1933 年颁布的《中华民国新刑法》又把年龄界限降至十四岁。[③]

“性同意年龄”这一概念包含了两层重要含义：第一，法律认定，低于此年龄

---

① 罗翔：《刑法中的同意制度：以性侵犯罪为切入》，法律出版社，2012，第 127 页。
② 罗翔：《刑法中的同意制度：以性侵犯罪为切入》，法律出版社，2012，第 132 页。
③ 罗翔：《刑法中的同意制度：以性侵犯罪为切入》，法律出版社，2012，第 133 页。

的儿童尚不具备自由表达性意志或完全行使性权利的能力；第二，与低于这一年龄的儿童发生性关系，即使已取得儿童的“同意”，或为此支付了金钱财物，这种“同意”也不具有法律效力，等同于强奸，应当依法追究刑事责任。[①]

但是，法律为保护性行为人的权利，亦留下了空间。奸淫幼女、猥亵儿童罪名的成立，还要行为人主观上“故意”，即“明知”对方是儿童。判定是否“明知”在司法实践中存在颇多困难。2013 年发布的《关于依法惩治性侵害未成年人犯罪的意见》第十九条规定，对不满十二周岁的幼女实施奸淫等侵害行为的，应当认定行为人“明知”对方是幼女，即无条件认定“明知”；对于已满十二周岁不满十四周岁的被害人，从其身体发育状况、言谈举止、衣着特征、生活作息规律等观察可能是幼女，而实施奸淫等性侵害行为的，应当认定行为人“明知”对方是幼女，即只要行为人有可能知道对方是幼女，就应当认定“明知”。

一个特殊情况是：幼女自愿，并且未采取强制手段，有证据能证明行为人确实不知幼女年龄，不属于犯罪行为。这在学界尚有争议，有观点认为这相当于降低了性同意年龄，削弱了对已满十二周岁不满十四周岁的幼女保护力度。《关于依法惩治性侵害未成年人犯罪的意见》起草小组对这种特殊情况的适用解释是，“主要是考虑到司法实践情况的复杂性，不排除存在一般人、行为人根本不可能判断出接近十二至十四周岁年龄段中的某些被害人是否是幼女的特殊情形存在”，“意在防止将一些与幼女自愿发生性关系、主观上又确实不知其为幼女的轻微行为作为犯罪处理”，但适用时需要极为谨慎、严格。[②] 而且，上述特殊情况仅适用于未采取强制手段的，如果采取强制手段与已满十二周岁不满十四周岁的幼女性交，无论是否明知幼女年龄，都应当判定为奸淫幼女。这种考虑有一部分来自这样的事实：当代中国，女童生理性成熟的年龄较早。

2020 年，法律设定的十四周岁性同意年龄有关问题引发法律和学术界热议，主要观点有三个。第一，将十四周岁设定为性同意年龄过低。其最主要的论

---

① 周峰、薛淑兰、赵俊甫等：《〈关于依法惩治性侵害未成年人犯罪的意见〉的理解与适用》，《人民司法》2014 年第 1 期。

② 周峰、薛淑兰、赵俊甫等：《〈关于依法惩治性侵害未成年人犯罪的意见〉的理解与适用》，《人民司法》2014 年第 1 期。

据为从20世纪以来，许多国家和地区的立法机构都把同意年龄提高到十六周岁至十八周岁（如英国、美国、澳大利亚、德国、印度等国）。第二，中国的性教育缺失，许多未成年人对什么是性行为、性行为可能会带来什么样的后果了解甚少，性心理成熟年龄较晚。而“性同意年龄应与相关人群的性心理成熟度和认知水平相匹配”。第三，参考他国（如德国）的规定，性同意年龄应当细化，不仅有“最低年龄”规定，还应有“年龄差条款”。[①] 这次讨论对法律修正有着积极影响。2021年开始施行的《中华人民共和国刑法修正案（十一）》已经纳入了“年龄差条款”，如强化了对不满十周岁的幼女[②]的保护、增加了对受到监护人性侵害的已满十四周岁不满十六周岁未成年女性[③]的保护。

综上所述，对性侵害受害者的年龄界定，中国的法律存在的主要问题是，对未成年人性同意的年龄设定较低，对受害者的保护不足。[④]

三、法律法规对受害儿童性别的规定和对男童的保护

《中华人民共和国刑法》存在对男性未成年人的性权利保护明显不足的问题[⑤]，在强奸罪中，受害者仅能是女性。实际上，流行病学的研究表明，男性未成年人也有可能受到强奸，很多恋童癖罪犯往往选择侵犯男童。[⑥][⑦] 对男性未成年人的插入式性侵害只能通过猥亵儿童罪或强制猥亵罪来惩戒。[⑧]

关于对男童性权利保护不足的原因，有以下三种看法。第一，在中国的传统文化中，仅仅要求女性有“贞操”，对男性没有“贞操”的要求，保护力度亦不大。

---

① 曾金秋：《中国性同意年龄设置过低，14到18岁遭受性侵该如何处置?》，https://www.jiemian.com/article/4258760.html，访问日期：2022年5月21日。

② “奸淫不满十周岁的幼女或者造成幼女伤害的”，处“十年以上有期徒刑、无期徒刑或者死刑”。（《中华人民共和国刑法修正案（十一）》）

③ “对已满十四周岁不满十六周岁的未成年女性负有监护、收养、看护、教育、医疗等特殊职责的人员，与该未成年女性发生性关系的，处三年以下有期徒刑；情节恶劣的，处三年以上十年以下有期徒刑。”（《中华人民共和国刑法修正案（十一）》）

④ 邵宗林、曹琼洋：《论我国儿童性权利的法律保护》，《青年与社会》2014年第10期。

⑤ 朱沅沅：《性侵害男性未成年人的法律思考》，《青年探索》2014年第5期。

⑥ 朱沅沅：《性侵害男性未成年人的法律思考》，《青年探索》2014年第5期。

⑦ 邵宗林、曹琼洋：《论我国儿童性权利的法律保护》，《青年与社会》2014年第10期。

⑧ 苏文颖：《〈刑法修正案（九）〉对中国儿童保护的影响》，https://www.unicef.cn/stories/how-ninth-amendment-penal-code-affects-child-protection-china，访问日期：2023年11月20日。

第二，从传统的性观念出发，对“强奸行为”的定义偏窄，受害者只能是女性。第三，从《中华人民共和国刑法》的发展历史可以看到，在儿童保护立法的两个基本原则中，对儿童保护的考虑，很多时期从属于对维护社会治安的考虑。[①] 社会现行“猥亵儿童罪”的立法沿革可追溯至1979年《中华人民共和国刑法》第一百六十条所规定的“流氓罪”。在实践中，“流氓罪”包括性侵男童（“鸡奸幼童”和“鸡奸少年”）的行为，被认为是“严重危害社会治安”的罪行。1997年《中华人民共和国刑法》修订，将第一百六十条拆解为强制猥亵侮辱妇女罪、寻衅滋事罪和猥亵儿童罪等罪名。[②] 但这次修订对男性儿童保护的考虑不足，使得在以后的很长时期内，《中华人民共和国刑法》对受到性侵害男童的保护力度不够。直到2015年，《中华人民共和国刑法修正案（九）》将“强制猥亵妇女”改为“强制猥亵他人”，才将年满十四周岁的男性未成年人纳入强制猥亵被害人的保护范围。

四、法律法规对性侵害行为的规定

（一）强奸

强奸罪，是指男性违背女性意志，使用暴力、胁迫或者其他手段，强行与女性发生性交，或者故意与不满十四周岁的幼女发生性关系的行为。[③] 强奸罪分为两种：普通强奸罪和奸淫幼女罪。[④] 两者对应着不同年龄段的女性未成年被害人，定罪条件亦有不同。《中华人民共和国刑法》对幼女设立特殊保护的原则，这体现在相较于普通强奸罪，奸淫幼女罪的定罪限定条件更少，且量刑从重。首先，与不满十四周岁的幼女发生性交，不论幼女是否做出性同意决定，一般均以

---

① 于建伟：《未成年人保护法修订的背景、过程及重要意义》，http://www.npc.gov.cn/npc//c2/c189/c221/201905/t20190524_33028.html，访问日期：2022年5月21日。全国人民代表大会内务司法委员会工青妇室主任于建伟曾在2007年对未成年人保护法修订的背景、过程进行说明：《中华人民共和国未成年人保护法》是第七届全国人民代表大会常务委员会第二十一次会议于1991年9月4日审议通过的。当时，国务院在向全国人民代表大会常务委员会所做的说明中指出，由于种种原因，侵害未成年人合法权益的事件时有发生，未成年人违法犯罪已成为一个严重的社会问题。这不仅影响未成年人的健康成长，而且影响着社会的稳定。因此有必要制定未成年人保护法，进行“综合治理”。

② 张鸿巍、江勇：《猥亵儿童罪中“儿童”概念的界定及展开》，《中国应用法学》2019年第2期。

③ 高铭暄、马克昌：《刑法学（第九版）》，北京大学出版社，2019，第461—464页。

④ 张明楷：《刑法学（第五版）》，法律出版社，2016，第867页。

强奸罪论处。其次，定罪奸淫幼女不要求必须使用强制手段，普通强奸则须有暴力、胁迫或者其他强制手段。最后，奸淫幼女对性交行为的认定采取接触说（两性器官接触即为既遂），而强奸妇女则采取插入说（阴茎插入阴道才为既遂）。

年龄已满十四周岁且不满十八周岁的未成年女性，依照《中华人民共和国刑法》中对普通强奸的标准来判定，即必须有强制手段、违背妇女意愿（未做出性同意）等。尽管如此，《中华人民共和国刑法》中的普通强奸罪也包含对已满十四周岁不满十六周岁女性未成年人的特殊保护。如果犯罪嫌疑人是对受侵害人负有特殊职责的人员，对强制手段的认定应适用特殊的证据标准，即相较于强奸成年妇女，对强制手段的认定应更加宽松。对已满十四周岁的未成年女性负有特殊职责的人员，利用其优势地位或者被害人孤立无援的境地，迫使未成年被害人就范，而与其发生性关系的，以强奸罪定罪处罚。特殊职责人员是指对未成年人负有监护、教育、训练、救助、看护、医疗等特殊职责的人员。“对于强制手段和程度的认定，应充分考虑未成年被害人身心脆弱，和与特殊职责人员之间存在特殊关系，易受伤害等情况，与针对成年人实施的强制性侵害行为有所区分。”①2021年开始施行的《中华人民共和国刑法修正案（十一）》加入了新的一条，进一步明确了监护人和已满十四周岁不满十六周岁的未成年女性被监护人之间发生性关系按照犯罪行为处理（即无强制手段的认定这一条件）。

（二）猥亵

《中华人民共和国刑法》第二百三十七条提到了强制猥亵他人或者侮辱妇女罪、猥亵儿童罪。对于何谓“猥亵”，在法律和司法解释中还没有正式界定。猥亵行为的判断同社会习俗有关。司法实践对猥亵的界定一般援引学理解释。②

（三）其他行为

除了强奸和猥亵，法律还惩罚强迫或引诱未成年人卖淫等行为。这些行为

---

① 周峰、薛淑兰、赵俊甫等：《〈关于依法惩治性侵害未成年人犯罪的意见〉的理解与适用》，《人民司法》2014年第1期。

② 周小雯：《猥亵儿童罪与强奸罪的法律区分》，《中国妇女报》2019年7月10日第B2版。

和学术上使用的“儿童性剥削”的定义相关，是儿童性虐待的特别恶劣的类型。在《中华人民共和国刑法》中，这些犯罪行为被列为“妨害社会管理秩序罪”。相关的规定有第三百五十八条组织卖淫罪、强迫卖淫罪和协助组织卖淫罪；第三百五十九条引诱、容留、介绍卖淫罪，引诱幼女卖淫罪；第三百六十三条制作、复制、出版、贩卖、传播淫秽物品牟利罪，为他人提供书号出版淫秽书刊罪；第三百六十四条传播淫秽物品罪和组织播放淫秽音像制品罪；第三百六十五条组织淫秽表演罪。

除了引诱幼女卖淫罪，以上各罪都不是专门的性侵害儿童罪名。但是以上各条款都规定了涉及侵害未成年人的从重处罚，加重处罚通常为增加基准刑的20%以下。

（四）小结

关于性侵害未成年人的行为，中国法律规定了强奸罪、强制猥亵他人和猥亵儿童罪。儿童期性侵害的被害人、强奸罪的被害人为不满十四周岁的女童。猥亵儿童罪的被害人是不满十四周岁的所有儿童。如果侵害人对被害人有特殊监护责任，则被害人年龄为不满十六周岁的未成年人。

关于对未成年人进行性剥削的行为，中国法律规定了引诱幼女卖淫罪，也规定了在组织、强迫、引诱、容留、介绍卖淫等行为中，如果被害人包括未成年人则加重处罚。

中国法律对强奸行为的规定沿袭传统的关于婚姻和性交行为的观念，将侵害人限定为异性。因此，对于受到插入式性侵害的男童的保护力度不足，满十四周岁的男性未成年人的性权利受到保护的力度和成年人相同。

五、法律法规对构成侵害和虐待的权力关系的认定

法律法规之所以要对儿童给予特殊保护，是因为侵犯者和儿童之间常常存在不平等的权力关系，侵犯者往往在政治、经济、社会地位、年龄、心理、生理等某个方面或多个方面具有优势。在这种关系中，儿童受害者有先天的脆弱性，容易被用来施加影响并被迫服从；此外，儿童对性行为缺少真实的知情同意，他们可

能还无法理解性行为的意义和影响。因此,侵犯者往往通过暴力、诱骗、物质引诱等方式,对儿童施加性虐待。[①] 在这些优势关系中,儿童监护人拥有最直接的权力关系。

中华人民共和国成立初期,在处理奸淫幼女的犯罪时,政府有关部门已经注意到其中的权力关系,特别规定了"有教养责任而利用教养关系奸淫幼女者,分别按其情节……从重处刑"(1954 年《最高人民法院关于处理奸淫幼女案件的经验总结和对奸淫幼女罪犯的处刑意见》)。《中华人民共和国刑法》制定后,家庭内发生的儿童虐待长期被确定为自诉案件,即不告不理。面对成年人的优势地位,当受到家庭内发生的虐待时,弱小的儿童很难主动到法庭对占有优势地位的家长或监护人提起诉讼,也就很难得到法律的保护。

2013 年后,法律对儿童的保护显著加强。有关法律规定明确提到了在性侵害未成年人犯罪中的侵犯人和被侵犯人之间存在的五种不平等的权力关系,并强调了法律对弱者的保护。第一,被侵犯人因为年龄幼小或身体状态异常而处于特殊弱势地位,并由此形成的不平等的权力关系,如不满十二周岁或十四周岁的儿童、严重残疾或者精神智力发育迟滞的未成年人。第二,经济地位造成的权力不平等关系。侵犯人可以使用金钱财物引诱被侵犯人("以金钱财物等方式引诱幼女与自己发生性关系的")。第三,因为所处地位产生的不平等的权力关系,侵犯人为"对幼女负有特殊职责的人员"(如对未成年人负有特殊职责的人员、与未成年人有共同家庭生活关系的人员、国家工作人员或者冒充国家工作人员)。当这些人利用其优势地位或者被侵犯人孤立无援的境地,迫使未成年被侵犯人就范而与其发生性关系的,要加大处罚力度。第四,因拥有暴力手段,或有组织的暴力手段而产生的不平等的权力关系("采取暴力、胁迫、麻醉等强制手段实施奸淫幼女、猥亵儿童犯罪的")。第五,有些儿童因其身份特点处于特殊的弱势地位,如农村留守儿童,也需要法律法规的特殊保护。

法律特别规定,在上述第一、三、四和五种权力关系下形成的性侵害犯罪,对

---

① 罗翔:《刑法中的同意制度:以性侵犯罪为切入》,法律出版社,2012,第 132—139 页。

侵犯人要从严惩处。若不存在上述权力关系，已满十四周岁不满十六周岁的人偶尔与幼女发生性关系，情节轻微、未造成严重后果的，不认为是犯罪。

六、学术研究中对“儿童期性侵害”的定义

在法律中，针对儿童期性侵害的行为，如果已经发生了强奸等行为，那么定义是清楚的；而针对性猥亵，法律没有列举式的定义。但是，学术研究领域成果可以在一定程度上弥补这个空白。

在学术研究中，有些学者试图通过定性研究来定义儿童期性侵害或性虐待。这些定义反映了中国学术界对儿童期性侵害或性虐待的看法。儿童期性侵害的定义主要包括以下三个因素。① 目的。侵犯者以满足其性欲为目的，通过暴力、诱骗、物质引诱对儿童进行性侵害。② 性侵害行为。它包括非接触性侵害和躯体接触性侵害。麻国安、余菲认为，儿童期性侵害是指对儿童进行性剥削或与儿童进行性行为而使儿童的福祉受到损害。③ 受害者的年龄。有不满十八周岁或不满十六周岁等观点。[①]

第三节 结 论

一、法律法规和学术研究使用的定义比较

本章从法律法规和学术研究两个方面，研究了“儿童期性侵害或性虐待”在中国（未统计港澳台地区）使用的中文定义。

（一）法律法规的定义

在中国，儿童期性侵害或性虐待的综合性正式的法律表述是“性侵害未成年人”。“性侵害未成年人”这个定义，包括社会上或学术研究中出现的、针对未

① 王小红、桂莲：《国内儿童性侵犯问题研究综述》，《现代教育科学》2014 年第 8 期。

成年人的各种性侵害行为，如发生在家庭内的儿童期性虐待、强奸幼女、猥亵儿童、引诱幼女卖淫、对儿童的性剥削、制作和传播儿童色情制品、儿童期性暴力等等。

第一，从对“最低合法性同意年龄”（被害人的年龄）的规定看，性侵害未成年人的被害人，包括强奸、猥亵和侮辱的被害人，均指不满十四周岁的儿童。其中，成年人和不满十二周岁的幼女发生性关系，都是强奸幼女；成年人和已满十二周岁不满十四周岁的女童发生性关系，必须是明知对方为不满十四周岁的女童，才构成强奸幼女。猥亵儿童罪的被害人为不满十四周岁的所有儿童。监护人和已满十四周岁不满十六周岁的未成年女性发生性关系，也属于犯罪行为。

第二，从性侵害行为看，在法律规定中，强奸幼女是明确的，其他罪名包括对儿童的性猥亵和侮辱等，但是对具体的猥亵和侮辱行为，缺少明文规定。在法律实践中，可以通过援引类似案例进行确认，如一般猥亵儿童罪在客观方面表现为以性刺激或满足性欲为目的，用性交以外的方法对儿童实施淫秽行为。性猥亵还包括非接触性的行为，如通过网络，行为人以满足性刺激为目的，以诱骗、强迫或者其他方法要求儿童拍摄裸体和敏感部位照片、视频等供其观看，严重侵害儿童人格尊严和心理健康的，即使没有直接接触儿童，也可以构成猥亵儿童罪。据此推论，在实际中，直接地观看和触摸儿童的裸体和敏感部位，自然也构成猥亵儿童罪。

第三，性侵害未成年人的侵害人，包括所有对未成年人进行性侵害的人。但是，“虐待”在中国的法律法规中，特指对未成年人有监护关系的人对被监护人采取的不适当行为。因此，法律法规中如果出现“性虐待”这个术语，指的就是由特定虐待人实施的性侵害行为，比性侵害未成年人的范围要窄。

（二）学术研究的定义

在学术研究中对儿童期性侵害或性虐待的定义一般包括儿童年龄、知情同意（儿童是否自愿）、具体可被认为属于侵害的性行为等要素，还有少数研究对侵害者的年龄也进行了限定。

（三）法律法规定义和学术研究定义的比较

从儿童期性侵害或性虐待的学术研究中使用的定义看，对受害者的年龄界定（不满十八周岁，不满十六周岁）高于中国法律规定的年龄，这使得学术研究中儿童期性侵害或性虐待的发生率可能会高于根据中国法律和法律解释定义的性侵害未成年人案件的发生率。

猥亵行为的判断同社会习俗关系很大。性行为的道德标准与可以暴露的程度，由不同社会的主流性文化决定。目前学术研究中认定的非接触性侵害、接触性侵害的各项行为，在中国目前的主流性文化中，在法律的判定中，都是可以被认定为猥亵、侮辱或强奸的行为。因此，学术研究定义的儿童期性侵害或性虐待的行为，其准确性比较高，并未超出法律法规定义的行为。

在中国，法律上的虐待特指监护人对被监护人的伤害，因此侵害者的范围大于虐待者的范围。在学术研究中，如果虐待者实施了性侵害犯罪各项行为中的一项或几项，就构成儿童期性虐待，虐待者等于侵害者。此外，在学术研究中，多数研究对所有研究对象都使用了知情同意的限定，无论其是否达到了法定的最低性同意年龄。这表明，目前的研究可能把一些法律上定义为性侵害未成年人的行为排除在了其所研究的行为之外。因为与不满十四周岁儿童发生性行为，无论儿童自愿还是被迫，均应该被理解为性侵害未成年人的行为。

二、现行法律是否可以有效保护所有的儿童?

以上我们从总括性概念、性侵害未成年人受害者的年龄和性别界定、性侵害的行为界定和性虐待涉及的权力关系的界定等方面，从儿童保护的视角出发，对中国法律和学术研究中使用的儿童性侵害/儿童性虐待的定义进行了分析，以回答我们最主要的研究问题：根据现行法律的定义，我们是否可以对受到性侵害的儿童提供有效保护？

我们研究发现，尚存在由法律定义造成的对受性侵害儿童保护不足的问题。这些问题包括：第一，中国目前的性同意年龄为十二周岁（无条件）和十四周岁（有条件），这个年龄标准较低，导致对已满十四周岁但性心理不够成熟的未成年人保护不足;第二,对强奸行为的定义范围过窄,而对猥亵行为的定义范围过宽(一些严重伤害儿童的性行为,特别是插入式的侵犯行为,对儿童伤害很大,仅能以猥亵儿童罪处罚),这可能导致量刑不当,不足以起到有效的惩罚和震慑作用,不利于保护受到性侵害的儿童;第三,与前述强奸行为定义范围过窄的问题相关,现有的法律定义对男童的保护力度不足。这些问题在实践中造成了很多困惑和争议,需要通过完善法律来解决。

第四章

惩罚与保护：有关性侵害未成年人的法律规定和实践

尚晓援　田　甜

摘要：本章考察了法律对性侵害未成年人行为的惩戒规定、对侵害者的规定、对受性侵害未成年人的程序保护规定和对性侵害的预防等。主要发现有四点。第一，法律对性侵害未成年人行为惩处的强度高于一般的性侵害行为。第二，对性侵害未成年人的侵害者有身份规定：不满十六周岁的未成年侵害者，如果在性行为中没有发生强迫，就不受惩戒；监护人对被监护的未成年人有性侵害行为的，按照犯罪行为中较重的罪行进行惩罚；对侵害者的惩戒有性别区分，强奸罪的侵害者是男性，猥亵罪的侵害者是男性或女性。第三，法律通过程序保护规定，在诉讼过程中保护未成年人的合法权利。第四，儿童期性侵害或性虐待受害者获得更多的法律援助支持，心理康复费用纳入了援助项目。

关键词：儿童权利；性剥削；儿童性虐待；性侵害未成年人；儿童保护制度；强奸；强制猥亵他人

对未成年人的性侵害是犯罪行为，国家法律注重对性侵害未成年人的侵害者进行惩处。对犯罪的惩戒是对儿童的保护，在这个方面，必要的法律规定是有效的儿童保护制度的基础。本章从性侵害未成年人案件的惩戒条款、法律实践和法律援助等方面，详细分析中国关于性侵害未成年人的法律法规和对犯罪的惩戒。

第一节 法律关于性侵害未成年人行为的惩戒规定

《关于依法惩治性侵害未成年人犯罪的意见》明确规定："本意见所称性侵害未成年人犯罪，包括刑法第二百三十六条、第二百三十七条、第三百五十八条、第三百五十九条、第三百六十条第二款规定的针对未成年人实施的强奸罪，强制猥亵、侮辱妇女罪，猥亵儿童罪，组织卖淫罪，强迫卖淫罪，引诱、容留、介绍卖淫罪，引诱幼女卖淫罪，嫖宿幼女罪等。"这些都是关于性侵害未成年人的犯罪行为。对这些行为的惩戒，体现了对未成年人的保护，惩戒越重，体现的保护力度越大。

一、惩戒强奸罪

对强奸罪的处罚，为三年以上十年以下有期徒刑。奸淫不满十四周岁幼女的，以强奸论，从重处罚。有特别恶劣情节的，可以判处十年以上有期徒刑、无期徒刑或者死刑。"特别恶劣的情节"包括强奸妇女、奸淫幼女情节恶劣的，强奸多名女性的，在公共场合强奸妇女的，二人以上轮奸的，造成被害人重伤、死亡或其他严重后果的。2020年通过的《中华人民共和国刑法修正案（十一）》将"奸淫不满十周岁的幼女或者造成幼女伤害的"也列为特别恶劣的情节。导致女童怀孕，是严重后果之一。从被害人的特点看，对残疾儿童和留守儿童犯下的强奸罪，也属于需要从重处罚的情形。

此外，《中华人民共和国刑法修正案（十一）》加大了对性侵未成年人犯罪的打击力度：增加了有关负有特殊职责人员性侵的规范，加重了性侵幼女的刑期，对性侵的年龄段的划分更具体等。增加的有关内容为："对已满十四周岁不满十六周岁的未成年女性负有监护、收养、看护、教育、医疗等特殊职责的人员，与该未成年女性发生性关系的，处三年以下有期徒刑；情节恶劣的，处三年以上十年以下有期徒刑。有前款行为，同时又构成本法第二百三十六条规定之罪的，依照处罚较重的规定定罪处罚。”

由于中国对强奸的定义比较窄，男童不是强奸罪的受害者，因此中国的法律中不包括对男童的强奸罪和相应的惩戒。①

二、惩戒猥亵类犯罪

猥亵类犯罪指《中华人民共和国刑法》②第二百三十七条提到的强制猥亵、侮辱妇女罪和猥亵儿童罪。

猥亵儿童罪，是指对不满十四周岁儿童实施猥亵的行为。1997 年修订的《中华人民共和国刑法》第二百三十七条对强制猥亵、侮辱妇女罪和猥亵儿童罪的定罪量刑做了规定：“以暴力、胁迫或者其他方法强制猥亵妇女或者侮辱妇女的，处五年以下有期徒刑或者拘役。聚众或者在公共场所当众犯前款罪的，处五年以上有期徒刑。猥亵儿童的，依照前两款的规定从重处罚。”《中华人民共和国刑法修正案（十一）》在前条目的基础上，制定了明确的罪责刑规范，规定有下列情形之一的处五年以上有期徒刑，包括：“猥亵儿童多人或者多次的；聚众猥亵儿童的，或者在公共场所当众猥亵儿童，情节恶劣的；造成儿童伤害或者其他严重后果的；猥亵手段恶劣或者有其他恶劣情节的。”

尚不构成犯罪的猥亵儿童的行为不会被追究刑事责任，但会受到治安处罚，而且对猥亵不满十四周岁儿童的处罚相对一般猥亵行为会更加严厉。《中华人民共和国治安管理处罚法》第四十四条对此有明确规定：“猥亵他人的，或者在公共场所故意裸露身体，情节恶劣的，处五日以上十日以下拘留；猥亵智力残疾人、精神病人、不满十四周岁的人或者有其他严重情节的，处十日以上十五日以

① 朱沅沅：《性侵害男性未成年人的法律思考》，《青年探索》2014 年第 5 期。

② 若无特殊说明，本章引用的均为《中华人民共和国刑法修正案（十一）》之后的《中华人民共和国刑法》。

下拘留。”

三、惩戒对儿童进行性剥削的犯罪

关于对儿童进行性剥削的犯罪，这里主要是指《中华人民共和国刑法》中有关卖淫与制作、贩卖和传播淫秽物品的犯罪。

法律规定了惩罚其他与儿童有关的性侵害行为。《中华人民共和国刑法》规定了当组织、强迫、引诱、容留、介绍卖淫人员中包括了未成年人，即是需要从重处罚的情节。如果包括不满十四周岁的幼女，就构成引诱幼女卖淫罪（详见本书第三章）。《关于依法惩治性侵害未成年人犯罪的意见》第二条也重申了“对于性侵害未成年人犯罪，应当依法从严惩治”原则。加重处罚通常为增加基准刑的20%以下。

第一，对组织、强迫卖淫和协助犯罪的基准刑是：

《中华人民共和国刑法》第三百五十八条：“组织、强迫他人卖淫的，处五年以上十年以下有期徒刑，并处罚金；情节严重的，处十年以上有期徒刑或者无期徒刑，并处罚金或者没收财产。

组织、强迫未成年人卖淫的，依照前款的规定从重处罚。

犯前两款罪，并有杀害、伤害、强奸、绑架等犯罪行为的，依照数罪并罚的规定处罚。”

第三百五十九条是关于引诱、容留、介绍卖淫罪，引诱幼女卖淫罪的处罚：“引诱、容留、介绍他人卖淫的，处五年以下有期徒刑、拘役或者管制，并处罚金；情节严重的，处五年以上有期徒刑，并处罚金。

引诱不满十四周岁的幼女卖淫的，处五年以上有期徒刑，并处罚金。”

2017年7月23日，最高人民法院、最高人民检察院公布《关于办理组织、强迫、引诱、容留、介绍卖淫刑事案件适用法律若干问题的解释》，其中明确规定了强迫不满十四周岁的幼女卖淫的，属刑法规定的情节严重，处十年以上有期徒刑或者无期徒刑，并处罚金或者没收财产。

第二，对制作、贩卖、传播淫秽物品犯罪的基准刑如下：

《中华人民共和国刑法》第三百六十三条："以牟利为目的，制作、复制、出版、贩卖、传播淫秽物品的，处三年以下有期徒刑、拘役或者管制，并处罚金；情节严重的，处三年以上十年以下有期徒刑，并处罚金；情节特别严重的，处十年以上有期徒刑或者无期徒刑，并处罚金或者没收财产。

为他人提供书号，出版淫秽书刊的，处三年以下有期徒刑、拘役或者管制，并处或者单处罚金；明知他人用于出版淫秽书刊而提供书号的，依照前款的规定处罚。"

第三百六十四条："传播淫秽的书刊、影片、音像、图片或者其他淫秽物品，情节严重的，处二年以下有期徒刑、拘役或者管制。

组织播放淫秽的电影、录像等音像制品的，处三年以下有期徒刑、拘役或者管制，并处罚金；情节严重的，处三年以上十年以下有期徒刑，并处罚金。

制作、复制淫秽的电影、录像等音像制品组织播放的，依照第二款的规定从重处罚。

向不满十八周岁的未成年人传播淫秽物品的，从重处罚。"

第三百六十五条："组织进行淫秽表演的，处三年以下有期徒刑、拘役或者管制，并处罚金；情节严重的，处三年以上十年以下有期徒刑，并处罚金。"

第三百六十六条："单位犯本节第三百六十三条、第三百六十四条、第三百六十五条规定之罪的，对单位判处罚金，并对其直接负责的主管人员和其他直接责任人员，依照各该条的规定处罚。"

四、小结

对性侵害未成年人的行为，中国法律规定了强奸幼女罪、猥亵儿童罪、强制猥亵他人罪和强奸罪。对未成年人进行性剥削的行为，中国法律规定了引诱幼女卖淫罪，也规定了组织、强迫、引诱、容留、介绍卖淫等行为中，如果涉及未成年人，就加重处罚。强奸幼女的特别恶劣的行为，可以处十年以上有期徒刑、无期徒刑或死刑；强迫不满十四周岁的幼女卖淫的，属法律规定的情节严重，处十年以上有期徒刑或者无期徒刑。详见表4－1。法律对强奸幼女、强迫幼女卖淫等行为的严厉处罚,反映了法律对儿童的高度保护。

表4-1 中国法律对性侵害未成年人犯罪的惩戒

罪 行	惩 戒	法律法规
强奸罪	三年以上十年以下有期徒刑	《中华人民共和国刑法》第二百三十六条
强奸幼女罪	以强奸论,从重处罚	《中华人民共和国刑法》第二百三十六条
强奸幼女有特别恶劣的情节的	判处十年以上有期徒刑、无期徒刑或者死刑	《中华人民共和国刑法》第二百三十六条
负有特殊责任人员与已满十四周岁不满十六周岁的未成年女性发生性关系的	处三年以下有期徒刑;情节恶劣的,处三年以上十年以下有期徒刑。 有前款行为,同时又构成本法第二百三十六条规定之罪的,依照处罚较重的规定定罪处罚	《中华人民共和国刑法修正案(十一)》第二百三十六条
强制猥亵他人、侮辱妇女罪	处五年以下有期徒刑或者拘役;聚众或者在公共场所当众犯前款罪的,处五年以上有期徒刑	《中华人民共和国刑法》第二百三十七条
猥亵儿童罪	依照强制猥亵他人、侮辱妇女罪从重处罚	《中华人民共和国刑法》第二百三十七条
猥亵他人,或者在公共场所故意裸露身体,情节恶劣的	五日以上十日以下拘留	《中华人民共和国治安管理处罚法》(2005年)第四十四条
猥亵智力残疾人、精神病人、不满十四周岁的人或者有其他严重情节的	十日以上十五日以下拘留	《中华人民共和国治安管理处罚法》(2005年)第四十四条
组织、强迫他人卖淫	处五年以上十年以下有期徒刑,并处罚金	《中华人民共和国刑法》第三百五十八条
组织、强迫他人卖淫,情节严重的; 引诱、容留、介绍卖淫罪和引诱幼女卖淫罪	处十年以上有期徒刑或者无期徒刑,并处罚金或者没收财产	《中华人民共和国刑法》第三百五十八、三百五十九、三百六十一条
以牟利为目的,制作、复制、出版、贩卖、传播淫秽物品的	处三年以下有期徒刑、拘役或者管制,并处罚金	《中华人民共和国刑法》第三百六十三条

续　表

罪　　行	惩　　戒	法律法规
情节严重的	处三年以上十年以下有期徒刑，并处罚金	《中华人民共和国刑法》第三百六十三条
情节特别严重的	处十年以上有期徒刑或者无期徒刑，并处罚金或者没收财产	《中华人民共和国刑法》第三百六十三条
向不满十八周岁的未成年人传播淫秽物品	从重处罚	《中华人民共和国刑法》第三百六十四条

注：从重处罚一般为在基准刑期之上再加20%。

第二节　法律对性侵害未成年人侵害者的规定

法律上，对性侵害未成年人侵害者的规定，有三个方面值得注意。

第一，双向保护：对不满十六周岁的未成年侵害者区别对待。如果侵害者没有强迫行为，是少男少女之间自愿的行为，就可以不用惩戒。

第二，监护人对被监护的未成年人有性侵害行为的，按照犯罪行为中较重的一项罪行进行惩罚。根据《中华人民共和国刑法》第二百六十条："对未成年人、老年人、患病的人、残疾人等负有监护、看护职责的人虐待被监护、看护的人，情节恶劣的，处三年以下有期徒刑或者拘役。"有上述行为，"同时构成其他犯罪的，依照处罚较重的规定定罪处罚"。

《中华人民共和国刑法修正案（十一）》扩大了监护人的范围，增加了负有特殊职责的人员的类别，指"对已满十四周岁不满十六周岁的未成年女性负有监护、收养、看护、教育、医疗等特殊职责的人员"，若"与该未成年女性发生性关系"，则为"负有照护职责人员性侵罪"，"处三年以下有期徒刑；情节恶劣的，处三年以上十年以下有期徒刑"。

性侵害未成年人的惩处重于虐待罪。因此，监护人或负有特殊职责的人员对未成年人有性侵害行为的，按照相应的性侵害行为得到惩处。

对机构内发生的某些性侵害犯罪行为，“直接负责的主管人员和其他直接责任人员”都要受到惩处，单位也可能被判处罚金。（《中华人民共和国刑法》第三百六十六条）

第三，法律对性侵害的侵害者的惩戒有性别区分。强奸罪的侵害者是男性；猥亵罪的侵害者可以是男性，也可以是女性。凡达到刑事责任年龄且具备刑事责任能力的自然人均能构成猥亵罪。

第三节　法律法规关于受性侵害未成年人的程序保护规定

在司法程序中，大部分法律规定适用于所有刑事案件中的未成年被害人，这些规定旨在于诉讼程序中保护未成年人合法权利的实现。诉讼程序中对未成年被害人的特殊保护主要体现在三个基本原则上：第一，关注未成年被害人的基本权利；第二，保护未成年被害人免于被二次伤害，如规定要避免重复询问；第三，案件处理过程中保护未成年被害人的隐私和名誉。

一、未成年人权利的保护

第一，未成年人的法定代理人在场。询问未成年被害人时，需要法定代理人或其他人在场，他们可以对询问中侵犯未成年人合法权益的内容提出意见。这项规定在多个法律、法规、司法解释中重复出现，包括《中华人民共和国刑事诉讼法》第二百七十条、《中华人民共和国未成年人保护法》（2020 年修订版）第一百一十二条、《公安机关办理刑事案件程序规定》第三百一十二条、《关于依法处理监护人侵害未成年人权益行为若干问题的意见》第八条第三款以及《关于依法惩治性侵害未成年人犯罪的意见》第十四条。后两个司法解释中还进一步解释了“其他人”的范围，“包括未成年人的其他成年亲属、所在学校、村（居）民委员会、未成年人保护组织的代表以及专业社会工作者等”。

第二，对工作人员的性别规定。《中华人民共和国刑事诉讼法》第二百七十条规定，被害人是女性时，应当有女性工作人员在场。2020年修订的《中华人民共和国未成年人保护法》第一百一十二条对该问题进行了更详细的规定：“公安机关、人民检察院、人民法院办理未成年人遭受性侵害或者暴力伤害案件，在询问未成年被害人、证人时，应当采取同步录音录像等措施，尽量一次完成；未成年被害人、证人是女性的，应当由女性工作人员进行。”这一规定在《公安机关办理刑事案件程序规定》第三百一十三条中也得到了体现。《关于依法惩治性侵害未成年人犯罪的意见》第六条也提到在性侵害未成年人案件中，若被害人是女性，则除了公安机关处理阶段外，检察院阶段与法院阶段均需要有女性工作人员参与。

第三，强制报告的制度要求。2020年《关于建立侵害未成年人案件强制报告制度的意见（试行）》第五条规定，未成年人遭受或疑似遭受不法侵害时，具体的人员和部门有强制报告的义务，其中第四条规定了不法侵害的具体情形。此外，《中华人民共和国未成年人保护法》（2020年修订版）第十一条也再次强调了报告的重要性（详见本书第六章）。

二、避免二次伤害和隐私保护原则：司法程序中对未成年被害人的保护和支持

在性侵害未成年人案件处理过程中，有关部门必须坚持两个原则：避免对被害人的二次伤害和隐私保护原则。这两点体现在司法程序的各个阶段，即规定了在司法程序中对受性侵害未成年人的保护手段。如询问要由熟悉未成年人身心特点的人员进行；对性侵害有关事实以一次询问为原则，避免反复询问；办案人员在调查取证时要避免暴露被害人的身份；被害人出庭时保护其外貌和真实声音不暴露等。与此相类似，《检察机关加强未成年人司法保护八项措施》第二项规定：“保护未成年被害人的名誉权、隐私权等合法权利，避免在办案中造成‘二次伤害’。对于性侵未成年人等刑事案件，有条件的地方检察机关可以会

同公安机关建立询问未成年被害人同步录音录像制度。”

（一）公安机关处理阶段

性侵害未成年人案件通常由被害人父母或被害人本人报警，公安机关决定是否立案。公安机关若决定立案，则对报案人和被害人做询问笔录，记录详细的案发经过。根据《检察机关加强未成年人司法保护八项措施》的规定，询问性侵案件被害人应有女性工作人员在场，做笔录时未成年被害人需要有法定代理人在场。

公安机关依据掌握的事实、证据，判断违法行为的严重程度。或依据《中华人民共和国治安管理处罚法》进行行政处罚结案；或破案，即抓捕到犯罪嫌疑人后移送检察院起诉。在这个阶段，案件有可能因为证据不充分不会被移送检察院。

（二）检察院处理阶段

检察院设有未成年人检察处（本章以下简称“未检处”），负责处理涉及未成年人的刑事案件，包括未成年人犯罪和未成年人作为被害人的案件。在检察院阶段，有关部门需要对案件事实进一步查明，审查起诉到法院。关于处理期限问题，检察院需要在一个月以内做出决定，极特殊情况下最长不会超过六个半月。

性侵案件受害儿童可能不必再次受检察官询问。对于已经比较清楚的案件——犯罪嫌疑人对事实供认不讳，或被害人的陈述与犯罪嫌疑人的供认吻合，检察机关本着避免二次伤害的原则，不会重复询问受害儿童。通常检察官会与受害儿童的家长见面了解情况。

实践中也有被害人被检察官询问的情况。通常由于检察官认为需要全面了解案件，因此会到被害人家中走访，但是会不穿制服、不开警车，避免给被害人家庭在所在社区中的正常生活带来麻烦。

（三）法院处理阶段

各级法院设有少年庭，负责涉及未成年人的民事、刑事案件。根据《中华人民共和国刑事诉讼法》第二百零二条，公诉案件应在两个月内宣判，至迟不超过三个月。性侵害未成年人案件刑事部分因涉及个人隐私不公开审理，但公开宣判。

实践中，多数情况下受性侵害的未成年人不会出现在法庭，由聘请的律师或法律援助律师代理被害人出庭。中国没有陪审团制度，刑事案件中由审判员或审判员与人民陪审员组成合议庭，合议庭就是否有罪和量刑情况做出决定。

进入法院阶段的性侵害未成年人案件绝大多数会得到有罪判决的结果。实践中，中国法院整体的无罪判决非常少，根据网易新闻网站“数读”栏目对《中国法律年鉴》和最高人民法院研究室数据的整理，2001 年至 2018 年，中国法院无罪判决率最高为 0.88%（2001 年），其后持续下降，2010 年之后，始终低于万分之十。2011 年为 0.08%，2018 年下降至 0.057%。①

第四节　法律援助：对性侵害未成年人犯罪受害者的支持

检察院、法院要告知经济困难的受害者有获得法律援助的权利。

性侵害未成年人案件受害者可以在检察院阶段申请法律援助，获得免费的律师代理案件服务。受害儿童如果希望聘请法律援助律师，需要申请并符合经济困难标准。实践中，也有检察院直接将案件转介到法律援助中心，如北京市海淀区检察院转介的性侵害未成年人案件无须审理或提供证明，便可获得法律援助。也有专注于儿童保护的机构的专职公益律师对性侵害未成年人受害者提供免费的代理服务，如北京青少年法律援助与研究中心。

受害者及其家庭还可以根据当地未检处实际拥有的社会资源，获得其他形式的支持。例如许多未检处与当地共青团组织合作，可以通过团委的转介，请第三方对受害者提供免费的心理辅导；部分未检处的检察官通过了国家心理咨询师二级考试，会亲自为受害者及其家属做心理辅导；未检处还可以联系当地教育部门，帮助受害者办理转学事宜。

① 王禄生：《20 年数据盘点：中国无罪判决率的“门道”》，https://www.163.com/dy/article/EA8BH6340514CC4Q.html，访问日期：2022 年 8 月 2 日。

实地调查发现，北京的大部分未检处都建立了专门的未成年人工作室，工作室的设计风格宽松平等，会通过音乐、视频、游戏甚至按摩来缓解儿童的紧张情绪，工作室还配备“心理健康综合管理平台”和心理沙盘，办案人员可以对儿童开展能力、智力、反应、人格等方面的测评，可以借助心理疗法对儿童进行心理疏导。但是，在财政经费比较紧张的地区，未检处的设施可能会相对落后。

一、经济赔偿

（一）刑事附带民事诉讼寻求经济赔偿

性侵害未成年人案件的受害者可以通过提起刑事附带民事诉讼寻求经济赔偿。这种赔偿实际是一种补偿——对实际发生的有形损失的补偿。比如对性侵害案件中被撕破的衣服作价赔偿；对实际产生的就医费用、交通费用的赔偿；对家长误工费用、儿童误学补课费用的赔偿。

在性侵害未成年人案件中，对精神伤害的赔偿和心理康复费用往往是受害者需求的最大部分，但是，在 2013 年之前，法庭一般不支持受害者提出的此类赔偿。2013 年，《关于依法惩治性侵害未成年人犯罪的意见》首次将遭受性侵害未成年人的精神康复费用纳入判赔范围。也就是说，法院在审理性侵害未成年人的案件时，对损害的判赔可以不局限于受害者实际发生、已支出的直接费用，受害者后期用于心理康复的费用也可以包括在内。这项规定保障了被性侵害未成年人的民事求偿权，彰显了法治进步。①

但是，在这个文件发布之后，直到 2017 年，在四年之间，虽然中国的性侵害未成年人案件频繁发生，但法院并未实际判决对受害者的精神损害赔偿。有媒体调查发现，这主要是由于对精神康复费用纳入判赔范围的宣传不够，该规定没有配套实操细则，很多基层审判人员或者对此条文不知晓，或者因为缺少操作细则无法在司法实践中落实，遭受性侵害的未成年人及其家庭更不知晓。故数年间全国都没有法院判决精神赔偿的案例。在很多情况下，受害者接受心理康复

① 何勇海：《法制日报：性侵案首判心理康复费有破冰意义》，http://opinion.people.com.cn/n1/2017/1130/c1003-29676768.html，访问日期：2019 年 10 月 1 日。

治疗等产生的费用，往往通过公益组织或其他社会机构提供的捐赠经费来补抵。

改变这一局面，通过法院判决让侵害者承担这笔费用，会让受害者的精神得到抚慰，其进行心理康复治疗的主动性也会更强。

对精神损害的赔偿，主要是对受害者心理康复需要的费用的赔偿，在法律实践中，于 2017 年 11 月 2 日获得突破。成都市成华区人民法院开庭审理的一起性侵害未成年人案，判赔的直接经济损失项目中首次包含了 3 000 元的心理康复费用，这在此前的全国的公开案例中是从未有过的。[①] 此判决发生后，2019 年 8 月，广东省高级人民法院的一则终审判决支持了受害者提出的 10 万元心理康复治疗费。这是中国的法院支持赔偿心理康复治疗费的第二例判决。[②] 这两起判决，说明对性侵害未成年人受害者的支持方面，出现了新的司法实践，其影响迅速扩大。

为缓解司法程序中受害儿童的困境，2008 年，北京市高级人民法院争取到社会捐赠的经费，设立了“未成年人司法救助基金”，对特困涉诉儿童给予救助。2009 年，海淀区人民法院与中国人权发展基金会合作设立了“涉诉未成年人司法救助基金”，帮助涉诉困境儿童解决生存、回归家庭监护、教育等方面的基本需求。

（二）通过和解协议后得到赔偿

近年来，刑事案件可以通过刑事和解达成和解协议，对犯罪嫌疑人、被告人不再追究刑事责任或从轻、减轻处罚。在性侵害未成年人案件中，犯罪嫌疑人与被害人（通常是儿童家长）之间达成谅解，由犯罪嫌疑人一次性赔偿被害人一笔钱，通常根据谈判结果以及犯罪嫌疑人的能力，赔偿金额几千至几十万元不等。

（三）国家司法救助

对未成年受害者的国家司法救助自 2018 年开始全面加强。2018 年，最高

---

① 何勇海：《法制日报：性侵案首判心理康复费有破冰意义》，http://opinion.people.com.cn/n1/2017/1130/c1003-29676768.html，访问日期：2019 年 10 月 1 日。

② 张晨：《性侵未成年人案件频发 少年司法离儿童利益最大化有多远》，http://edu.people.com.cn/n1/2019/0808/c1053-31282715.html，访问日期：2023 年 11 月 20 日。

人民检察院出台了《关于全面加强未成年人国家司法救助工作的意见》，该文件详细规定了对刑事犯罪受害者提供国家司法救助的情况和实施细则，如资格条件、救助标准、救助项目、多种救助方法等。其中，对受到性侵害的未成年人，特别规定了“进行心理安抚和疏导；对出现心理创伤或者精神损害的，实施心理治疗”和“需要长期进行心理治疗或者身体康复的未成年人，可以突破救助限额”，并在替代性监护、经济保障、教育安置、户口转移、医疗康复等各个方面做出了规定，具有比较强的可操作性。

二、对受监护人性侵害的未成年人的保护和支持

中国目前还没有专门保护性侵害未成年人犯罪受害者的法律，已有法律通常强调对侵害者的惩治。

2014 年，最高人民法院等部门发布了《关于依法处理监护人侵害未成年人权益行为若干问题的意见》，这是仅有的一部较多关注受害未成年人人身保护的法律规范。但是这部法律的覆盖范围有限，仅适用于被监护人侵害的未成年人。根据该文件，对处于“危险状态”的受侵害未成年人可以采取“临时安置照料”“人身保护裁定”和“撤销监护人资格，重新指定监护人”等方式进行保护。该文件第十一条和第十六条规定，可以将未成年人就近护送至其他监护人、亲属、村(居)民委员会或者未成年人救助保护机构，或通过未成年人救助保护机构采取家庭寄养、自愿助养、机构代养或者委托政府指定的寄宿学校安置等方式对未成年人进行临时照料。第二十二条规定，临时照料人可在诉前向法院申请人身安全保护裁定，防止未成年人再次遭受侵害。第三十五条和第三十六条规定，撤销监护人资格，未成年人没有其他监护人的，由法院重新指定监护人。

2018 年，最高人民检察院出台了《关于全面加强未成年人国家司法救助工作的意见》。

2020 年修订的《中华人民共和国未成年人保护法》新增国家保护部分，其中第十七条强调了监护侵害的不同类别，性侵害也在其中。此外，第一百一十条提及了为性侵害被害人提供保护的具体政府部门及其应该采取的保护措施：“公

安机关、人民检察院、人民法院应当与其他有关政府部门、人民团体、社会组织互相配合，对遭受性侵害或者暴力伤害的未成年被害人及其家庭实施必要的心理干预、经济救助、法律援助、转学安置等保护措施。”

三、校园性侵害案件之后对儿童的保护和支持

第一，转学。这是法律规定的校园性侵害案件发生后保护儿童的重要形式。2013年，教育部、公安部、共青团中央、全国妇联发布的《关于做好预防少年儿童遭受性侵工作的意见》提出，在中小学校内发生性侵害案件后，学生有转学需求的，教育部门和学校应予以安排。

第二，经济赔偿。受害儿童通过司法途径可以从被告处获得一定的经济赔偿，但赔偿的是直接的物质损失，不支持精神损害赔偿。《中华人民共和国刑事诉讼法》第九十九条规定了被害人有权提起刑事附带民事诉讼。《最高人民法院关于适用〈中华人民共和国刑事诉讼法〉的解释》第一百九十二条明确规定了刑事附带民事诉讼赔偿范围包括“医疗费、护理费、交通费等为治疗和康复支付的合理费用，以及因误工减少的收入……残疾生活辅助器具费等费用……丧葬费等费用”。此外，根据《关于依法惩治性侵害未成年人犯罪的意见》第三十二条，发生在教育机构内的性侵害案件，可以要求教育机构承担赔偿责任。

第三，性侵害受害儿童也可能获得物质损害赔偿以外的赔偿。《最高人民法院关于适用〈中华人民共和国刑事诉讼法〉的解释》第一百九十二条列举了犯罪行为造成被害人人身损害之后应当赔偿的各项费用，还进一步规定了在达成调解、和解协议时，当事人能得到的赔偿不仅限于物质损害赔偿。此外，《关于依法惩治性侵害未成年人犯罪的意见》第三十四条还规定：“对未成年被害人因性侵害犯罪而造成人身损害，不能及时获得有效赔偿，生活困难的，各级人民法院、人民检察院、公安机关可会同有关部门，优先考虑予以司法救助。”

第五节　对性侵害未成年人的预防措施

现有规定主要关于预防学校内发生性侵害未成年人案件。这些规定包括《中华人民共和国未成年人保护法》《中小学幼儿园安全管理办法》《中小学公共安全教育指导纲要》《中小学健康教育指导纲要》《关于做好预防少年儿童遭受性侵工作的意见》等。

如《中小学幼儿园安全管理办法》(2006年)第二十五条规定"针对女生宿舍安全工作的特点,加强对女生宿舍的安全管理",希望通过加强管理,防止对女生的侵害,包括性侵害的发生。第三十五条规定"不得聘用因故意犯罪而受到刑事处罚的人",对教职工的聘用提出要求,降低潜在的来自教师的侵害风险。

教育部制定的《中小学公共安全教育指导纲要》(2007年)和《中小学健康教育指导纲要》(2008年)两部法规规定了要对中小学生开展预防性侵害的教育。前者将预防性侵害作为小学四到六年级和初中、高中安全教育的重点;后者着重从健康教育的角度,从小学三到四年级开始"教儿童了解身体器官功能,学会保护自己",从初中阶段开始"识别容易发生性侵害的危险因素,保护自己不受性侵害"。2013年发布的《关于做好预防少年儿童遭受性侵工作的意见》再次强调了教育部门、共青团和妇联组织应做好预防性侵害教育。

此外,《关于做好预防少年儿童遭受性侵工作的意见》也从管理的角度提出了对儿童性侵害预防的意见。包括教育部门定期摸查中小学隐患;教育部门落实中小学校园日常管理制度;教育部门从严管理女生宿舍;教育部门加强教职员工管理等。

2020年修订的《中华人民共和国未成年人保护法》第四十条综合了前述意见,强调学校和幼儿园应当建立预防性侵害工作制度与强制报告制度。此外,还强调了要开展适合未成年人年龄的性教育等。

除以上有关学校内预防性侵害的规定外,2021年颁布的《中华人民共和国家庭教育促进法》第十六条也简单提及预防性侵害的内容，但缺乏单独的条例和执行办法，提出“关注未成年人心理健康，教导其珍爱生命，对其进行交通出行、健康上网和防欺凌、防溺水、防诈骗、防拐卖、防性侵等方面的安全知识教育，帮助其掌握安全知识和技能，增强其自我保护的意识和能力”。

第六节 结 论

从本章的阐述中可以了解到，中国政府非常重视性侵害未成年人的问题，从瞄准、报告、惩凶、援助、赔偿和预防等各个方面，初步形成了一整套有关性侵害未成年人问题的法律法规体系。

在现有的针对受到性侵害儿童的保护和援助措施中，瞄准方面的规定比较具体，惩凶的措施严厉。但是对强奸幼女犯罪的儿童年龄规定可能过低，缺少对受害者提供的支持性服务；在某些方面仍然存在漏洞（如对男童的强奸问题），可能在某些方面仍然薄弱（如对受害儿童及其家庭的赔偿过于微薄，不排除为了获得急需的经济援助，受害儿童家庭接受和解协议，导致罪犯逍遥法外等）。现有法律法规的实施也有待全面实现。

第三编

建立底线的儿童保护制度

第五章

儿童保护的政府组织

尚晓援

摘要：本章分析了中国承担儿童保护责任的政府组织和有政府背景的社会组织。首先概述了中国的行政区划，分析了各级政府和政府各个部门在儿童保护中的责任和分工，然后讨论了负责儿童福利和保护事务的国务院多部门议事协调机构——国务院妇女儿童工作委员会的职责、工作机制和在儿童保护中发挥的作用。此外，概述和分析了有政府背景的人民团体和社会团体在儿童保护中的作用。本书强调，建立儿童保护的责任主体机构是底线儿童保护制度的基本要素。民政部2019年建立的儿童福利司，是中国第一个司局级别的直接负责儿童保护事务的政府组织，其建立是儿童保护制度发展的重要一步。

关键词：儿童权利；儿童保护主管机构；儿童性虐待；性侵害未成年人；儿童保护制度；底线保护

在法制基础建立之后，为了对儿童提供有效的保护，首先需要建立有足够权威的儿童保护的责任主体机构（国家或国家授权的组织）。这个组织负责儿童保护的有关事宜，必须有足够的权力、相应的资源和管理能力来处理儿童受到暴力侵害的事件，并为受害儿童安排保护性监护。这是底线的儿童保护制度必须具备的第一个基本要素。

自1978年以来，中国逐渐发展了混合的儿童福利制度，由政府组织和非政府组织对受到虐待的儿童提供保护和支持。这些组织在制定法律和政策、进行儿童保护制度的顶层设计和机构建设、为儿童的权利和利益发声、提供各类儿童保护服务等方面承担着不同的职能。这些组织的共同努力，推动了儿童保护制度的发展，构建了中国的儿童保护制度，并为受到性虐待的儿童提供了保护和支持。但是，2006年以前，中国没有主管儿童事务的政府机构，与儿童福利和儿童保护有关的各种事务分散由很多政府部门、有政府背景的人民团体和社会团体分别负责。本章概述承担儿童保护功能的政府组织和有政府背景的各类社会组织。

中国主管儿童福利的政府机构建立于2006年——民政部社会福利司设立了儿童福利处。2019年，民政部建立了儿童福利司，是第一个司局级的儿童福利主管机构。2021年，国务院议事协调机构——国务院未成年人保护工作领导小组成立，它是中国儿童保护级别最高的主管机构，办公室设在民政部，由民政部承担日常工作。

第一节　中国各级政府和儿童保护事务

在中国，政府部门承担着儿童保护的主要责任。在儿童保护方面，中国政府的内部分工有纵向和横向两个方面：从纵向看，从中央到地方，各级政府之间分工合作，承担着儿童保护的重担；从横向看，政府各个职能部门之间、政府和非政府组织之间，亦有分工合作，构建起全面的儿童保护制度。中国在儿童福利和保护制度建设的过程中，逐渐明确了各级政府和政府各个部门各自承担的责任，以及它们之间的分工，使儿童保护逐渐落到实处。

一、中国的行政区划和各级政府在儿童保护中的责任

（一）中国的行政区划

中国的儿童保护制度，是一个高度分权的制度，并受到政府行政区划的制约。在中央政府之下，中国的行政区划分主要为四级结构（直辖市为三级结构）：

省级行政区、地级行政区、县级行政区和乡级行政区。截至2018年年底，全国共有省级行政区划单位34个（包括23个省、5个自治区、4个直辖市和2个特别行政区），除港澳台地区外，地级行政区划单位333个，县级行政区划单位2 851个，乡级行政区划单位39 945个。按照2018年中国的人口总数计算，平均每个县级行政区划单位的人口数为48.6万人，平均每个乡级行政区划单位的人口数为3.5万人。

理论上，乡镇是中国最基层的行政单位。但在中国各地，乡镇之下，在城镇设有居民委员会（本书以下简称“居委会”），在农村设有村民委员会（本书以下简称“村委会”）。这些组织在法律上被定义为“基层群众性自治组织”。但是，在很多情况下，这些组织的干部从政府领取工资，并代政府行使很多行政职能。因此，儿童保护的诸多功能由居委会和村委会行使。

（二）各级政府在儿童保护中的职责

政府在儿童保护中的职责，包括四个重要的方面。第一，规则制定功能。制定儿童保护的规则，即制定有关领域的法律、法规和政策等。在中国的立法体制内，这包括国家法律、行政法规、地方性法规、国务院各部委等具有行政管理职能的直属机构制定的部门规章等。第二，建立或任命执行规则的、有足够权威的组织机构，来按照规则行使职能，监督规则执行。第三，提供经费保障的功能。为执行规则，提供必要的资源（如人、财、物），或决定怎样保障经费来源。第四，对儿童保护的服务提供做出安排，对政策执行的方法和效果进行监督。

根据中国的立法制度，制定儿童保护有关的法律和行政法规主要是全国人民代表大会、全国人民代表大会常务委员会、国务院及其直属机构的职责。省级政府可以制定地方性法规，可以就以下两个方面的事项做出规定：一是为执行法律、行政法规的规定，需要根据本行政区域的实际情况做具体规定的事项；二是属于地方性事务需要制定地方性法规的事项。除此之外，设区的地级市也有一定的立法权。因此，在中央一级，政府承担的主要职责是制定法律、行政法规和部门规章，进行儿童保护制度的顶层设计，并推动政策和制度的建设和完善等。在省级，政府的主要职责是根据各省级行政区的实际情况，制定地方性法规，执行国家法律、法规和政策。

对于儿童保护的经费支出，中央财政没有专门的经费列支。《中华人民共和国反家庭暴力法》规定："各级人民政府应当对反家庭暴力工作给予必要的经费保障。"但是，对于经费以什么名目列支、各级政府的资金责任怎样分担等问题，法律上并没有直接规定。我们的实地调查发现，在很多地方，儿童保护尚未有专门的经费列支。在实际操作中，主要依靠来自司法部门的司法救助经费、民政部门的孤儿基本生活保障和困境儿童基本生活保障的经费，以及地方政府在社会救济方面可以灵活使用的经费。这些经费的数额非常有限。

在职责分配上，反家庭暴力和儿童保护的组织协调工作落实在县一级政府。如《中华人民共和国反家庭暴力法》第四条规定，"县级以上人民政府负责妇女儿童工作的机构，负责组织、协调、指导、督促有关部门做好反家庭暴力工作"，对实际操作的规定是"县级以上人民政府有关部门、司法机关、人民团体、社会组织、居民委员会、村民委员会、企业事业单位，应当依照本法和有关法律规定，做好反家庭暴力工作"。

乡（镇）人民政府、街道办事处需要做好反家庭暴力和儿童保护的工作，但是职责规定不如居委会、村委会具体。

（三）居委会和村委会在儿童保护中的职责

在反家庭暴力和儿童保护有关的法律法规中，乡（镇）政府、居委会和村委会被赋予了多项职责。如《中华人民共和国反家庭暴力法》对居委会和村委会在儿童保护中的职责一共列了 8 项；在其他几个有关儿童保护的文件中，也有关于居委会和村委会职责的规定，有重合的，也有更具体的。综合起来，可以概括为以下 12 项：

（1）配合政府部门，预防和干预儿童虐待和家庭暴力。

（2）当发现家庭暴力/儿童虐待问题时，进行报告。

（3）接受受害者或有关人士关于儿童虐待或家庭暴力的报告。

（4）在情节轻微、监护人未被处理的案件中，接收司法建议或法院告诫书，通知、查访、监督和教育加害人，加强对未成年人的保护和对监护人的监督指导。对加害人进行法治教育。

监护人被撤销的监护权恢复之后，接收法院关于监护人领回未成年人的通报，并对通报内容负有保密义务。对监护人的监护情况进行随访,开展教育辅导工作。

(5) 提起撤销监护人资格、另行指定监护人的申请。

(6) 代当事人申请人身安全保护令。

(7) 协助法院执行人身安全令。

(8) 儿童虐待的案件发生后,在公安、法院等机构询问未成年人时,如监护人或亲属不能到场,代表监护人到场。

(9) 接收公安部门带离的处于危险境地的未成年人。

(10) 在安置未成年人时,确认要求照料未成年人的监护人、近亲属、亲属或朋友的身份,以便安排将未成年人交由其照料,终止临时监护。

(11) 参加解除未成年人危险状态会商。

(12) 有权向人民法院申请恢复监护人资格。

虽然居委会和村委会被赋予了诸多职责,但笔者实地调查发现,它们并没有被给予足够的人力和物力来履行这些职责,很多地区的居委会和村委会尚未开始履行这些责任。

二、有关妇女儿童工作的议事协调机构:国务院妇女儿童工作委员会

国务院妇女儿童工作委员会是中国与儿童保护直接相关的、最高级别的政府综合协调机构。在大多数省、市、县级行政单位,也有相应级别的妇女儿童工作委员会,负责综合协调当地妇女儿童工作。

1981 年,全国妇联牵头成立了全国儿童少年工作协调委员会。1990 年 2 月 22 日,国务院妇女儿童工作协调委员会正式成立,取代了原全国儿童少年工作协调委员会,成为国务院负责妇女儿童工作的协调议事机构。1993 年 8 月 4 日,该机构更名为国务院妇女儿童工作委员会(本书以下简称“国务院妇儿工委”),是国务院负责妇女儿童工作的协调议事机构,负责协调和推动政府有关部门执行妇女儿童的各项法律法规和政策措施,发展妇女儿童事业。

这个机构的基本职能包括:① 协调和推动政府有关部门做好维护妇女儿童权益工作;② 协调和推动政府有关部门制定和实施妇女儿童发展纲要;③ 协

调和推动政府有关部门为开展妇女儿童工作和发展妇女儿童事业提供必要的人力、财力、物力；④ 指导、督促和检查各省、自治区、直辖市人民政府妇女儿童工作委员会的工作。

国务院妇儿工委的组成单位由国务院批准，目前包括37个，都与儿童福利、儿童保护有直接或间接的关系。具体成员单位有中央宣传部、中央政法委、中央网信办、最高人民法院、最高人民检察院、外交部、国家发展改革委、教育部、科技部、工业和信息化部、国家民委、公安部、民政部、司法部、财政部、人力资源和社会保障部、自然资源部、生态环境部、住房和城乡建设部、交通运输部、农业农村部、商务部、文化和旅游部、国家卫生健康委、应急管理部、国务院国资委、市场监管总局、广电总局、体育总局、国家统计局、国家医保局、全国总工会、共青团中央、全国妇联、中国科协、中国残联、中国关工委。

从性质上看，在保护受到性侵害儿童方面，国务院妇儿工委的主要作用是推动制度建设和政策变化。为儿童的健康成长提供各个方面的支持和服务，则是政府职能部门的责任，儿童发展涉及社会的各个方面。上述政府部门的职责，都与儿童发展和儿童保护有关系。而儿童保护的重点内容，则在公安、检察、司法、民政、教育、卫生等多个职能部门中贯彻和实现。本节的重点是简述与儿童保护有最直接关系的组织机构，包括公安、检察、司法、民政、教育、卫生等的职责，以及他们在儿童保护中的作用。

除了上述政府部门之外，政府支持的人民团体，如共青团、妇联、残联、关工委等，在儿童保护中也承担重要的职能。共青团和妇联系统是带有行政色彩的人民团体，职责仍停留在研究和协助政府管理的层面，行政力度不大。

三、保护儿童性侵害受害者的政府职能部门

处理儿童期性侵害问题，对未成年人提供保护和支持，需要多个政府职能部门参与。这些政府部门的职责各不相同，各司其职。本节简单描述这些政府部门的职责、分工与合作。

表5－1简要概括了重要的儿童保护的法律、司法解释和部门规章对政府各

部门和社会组织在儿童保护方面的职责要求。

表5-1　政府各部门和社会组织在儿童保护方面的职责

<table>
<tr><th>有关法律规定</th><th>民政部</th><th>法院</th><th>检察</th><th>公安</th><th>司法</th><th>教育</th><th>卫生</th><th>妇联</th><th>共青团</th></tr>
<tr><td rowspan="3">《中华人民共和国未成年人保护法》</td><td></td><td colspan="6">在各自的职责范围内做好未成年人保护工作</td><td colspan="2">协助各级人民政府做好未成年人保护工作</td></tr>
<tr><td></td><td colspan="3">保护未成年人权益,审理案件时监护人到场,照顾未成年人特点,保护被害人名誉</td><td></td><td>建立安全制度</td><td></td><td></td><td></td></tr>
<tr><td>县级以上单位设立救助场所,救助、收留、抚养无监护人儿童</td><td>审理案件,提供司法援助</td><td></td><td>预防和制止违法犯罪行为</td><td>未成年人的司法保护</td><td>建立安全制度,进行安全教育,处理发生的事故,报告事故</td><td></td><td></td><td></td></tr>
<tr><td rowspan="2">《关于依法处理监护人侵害未成年人权益行为若干问题的意见》</td><td colspan="5">指导、培训、提高保护未成年人的能力和水平,沟通协作,建立信息共享机制,实现行政保护和司法保护的有效衔接</td><td></td><td></td><td></td><td></td></tr>
<tr><td>设立救助保护机构,承担临时监护责任,申请撤销监护人资格,组织会商,安排社会救助,安排送养</td><td>受理人身安全保护裁定申请,受理撤销监护人资格案件并做出裁判,判决恢复监护人资格,指定监护人</td><td>对公安、法院工作实行法律监督,书面告知未成年人及其临时照料人有权依法申请撤销监护人资格</td><td>接受举报,出警处置,带离儿童,制止侵害行为,立案侦查,收集固定证据,惩处,护送儿童至临时监护处,送医,提供情况说明,通报检察院,执行法院裁定</td><td></td><td>保障满足受害未成年人转学、异地入学接受义务教育的需要</td><td></td><td></td><td></td></tr>
</table>

续　表

<table>
<tr><th>有关法律规定</th><th>民政部</th><th>法院</th><th>检察</th><th>公安</th><th>司法</th><th>教育</th><th>卫生</th><th>妇联</th><th>共青团</th></tr>
<tr><td rowspan="3">《关于依法惩治性侵害未成年人犯罪的意见》</td><td></td><td colspan="4">加强与民政、教育、共青团、妇联等部门和未成年人保护组织的联系和协作，做好性侵害未成年人犯罪预防和被害人的心理安抚、疏导工作，给予必要的帮助；加强业务指导和培训；完善工作机制，提高办案能力和水平</td><td></td><td></td><td></td><td></td></tr>
<tr><td></td><td colspan="3">执行各项办案的程序要求</td><td></td><td></td><td></td><td></td><td></td></tr>
<tr><td></td><td>依法办案，案件审理中坚持保护儿童权利和隐私</td><td>监督公安机关，坚持各项程序原则</td><td>在执行各项程序要求时保护儿童权利和隐私</td><td></td><td></td><td></td><td></td><td></td></tr>
<tr><td rowspan="2">《中华人民共和国反家庭暴力法》</td><td></td><td colspan="7">县级以上人民政府有关部门、司法机关、妇联应当将预防和制止家庭暴力纳入业务培训和统计工作</td><td></td></tr>
<tr><td></td><td>审理案件，撤销监护人资格，指定监护人，发放和执行人身安全保护令</td><td></td><td>接受报告受理，出警，告诫，协助执行人身安全保护令</td><td></td><td>宣传，报告（家庭暴力）</td><td>报告，诊疗记录</td><td>宣传，接受投诉，帮助处理</td><td>宣传</td></tr>
</table>

（一）公安部门

公安机关的任务是维护国家安全和社会治安秩序，保护公民的人身安全、人身自由和合法财产，预防、制止和惩治违法犯罪活动。因此，涉及伤害未成年人的犯罪行为，公安部门一马当先。

在涉及儿童期性侵害的犯罪方面，公安部门承担接受报案、立案调查、拘捕罪犯和保护儿童人身安全等多方面的职责。

在中国，拐卖妇女儿童犯罪一度猖獗，严重侵犯了妇女儿童的权利，人民群众对此高度关注、深恶痛绝。2007 年，为遏制拐卖犯罪、保护群众切身利益、保障社会和谐稳定,公安部在刑事侦查局下成立了打击拐卖妇女儿童犯罪办公室,在儿童保护方面做出了重大努力。这个儿童保护机构在中国获得了政府和民间极为广泛的赞誉,也是遏制对儿童的性剥削的重要机构。

但公安部门尚未建立专门负责有关未成年人案件的部门。在未成年人保护工作的实际操作领域,很多方面需要改善。

(二)检察部门

从性质来看,人民检察院是国家的法律监督机关(《中华人民共和国宪法》第一百三十四条)。依照法律规定,人民检察院有权对国家工作人员履行职务进行监督,对公安机关的侦查、人民法院的审判工作、司法行政机关的监狱工作进行监督,对国家机关是否履行儿童保护的职责进行监督。因此,在依法保护未成年人方面,检察部门承担着重要的职责。

为使检察机构更好地保障未成年人的权益,2019 年 1 月,最高人民检察院建立了第九检察厅,专门负责涉及未成年人的犯罪案件的处理工作。其主要职责是"负责对法律规定由最高人民检察院办理的未成年人犯罪和侵害未成年人犯罪案件的审查逮捕、审查起诉、出庭支持公诉、抗诉,开展相关立案监督、侦查监督、审判监督以及相关案件的补充侦查。开展未成年人司法保护和预防未成年人犯罪工作"。① 最高人民检察院第九检察厅的建立,意味着中国儿童保护的制度建设进入了一个新的发展阶段。② 如果从 1986 年 6 月上海市长宁区人民检察院成立全国第一个"少年起诉组"算起,中国儿童保护制度发展经历了三十多年的建设过程,凝聚了检察系统儿童保护工作者多年的努力。

从组织机构来看,全国基本构建起了四级检察机关未成年人检察工作专门机构,这些机构的职责范围基本划定,制度框架已经搭建起来,建立了以未成年人这一特殊主体为对象的独立业务类别。

---

① 中华人民共和国最高人民检察院:《第九检察厅》,http://www.spp.gov.cn/spp/gjyjg/nsjg/201901/t20190103_404108.shtml,访问日期:2019 年 8 月 23 日。

② 佟丽华:《中国儿童保护的希望、挑战与期待》,《人民法院报》2019 年 1 月 31 日第 2 版。

从职责范围来看，未成年人检察工作纵向包括逮捕、起诉、监督、预防等工作职能，横向则涉及未成年人的刑事、民事、行政、公益诉讼和检察等多方面的工作职能。在保护受到性侵害的未成年人的过程中，未成年人检察机构有特殊的重要作用，可处理未成年人刑事犯罪案件和被害人是未成年人的刑事案件。未成年人检察处在办理性侵害未成年人案件时，常与社会组织合作为被害人提供支持。①

未成年人检察机构还在对受害未成年人提供全面综合的司法保护等方面进行探索，如对未成年人的帮扶、心理抚慰、经济援助等。②

（三）法院

“人民法院的任务是审判刑事案件、民事案件和行政案件，并且通过审判活动，惩治犯罪分子，解决民事纠纷，保护公民合法权益，维护社会主义法制以及社会秩序和经济秩序，保卫社会主义现代化建设顺利进行。”③在性侵害未成年人案件的审理过程中，人民法院的作用举足轻重。本书谈及的几个儿童保护的个案考察，都涉及了人民法院在保护受到性侵害儿童中的作用。

在组织机构的设立方面，中国政府进行了建立未成年人案件审判庭的努力。经过三十多年的发展，在机构设置、队伍建设、审判机制、社会效果等方面都取得了一定的成绩。部分发展成果被制度固定下来，比如最高人民法院2010年的文件规定：中级和基层人民法院可以设立独立建制的未成年人案件审判庭；高级人民法院应当在刑事审判庭内设立未成年人刑事案件合议庭；具备条件的可以设立独立建制的未成年人案件审判庭。④

---

① 周斌：《不断探索逐步发展未检制度呵护未成年人健康成长》，http://www.legaldaily.com.cn/judicial/content/2019-08/26/content_7975433.html，访问日期：2019年8月16日。

② 周斌：《不断探索逐步发展未检制度呵护未成年人健康成长》，http://www.legaldaily.com.cn/judicial/content/2019-08/26/content_7975433.html，访问日期：2019年8月16日。如成都市的个案：继与成都市未成年人心理咨询中心建立了长期合作关系后，四川省成都市金牛区检察院未成年人检察科于2015年与成都云公益发展促进会启动了针对刑事案件未成年被害人的帮扶计划，为性侵害未成年被害人开展系统的心理抚慰工作，帮助其走出被侵害的阴影。

③ 中国政府网：《我国的司法体制》，http://www.gov.cn/guoqing/2017-11/08/content_5238058.htm，访问日期：2022年8月28日。

④ 范明志：《少年法庭的独立职能定位》，《人民法院报》2018年7月16日第2版。

（四）司法行政部门

司法部门承担着全面依法治国重大问题政策研究、统筹规划立法工作的责任，承办行政法规的解释、立法后评估工作。因此，维护未成年人的合法权利，为未成年人提供司法援助和保护，是司法行政部门的重要职责。

在儿童保护方面，司法部门承担着多项重要职责，包括制定并组织实施关于未成年人保护的普法工作规划、指导和检查依法保护未成年人的工作、监督和指导未成年人保护律师和法律顾问等。

经济困难的性侵害案件被害人及其法定代理人可以向司法行政机关所属法律援助机构申请法律援助。

（五）从无到有：民政部门建立儿童福利和儿童保护的主管部门

在儿童保护方面，民政部门一直发挥着重要作用。2019 年，民政部儿童福利司建立，直接负责与儿童福利、保护有关的工作。这是儿童福利和儿童保护制度建设的重要一步。

从职责来看，民政部门的职责包括 14 个方面。其中，与儿童福利、儿童保护关系最直接的有：拟订有关儿童福利、孤弃儿童保障、儿童收养、儿童救助保护的政策与标准，健全农村留守儿童关爱服务体系和困境儿童保障制度。

民政部其他方面的职责，很多与儿童保护有密切关系，如：① 在儿童保护方面，需要社会工作队伍的介入并发挥重要作用，而民政部承担着拟订有关社会工作和志愿服务的政策和标准、推进社会工作人才队伍建设和志愿者队伍建设等方面的职责；② 在对受到性侵害儿童提供保护和服务的过程中，需要社会服务机构和非政府组织的参与，民政部承担拟订社会团体、基金会、社会服务机构等社会组织的登记和监督管理办法并组织实施，依法对社会组织进行登记管理和执法监督等方面的责任；③ 儿童保护常常是慈善事业资助和支持的对象，因此，民政部门在组织拟订促进慈善事业发展的政策、指导社会捐助工作等方面承担的责任，也与儿童保护有密切关系。①

---

① 中华人民共和国民政部：《2018 年民政事业发展统计公报》，https://www.mca.gov.cn/images3/www2017/file/201908/1565920301578.pdf，访问日期：2019 年 8 月 29 日。

从组织机构来看，中国的儿童福利和保护制度，由民政部门负责的有基层国有儿童福利机构、未成年人救助保护机构和儿童福利督导制度。这些制度安排在预防童年期性侵害、对受害儿童提供保护、申请撤销监护人资格、对受害儿童提供国家监护、安排替代性养护及其他后期支持等方面，承担了主要责任。

（1）国有儿童福利机构。指为孤弃儿童提供集养护、治疗、教育和保护等服务于一体的社会福利事业机构。在中国，儿童福利机构由国家出资兴办，民政部门具体管理。对被收养的儿童，采取国内外送养、机构内养护、家庭寄养、类家庭寄养等多种替代性养护方式；对残疾儿童提供康复治疗，有劳动能力的提供职业教育和技能培训，让被养护儿童最终能回归主流社会；对受到性侵害的儿童，如果家长被剥夺监护权，国有儿童福利机构在安排替代性养护方面也有重要的职责。

（2）未成年人救助保护机构。民政部门设立未成年人救助保护机构（包括救助管理站、未成年人救助保护中心），对因受到监护侵害而进入机构的未成年人承担临时监护责任，必要时可以向法院申请撤销监护人资格。当法院判决监护人撤销资格后，未成年人没有其他监护人也没有合适人员或其他单位担任监护人的，法院指定民政部门担任监护人，由其所属儿童福利机构收留抚养。

中国的儿童保护制度正在建立过程中，在某些地区，民政部门承担的职责逐渐扩大，如有些地区开始对性侵害案件受害女童提供救助和后期支持。江苏省徐州市 2015 年下发了《关于建立健全预防和惩治性侵害未成年人犯罪联动机制的实施意见（试行）》，规定民政部门要重视对被害未成年人的救助，同时开展对受害女童的心理救助，努力抚慰其心灵创伤。不过，这些努力仍然是地区性的，尚未成为全国的普遍实践。

（六）教育部门

关于儿童期性侵害问题，教育部门承担着重要的职责，包括对在校学生提供预防性侵害的教育、采取措施预防校园内的性侵害未成年人的犯罪、保障未成年人在校园内的安全、报告疑似儿童虐待案件等。2018 年，检察部门因为教育部门没有很好地履行儿童保护职责，对教育部提起检察建议书。[①] 此后，检察建议书成为推动儿童保护制度建设的有效方法。

2018 年 10 月，最高人民检察院根据办案和调研中发现的问题，向教育部发出检察建议书，指出近年来幼儿园和中小学教职员工性侵害幼儿园儿童、中小学学生犯罪案件多发，而一些地方在幼儿园儿童、中小学学生保护和校园安全管理方面存在较为严重的问题。同时，最高人民检察院就采取有力措施推动幼儿园和中小学校校园安全建设、有效预防和减少教职员工性侵害幼儿园儿童和中小学学生违法犯罪发生等问题，向教育部提出了具体的意见和建议。

最高人民检察院还要求各省级检察院将最高人民检察院检察建议书和本地情况报送省级政府分管领导，共同推动校园安全建设。教育部专门发出通知，部署加强中小学（幼儿园）预防性侵害学生工作，并正式回函，拟会同检察机关等有关部门共同做好顶层设计，健全完善工作体系，包括研究制定未成年人学校保护规定、建立教师资格申请人违法犯罪信息前置查询制度、探索建立未成年人学校保护部门联动机制和案件处理快速反应机制等。[②]

在儿童期性侵害的案件发生后，如果被害人需要转学，教育部门就有责任给予安置。

（七）卫生部门

在中国，负责公共卫生和人民健康事务的国家机构主要是中华人民共和国国家卫生健康委员会，建立于 2018 年，其前身是 2013 年由卫生部与国家人口和计划生育委员会合并成立的国家卫生和计划生育委员会。卫生健康部门的工作性质决定了它在性侵害未成年人犯罪的发生预防、伤害甄别、案件报告、伤害治疗和后期康复方面都负有重要责任。2020 年修订的《中华人民共和国未成年人保护法》规定，"密切接触未成年人的单位"包括为未成年人提供医疗服务的医疗机构。因此，这些机构及其有关工作人员，必须承担对性侵害未成年人案件进

① 彭波：《性侵案多发，校园保护不力 最高检向教育部发检察建议》，https://www.chinanews.com.cn/m/gn/2019/01-17/8731802.shtml?f=qbapp，访问日期：2022 年 7 月 2 日。

② 彭波：《性侵案多发，校园保护不力 最高检向教育部发检察建议》，https://www.chinanews.com.cn/m/gn/2019/01-17/8731802.shtml?f=qbapp，访问日期：2022 年 7 月 2 日。

行强制报告的义务和责任。

四、小结

随着多项关于未成年人保护和反家庭暴力法律法规的出台，各级政府的职责、各个政府部门的职责和分工逐渐清晰，使儿童保护在政府的各项工作中逐渐变得更可操作。这是建立起有效的儿童保护制度的必要条件。

除了政府部门各司其职外，各级政府之间、政府各部门之间的协作也很重要。对性侵害未成年人犯罪进行惩治、对受到性侵害儿童提供保护和社会支持的职责，分散在不同的政府部门。当事件发生后，各政府部门的分工和协作非常重要。建立多部门的议事协调和“部门联动”的工作程序，是中国政府在解决重大治理问题时经常采用的方法。在儿童保护方面，对留守儿童工作、预防校园内儿童性侵害问题，政府都使用了这种办法。[1] 2021 年，国务院未成年人保护工作领导小组成立，这标志着中国未成年人保护制度又前进了一大步。

《中华人民共和国反家庭暴力法》不仅对政府部门提出了工作协调和各司其职的要求，也对各种非政府的社会组织和社区组织提出了共同努力、反对家庭暴力的要求。如提出：各级人民政府要将反家庭暴力工作纳入国民经济和社会发展计划，为反家庭暴力工作提供必要的制度保障和经费保障；政府有关部门要严格执法、依法行政，在各自的职责范围内做好反家暴工作；司法机关要公正司法，保障家庭暴力受害人获得司法救济，依法惩处家庭暴力加害人；工会、共青团、妇联、残联要组织开展家庭美德和反家庭暴力宣传教育，帮助家庭暴力受害人维护权益；社会组织和社会工作服务机构要在政府的支持下开展心理健康咨询、家庭关系指导、家庭暴力预防知识教育等服务；幼儿园、学校、医疗机构、居委会、村委会、社会工作服务机构、救助管理机构、福利机构及其工作人员要开展反家庭暴力教育和家庭矛盾的调解、化解工作等。

---

① 彭波：《性侵案多发，校园保护不力 最高检向教育部发检察建议》，https://www.chinanews.com.cn/m/gn/2019/01-17/8731802.shtml?f=qbapp，访问日期：2022 年 7 月 2 日。

第二节　有政府背景的人民团体和社会团体

在中国，有一些具有政府背景的人民团体和社会团体①，带有强烈的行政色彩，如共青团、妇联、残联等。在涉及儿童保护的法律法规中，这些人民团体和社会团体被要求承担起有关儿童保护的责任。

一、法律法规对有政府背景的人民团体和社会团体在儿童保护方面的规定

在《中华人民共和国反家庭暴力法》《中华人民共和国未成年人保护法》《关于依法惩治性侵害未成年人犯罪的意见》《关于依法处理监护人侵害未成年人权益行为若干问题的意见》等有关法律法规中，对妇联、共青团、残联等社会组织在儿童保护中的责任要求包括五个方面，如下所述。

1. 配合政府职能部门，做好儿童保护工作

县级以上人民政府有关部门、司法机关、人民团体、社会组织、居委会、村委会、企业事业单位，应当依照有关法律规定，做好反家庭暴力工作。

2. 做好相关宣传工作

工会、共青团、妇联、残联应当在各自工作范围内，组织开展家庭美德和反家庭暴力宣传教育。

3. 报告和接受投诉

对家庭暴力案件，妇联可以接受投诉，并给予受害者帮助。

---

① 这些团体包括参加中国人民政治协商会议的人民团体和经国务院批准可以免予登记的社会团体。前者包括中华全国总工会、中国共产主义青年团、中华全国妇女联合会、中国科学技术协会、中华全国归国华侨联合会、中华全国台湾同胞联谊会、中华全国青年联合会、中华全国工商业联合会。后者包括中国文学艺术界联合会和所属的 11 个文艺家协会、中国作家协会、中华全国新闻工作者协会、中国人民对外友好协会、中国人民外交学会、中国国际贸易促进委员会、中国残疾人联合会、宋庆龄基金会、中国法学会、中国红十字总会、中国职工思想政治工作研究会、欧美同学会、黄埔军校同学会、中华职业教育社。(《民政部关于对部分团体免予社团登记有关问题的通知》)

家庭暴力受害者及其法定代理人、近亲属可以向加害者或者受害者所在单位、居委会、村委会、妇联等单位投诉、反映或者求助。有关单位接到家庭暴力投诉、反映或者求助后，应当给予帮助、处理。

4. 申请撤销监护权

共青团、妇联、关工委、学校等团体和单位可以提起申请撤销监护人资格的诉讼。

5. 对受害者给予帮助

各级人民法院、人民检察院、公安机关和司法行政机关应当加强与民政、教育、妇联、共青团等部门和未成年人保护组织的联系和协作，共同做好性侵害未成年人犯罪预防和未成年受害者的心理安抚、疏导工作，从有利于未成年人身心健康的角度，对其给予必要的帮助。

但是，对怎样执行以上这些法律要求的责任，没有相关经费和人员的具体安排。在实践中怎样落实，取决于各地的具体情况。

二、妇联的个案

从妇联的性质看，其职责包括：代表妇女参与国家和社会事务的民主管理、民主监督，参与有关妇女、儿童法律、法规、规章的制定；维护妇女儿童合法权益；加强与社会各界的联系，协调和推动社会各界为妇女儿童办实事、办好事等。[①] 因此，承担起法律要求的儿童保护的职责，是妇联自身工作的一部分。与其他具有政府背景的社会组织相比，妇联有更多的资源支持儿童保护事业。

在国家层面，妇联在儿童保护方面的主要作用是在反对家庭暴力方面推动政策出台和制度建设。例如，在《中华人民共和国反家庭暴力法》出台之前，全国妇联原副主席甄砚总结了多年来全国妇联在推动解决家庭暴力问题方面所做的四项工作。[②] 第一，推动反家庭暴力立法和政策出台，促进预防和制止家庭暴

---

① 中华全国妇女联合会：《中华全国妇女联合会章程》，https://www.women.org.cn/art/2023/10/30/art_1023_174262.html，访问日期：2023 年 12 月 28 日。

② 李菲：《妇联：多部门合作反对家庭暴力工作机制初步形成》，http://www.gov.cn/jrzg/2009-04/20/content_1290862.htm，访问日期：2019 年 8 月 29 日。

力写入国家和地方立法,并组织专家起草预防和制止家庭暴力法建议稿,推动人民代表大会、人民政治协商会议开展反家庭暴力调研。第二,推动建立反家庭暴力机构和制度,联合有关部门建立家庭暴力报警/投诉、伤残鉴定、受害妇女救助庇护、法律援助、司法保护等反家庭暴力干预机制,开展全国"平安家庭"创建活动等一批以防治家庭暴力为重要任务的群众性活动。第三,强化维权服务,通过覆盖全国的维权热线"12338"和一万多个妇女法律帮助机构,为受害妇女直接提供法律、心理等方面的帮助,解决她们的实际问题。第四,加强针对全社会尤其是公职人员有关反家庭暴力责任意识和能力的宣传培训。

在《中华人民共和国反家庭暴力法》出台后,妇联的任务被法律给予了明确规定,主要是接受投诉或者宣传和预防方面的工作。

三、小结

中国儿童保护的法律法规,规定了有政府背景的人民团体和社会团体在儿童保护中承担重要的职责,但是缺少关于这些组织怎样在承担这些职责的过程中发挥作用的具体安排,如经费和人力资源的配置等。因此,在当前的实际操作中,这些组织在基层很难全面承担起对受到侵害的儿童提供具体服务的责任。但是,从发展的眼光看,当外界条件具备时,这些组织有潜力发展成重要的非政府的服务提供组织。

第六章

建立儿童保护的强制报告制度

尚晓援　崔雅文　田　甜

摘要：本章梳理了儿童保护强制报告制度的发展，发现制度发展的主要特点有两个。第一，自下而上，地方先行。在中央政府部门引导下，有条件的地区先行试点并推出地方性的强制报告制度。第二，自上而下，推广全国。随着地方性儿童保护制度逐渐推广至更大的地域范围，通过全国性法律（如《中华人民共和国未成年人保护法》）和部门法规〔如《关于建立侵害未成年人案件强制报告制度的意见（试行）》〕，建立起全国强制报告制度。笔者还发现，强制报告制度尚有缺失，如未报告追责、保护救助、监护安置等方面。

关键词：儿童权利；强制报告制度；儿童性虐待；性侵害未成年人；儿童保护制度

在"儿童保护制度基本要素"的分析框架中，报告制度是四个基本制度要素中非常重要的一个部分。在儿童虐待特别是性侵害的案件发生时，因为受害儿童弱小无助，披露往往十分困难（详见本书第十四章）。因此，儿童保护的报告制度十分重要，只有得到报告后，责任主体机构才能启动对儿童提供保护的各种工作机制。

为了更有效地保护受到虐待的儿童，很多国家建立了儿童保护的强制报告制度。20 世纪 60 年代，强制报告制度最早在美国通过立法颁布，随后，加拿大、澳大利亚、南非、法国、中国台湾等国家和地区也逐渐建立了强制报告制度。[①]在我国内地，强制报告制度的建立经过了自下而上、从地方至中央的过程。

简单地说，“强制报告制度”的含义是：法律规定某些职业或身份的人员为强制报告的责任主体，如果发现或怀疑有儿童虐待案件发生，强制报告的责任主体就有义务向有关部门报告，知情而未及时上报者须承担一定的法律责任。强制报告制度通常包含几个要素：报告的责任主体、报告的对象、报告的方式与内容、未能报告的法律责任、对报告者的保护等。

第一节　建立儿童保护的报告制度：从自愿报告到强制报告

2020年，《关于建立侵害未成年人案件强制报告制度的意见（试行）》的颁布标志着中国建立了全国试行的强制报告制度。在此制度执行之前，很多地区已建立了地方性的报告制度。自2018年以来，湖北省、浙江省杭州市、江苏省无锡市、内蒙古自治区奈曼旗、贵州省贵阳市乌当区等地已经推出地方性的有关强制报告的专门政策。

从国家层面看，有关儿童虐待或儿童期性侵害报告制度的规定可以分为两类：一类是专门的有关强制报告制度的规定，即前文所述的全国性政策文件；另一类是散见于多部法律与政策文件中的有关强制报告的条文规范。

全国性的未成年人案件强制报告制度在2020年5月建立，最高人民检察院、国家监察委员会、教育部、公安部、民政部、司法部等联合出台了《关于建立侵害未成年人案件强制报告制度的意见（试行）》，该文件为我国目前关于强制报告制度的最具体、全面、可操作的规定。

分散于多部法律与政策文件中的有关强制报告的条文规范出现时间较早。

① 杨志超：《比较法视角下儿童保护强制报告制度特征探析》，《法律科学（西北政法大学学报）》2017年第1期。

较早颁布的主要有：《关于辽宁等地相继发生教师强奸猥亵学生事件的情况通报》（2003 年）、《中华人民共和国未成年人保护法》（2006 年）、《中小学幼儿园安全管理办法》（2006 年）。

早期的文件，如《关于辽宁等地相继发生教师强奸猥亵学生事件的情况通报》，尽管没有直接使用“强制报告”这一术语，但已经包含了强制报告的基本要素。《关于辽宁等地相继发生教师强奸猥亵学生事件的情况通报》要求，发生性侵害案件时，学校或校长有义务向上级教育部门和公安机关报告，还规定了“学校每个教职工对学生人身安全都负有保护责任。对教师性犯罪知情不报的教师，丧失了作为教师的基本职业道德，要开除出教师队伍，永不录用”。可见，在校园内，每个教职工都是报告的责任主体。而且，这里规定了教师未尽到报告义务时的问责，即“开除出教师队伍，永不录用”。但是，这一政策文件的实际约束力度有限，没有得到严格有效的执行。

《中小学幼儿园安全管理办法》规定，“发生教职工和学生伤亡等安全事故的，学校应当及时报告主管教育行政部门和政府有关部门”，还规定了“瞒报、谎报或者缓报重大事故”等相关问题的问责制度。但是，儿童性侵害事件没有被明确是否属于学生伤亡，或者严重的儿童性侵害事件是否构成重大事故。因此，该文件的规定对于儿童性侵害事件的报告适用程度比较有限。

儿童保护的“强制报告”概念第一次出现在中央级的政策文件中是在 2011 年。国务院颁布的《中国儿童发展纲要（2011—2020）》提出：“保护儿童免遭一切形式的性侵犯。建立受暴力伤害儿童问题的预防、强制报告、反应、紧急救助和治疗辅导工作机制。”这里对儿童的暴力伤害包括对儿童的性侵犯。但这一文件主要是引导性的，没有对强制报告制度做出具体规定。

此后，与强制报告制度有关的政策出台更为密集。2013 年，最高人民法院等四部门发布了《关于依法惩治性侵害未成年人犯罪的意见》，教育部等发布了《关于做好预防少年儿童遭受性侵工作的意见》，这两个文件强调了特定责任主体的报告权利和义务，但是没有规定知情未报的责任。

针对家庭内发生的儿童虐待或性侵害案件的政策也相继出台，如《关于依法处理监护人侵害未成年人权益行为若干问题的意见》《关于依法办理家庭暴力犯罪案件的意见》。这两个文件分别规定了不同的报告责任主体，但是依然没有规定知情未报的责任。

2015年出台的《中华人民共和国反家庭暴力法》被一些学者视作强制报告制度在中国正式确立的标志①，其中规定报告的责任主体为“学校、幼儿园、医疗机构、居民委员会、村民委员会、社会工作服务机构、救助管理机构、福利机构及其工作人员”。未依法向公安机关报案，造成严重后果的，则可能被“依法给予处分”。对于儿童性侵害，这里的强制报告力度和范围还有比较大的局限：首先，这里的强制报告制度只适用于家庭内发生的儿童虐待事件，不包括家庭外的儿童性侵害；其次，只有在造成严重后果的情况下，知情未报的责任主体才需要承担责任。

2016年，《国务院关于加强农村留守儿童关爱保护工作的意见》出台，提出要建立农村留守儿童救助保护机制，并且明确将强制报告作为其中的一个环节。同年出台的《关于加强困境儿童保障工作的意见》提出，“要参照农村留守儿童救助保护机制，建立面向城乡困境儿童包括强制报告、应急处置、评估帮扶、监护干预等在内的困境儿童安全保护机制”。

2018年后，强制报告制度有了更具实质性的进展。在司法部门的推动下，一些专门性的政策陆续出台。教育部与各地教育行政部门推动校园性侵害强制报告制度，以及性违法犯罪人员在教育行业内的从业资格审查。②

与此同时，各省市陆续出台地方性的强制报告制度，包括省级行政区（如湖北省）、副省级行政区（如浙江省杭州市）和地县级别的行政区。③ 本书第九章讨论的张家港市，也是先行一步的县级行政区之一。例如：2018年6月，湖北省襄阳市樊城区发布《关于建立侵害未成年人案件强制报告制度的意见》；7月，浙江

---

① 张朔、李浩、费蓬煜：《我国反家庭暴力中强制报告制度的反思》，《法制博览》2016年第31期。

② 中国政府网：《最高人民检察院工作报告（摘要）》，http://www.gov.cn/xinwen/2022-03/09/content_5678027.htm，访问日期：2022年8月15日。

③ 阮雪芹：《湖北出台全国首个省级层面强制报告制度保护未成年人》，www.bjnews.com.cn/news/2019/03/13/555664.html，访问日期：2019年10月2日。

省杭州市出台《关于建立侵害未成年人案件强制报告制度的意见》，这是全国首个在市级行政区推出的侵害未成年人案件强制报告制度；贵州省贵阳市乌当区推出《侵害未成年人信息强制报告制度》；11 月，江苏省无锡市 17 个部门会签《关于建立侵害未成年人权益案件强制报告制度的工作意见（试行）》。2019 年 3 月，湖北省出台《关于建立侵害未成年人权益案件强制报告制度的工作意见》，这是全国第一个在省级行政区推出的强制报告政策文件。[①] 2020 年 7 月，重庆市九龙坡区检察院、公安、妇联等九个单位通过了《九龙坡区关于侵害未成年人案件强制报告制度的实施办法（试行）》，并联合开发运行了全国首个强制报告 APP。

这类地方层面的政策文件对强制报告的规定更加明确和细致。以湖北省、江苏省无锡市、浙江省杭州市为例，其政策文件中都清晰地提出了强制报告的定义、报告的责任主体、报告的适用情形、报告的对象、知情未报的责任，以及报告后的处理措施等问题。

2020 年修订、2021 年生效的《中华人民共和国未成年人保护法》（本章以下简称“新《未保法》”）是在儿童权利保护方面最受关注也最为重要的法律。2020 年的修订力图使未成年人保护法更为可行，不再是过去“没有牙齿的法律”。在强制报告方面，新《未保法》明确了责任与惩戒规范，第十一条明确要求“国家机关、居民委员会、村民委员会、密切接触未成年人的单位及其工作人员，在工作中发现未成年人身心健康受到侵害、疑似受到侵害或者面临其他危险情形的，应当立即向公安、民政、教育等有关部门报告”。同时，基于无惩戒则无责任的法理认知，与前述责任规范相对应的，新《未保法》第一百一十七条规定：“违反本法第十一条第二款规定，未履行报告义务造成严重后果的，由上级主管部门或者所在单位对直接负责的主管人员及其他直接责任人员依法给予处分。”这使得对于侵害未成年人权利事件的强制报告成为特定人群受到法律制约的责任与义务。

---

① 阮雪芹：《湖北出台全国首个省级层面强制报告制度保护未成年人》，www.bjnews.com.cn/news/2019/03/13/555664.html，访问日期：2019 年 10 月 2 日。

第二节　报告责任主体

报告责任主体是指有责任向有关部门（报告对象）报告儿童虐待案件的人或机构，在强制报告制度中，如果报告责任主体知情而未能及时报告，就要承担一定责任，甚至接受法律上的责罚。

2003年，《关于辽宁等地相继发生教师强奸猥亵学生事件的情况通报》提到，“校长是学校的第一责任人”，“学校发生危害学生的性犯罪案件时，要立即向上级和公安部门报告”，其中还规定“学校每个教职工对学生人身安全都负有保护责任”。也就是说，该文件涉及的报告责任主体是所有教职工。

《关于做好预防少年儿童遭受性侵工作的意见》规定，“各地教育部门要建立中小学生性侵犯案件及时报告制度，一旦发现学生在学校内遭受性侵犯，学校或家长要立即报警并彼此告知，同时学校要及时向上级教育主管部门报告”。这里专门针对在学校内发生的性侵害事件，要求学校和家长发现后立即报告公安和教育部门。

此后的一些政策文件对报告责任主体规定得更加细致。如《关于依法惩治性侵害未成年人犯罪的意见》，把对未成年人负有监护、教育、训练、救助、看护、医疗等特殊职责的人员都规定为报告责任主体。

在家庭内发生的儿童性侵害属于家庭暴力。[①] 有关家庭内儿童性侵害案件的政策文件主要有三个。一是《关于依法处理监护人侵害未成年人权益行为若干问题的意见》，其专门针对监护人侵害未成年人权益的事件，包括性侵害。其中将报告责任主体规定为学校、医院、村（居）委会、社会工作服务机构等单位及其工作人员。二是《关于依法办理家庭暴力犯罪案件的意见》，其中提出：“依照刑事诉讼法第一百零八条第一款‘任何单位和个人发现有犯罪事实或者犯罪嫌疑人，有权利也有义务向公安机关、人民检察院或者人民法院报案或者举报’的

---

① 李春斌：《论性暴力是家庭暴力的行为类型——以〈反家庭暴力法（草案）〉为例》，《妇女研究论丛》2015年第5期。

规定，家庭暴力被害人及其亲属、朋友、邻居、同事，以及村（居）委会、人民调解委员会、妇联、共青团、残联、医院、学校、幼儿园等单位、组织，发现家庭暴力，有权利也有义务及时向公安机关、人民检察院、人民法院报案、控告或者举报。”此文件把报告人扩大到“任何单位和个人”，而不仅仅是公职人员和与儿童事务有关的行业的从业人员，似乎没有考虑到此规定的可操作性。三是《中华人民共和国反家庭暴力法》，其第十四条规定：“学校、幼儿园、医疗机构、居民委员会、村民委员会、社会工作服务机构、救助管理机构、福利机构及其工作人员在工作中发现无民事行为能力人、限制民事行为能力人遭受或者疑似遭受家庭暴力的，应当及时向公安机关报案。”

《国务院关于加强农村留守儿童关爱保护工作的意见》是专门保护农村留守儿童群体的文件，其中规定的报告责任主体包括“学校、幼儿园、医疗机构、村（居）民委员会、社会工作服务机构、救助管理机构、福利机构及其工作人员”。《国务院关于加强困境儿童保障工作的意见》主要是保护各类困境儿童，提出“要参照农村留守儿童救助保护机制，建立面向城乡困境儿童包括强制报告、应急处置、评估帮扶、监护干预等在内的困境儿童安全保护机制”。

“一号检察建议”针对校园内儿童性侵害案件，强调了教育部门建设强制报告制度的责任。为此，教育部发布了《教育部办公厅关于进一步加强中小学（幼儿园）预防性侵害学生工作的通知》，提出“中小学（幼儿园）所有工作人员对性侵害案件或线索都有报警、报告的义务和责任”。与 2013 年教育部等出台的《关于依法惩治性侵害未成年人犯罪的意见》相比，这里将幼儿园的工作人员纳入了报告责任主体，扩大了报告责任主体的范围。

强制报告制度建设初期，地方性的有关强制报告的文件政策对报告责任主体的规定有所不同。例如，湖北省将“教育、医疗、福利救助机构、村（居）民委员会及其工作人员”设定为报告责任主体；无锡市的规定是“儿童福利机构和救助管理机构、教育、医疗机构及其工作人员”；杭州市的规定为“医疗、教育机构及其工作人员”；贵阳市乌当区的规定是“辖区内学校、医疗机构、妇联和团区委基层组织及其所属人员”；襄阳市樊城区的强制报告责任主体则只有“医疗机构及其工作人员”。①②

《关于建立侵害未成年人案件强制报告制度的意见(试行)》统一和明确了报告责任主体,指出:“侵害未成年人案件强制报告,是指国家机关、法律法规授权行使公权力的各类组织和法律规定的公职人员,密切接触未成年人行业的各类组织及其从业人员,在工作中发现未成年人遭受或者疑似遭受不法侵害以及面临不法侵害危险的,应当立即向公安机关报案或举报。”其中的密切接触未成年人行业的各类组织及其从业人员,具体包括以下六类:“居(村)民委员会;中小学校、幼儿园、校外培训机构、未成年人校外活动场所等教育机构和校车服务提供者;托儿所等托育服务机构;医院、妇幼保健院、急救中心、诊所等医疗机构;儿童福利机构、救助管理机构、未成年人救助保护机构、社会工作服务机构;旅店、宾馆等。”该文件对报告责任主体的规定,比之前的政策文件有明显完善。

新《未保法》第十一条第二款规定:“国家机关、居民委员会、村民委员会、密切接触未成年人的单位及其工作人员,在工作中发现未成年人身心健康受到侵害、疑似受到侵害或者面临其他危险情形的,应当立即向公安、民政、教育等有关部门报告。”该规定中的报告责任主体与《关于建立侵害未成年人案件强制报告制度的意见(试行)》相似,但其报告对象增加了“民政、教育等有关部门”。

分析已经出台的报告制度,可发现有关报告责任主体的规定,各政策法律之间有较大差异,特别是《关于建立侵害未成年人案件强制报告制度的意见(试行)》与其他政策文件之间并不统一。部分地方政策文件所规定的报告责任主体没有包括警察、法官及其他法律界的工作人员,以及民政、教育和医疗部门之外的其他部门的政府工作人员。把国家公职人员,特别是公安、司法等部门的公职人员包括在强制报告制度的报告责任主体之内,是国际上通行的做法之一。此外,仅有《关于建立侵害未成年人案件强制报告制度的意见(试行)》将旅店、

① 陈鹏、阮雪芹:《湖北出台全国首个省级强制报告制度》,https://www.hubei.gov.cn/hbfb/hbzz/201903/t20190314_1632524.shtml,访问日期:2019 年 10 月 2 日。

② 澎湃新闻:《发生侵害未成年人案件怎么办? 多地立规:推动强制报告制度》,https://m.thepaper.cn/kuaibao_detail.jsp?contid=2830555&from=kuaibao,访问日期:2023 年 11 月 9 日。

宾馆等列入报告责任主体，其他政策文件并未纳入。在新《未保法》和《关于建立侵害未成年人案件强制报告制度的意见(试行)》出台之后，理论上，各地都应该按照最新的规定来执行。

一些政策文件还做出了保护报告责任主体的规定，这是强制报告制度的显著进步。《关于依法办理家庭暴力犯罪案件的意见》提出："公安机关、人民检察院、人民法院对于报案人、控告人和举报人不愿意公开自己的姓名和报案、控告、举报行为的，应当为其保守秘密，保护报案人、控告人和举报人的安全。"杭州市《关于建立侵害未成年人案件强制报告制度的意见》规定，"公安机关、人民检察院应当对报案人的信息予以保密"；无锡市《关于建立侵害未成年人权益案件强制报告制度的工作意见(试行)》也规定，"公安机关、人民检察院、人民法院和司法行政机关和民政、教育、卫生主管行政机关应当对报案人的信息予以保密"。

第三节 报告对象

总体来看，儿童性侵害的报告对象逐步明确，目前的多数规定要求报告责任主体首先向公安机关报告，同时可能要求向主管单位及其他有关部门通报、备案，例如教育、民政、卫生、检察院、法院等部门。

《关于建立侵害未成年人案件强制报告制度的意见(试行)》明确规定报告对象为公安机关。民政部《关于开展全国统一的儿童救助保护热线试点申报工作的通知》确定了试点省的民政部门作为热线的报告对象。新《未保法》中，除公安部门外，还明确规定了"民政、教育等有关部门"作为报告对象。

对于家庭内发生的儿童性侵害案件，《中华人民共和国反家庭暴力法》《关于依法处理监护人侵害未成年人权益行为若干问题的意见》都要求向公安机关报告，《关于依法办理家庭暴力犯罪案件的意见》将人民检察院、人民法院与公安机关一同列为接受报告或举报的机构。对于校园内发生的儿童性侵害案件，除公安机关外，还应该向上级教育主管部门报告。为了保护特定儿童群体，如农村留守儿童、困境儿童等，国务院要求报告责任主体向公安机关报告。（《国务院关于加强农村留守儿童关爱保护工作的意见》《国务院关于加强困境儿童保障工作的意见》）

目前已出台的地方性强制报告制度也要求首先向公安机关报告，向其他有关政府部门报告备案或通报情况。例如：杭州市要求"应当及时向公安机关报案并备案记录"；无锡市规定报告责任主体"有义务及时向公安机关报案，并向民政、教育、卫生主管行政机关报告备案，同时向人民检察院通报情况"；湖北省规定"应当及时向公安机关报案，并向本部门主管行政机关报告备案，由主管行政机关向同级人民检察院通报情况"。①②③

第四节　报告事件范围

总体来看，强制报告事件的范围逐步完善，主要集中在身体伤害、性侵害和监护侵害方面，暂未涉及精神伤害。对报告事件的场所，从家庭延伸到学校、社区、旅馆等更广泛的社会场域，基本可覆盖儿童暴力的不同发生场所。同时，不同政策文件对特殊儿童也给予了关注。《关于建立侵害未成年人案件强制报告制度的意见（试行）》和新《未保法》的总则中虽然提出对"疑似"伤害儿童事件的报告要求，但涉及具体条款时仍更强调伤害的严重后果，而非儿童可能受侵害的风险。

一、国家法律和行政法规关于报告事件范围的要求

《关于建立侵害未成年人案件强制报告制度的意见（试行）》明确规定了九

---

① 崔晓丽：《专家点赞首个反校园性骚扰机制：有助促进更高层次立法》，https://news.jcrb.com/jxsw/201808/t20180808_5820509.html，访问日期：2023 年 11 月 9 日。

② 澎湃新闻：《发生侵害未成年人案件怎么办？多地立规：推动强制报告制度》，https://m.thepaper.cn/kuaibao_detail.jsp?contid=2830555&from=kuaibao，访问日期：2023 年 11 月 9 日。

③ 陈鹏、阮雪芹：《湖北出台全国首个省级强制报告制度》，https://www.hubei.gov.cn/hbfb/hbzz/201903/t20190314_1632524.shtml，访问日期：2019 年 10 月 2 日。

类应当报告的情形，包括性侵、虐待、欺凌、遗弃、拐卖等，以及造成严重后果的“疑似”情形。新《未保法》中有多个条款涉及应当报告的情形，综合来说，是“未成年人身心健康受到侵害、疑似受到侵害或者面临其他危险情形的”，具体有第三十九条第三款规定的“校园欺凌”行为，第四十条第一款提到的“对性侵害、性骚扰未成年人等违法犯罪行为”，第五十七条第一款提及“旅馆、宾馆、酒店等住宿经营者接待未成年人入住，或者接待未成年人和成年人共同入住时……发现有违法犯罪嫌疑的”，以及第一百一十八条第一款“监护人不依法履行监护职责或者侵犯未成年人合法权益的……情节严重的”。

在校园内，被要求报告的事件是校园内发生的针对学生的性犯罪事件，尤其是教师对学生实施的性侵害。(《关于辽宁等地相继发生教师强奸猥亵学生事件的情况通报》《关于做好预防少年儿童遭受性侵工作的意见》)2018 年，《教育部办公厅关于进一步加强中小学(幼儿园)预防性侵害学生工作的通知》规定，幼儿园中发生的“性侵害案件或线索”需要报告。

对于在家庭内发生的侵害未成年人事件，《关于依法处理监护人侵害未成年人权益行为若干问题的意见》规定，未成年受到监护人侵害时需要报告，其中指明，“本意见所称监护侵害行为，是指父母或者其他监护人性侵害、出卖、遗弃、虐待、暴力伤害未成年人，教唆、利用未成年人实施违法犯罪行为，胁迫、诱骗、利用未成年人乞讨，以及不履行监护职责严重危害未成年人身心健康等行为”。《中华人民共和国反家庭暴力法》要求报告的是家庭暴力，“指家庭成员之间以殴打、捆绑、残害、限制人身自由以及经常性谩骂、恐吓等方式实施的身体、精神等侵害行为”，也包括家庭内发生的儿童性侵害。

涉及特殊儿童群体，要求报告的事件为“农村留守儿童脱离监护单独居住生活或失踪、监护人丧失监护能力或不履行监护责任、疑似遭受家庭暴力、疑似遭受意外伤害或不法侵害等情况”(《国务院关于加强农村留守儿童关爱保护工作的意见》)。对困境儿童保护，规定“家庭监护缺失或监护不当导致儿童人身安全受到威胁或侵害的，要落实强制报告责任”(《国务院关于加强困境儿童保障工作的意见》)。

《关于依法惩治性侵害未成年人犯罪的意见》规定的需要报告的事件范围包括所有未成年人遭受到性侵害的情形。

二、地方性政策文件关于报告事件范围的要求

地方性的政策文件比较详细地列举了强制报告制度适用的情形。例如，湖北省规定报告责任主体发现“未成年人遭受或者疑似遭受强奸、猥亵、虐待、遗弃、伤害，存在自杀、自残、工伤，或因火灾、交通事故、坠楼、溺水、中毒等原因造成非正常伤残、死亡”等情形需要报告。[①]

无锡市《关于建立侵害未成年人权益案件强制报告制度的工作意见（试行）》规定以下七种情形需要报告：① 未成年人的生殖器官遭受或疑似遭受损伤的；② 不满十四周岁的女性未成年人发生过性行为的；③ 未成年人怀孕、流产的；④ 未成年人身体存在多处损伤、严重营养不良、精神恍惚等情况，存在或疑似存在家庭暴力、虐待、遭人麻醉等情形的；⑤ 未成年人被遗弃在儿童福利机构和救助管理机构、教育机构、医疗机构的；⑥ 未成年人存在自杀、自残、工伤、火灾、交通事故、坠楼、溺水、中毒等非正常伤害、死亡情形的；⑦ 其他严重侵害未成年人身心健康的情形。

杭州市与无锡市的规定比较相似，《关于建立侵害未成年人案件强制报告制度的意见》规定：① 未成年人的生殖器官遭受或者疑似遭受损伤的；② 结合医疗诊断，可以认定不满十四周岁的女性未成年人发生过性行为的；③ 非正常原因造成的未成年人怀孕、流产的；④ 未成年人身体存在多处损伤、严重营养不良、精神恍惚等情况，存在或者疑似存在家庭暴力、虐待、遭人麻醉等情形的；⑤ 未成年人被遗弃在医疗、教育机构的；⑥ 未成年人存在自杀、自残、工伤、交通事故、坠楼、溺水、中毒等非正常伤害、死亡情形的；⑦ 其他严重侵害未成年人身心健康的情形。

---

① 陈鹏、阮雪芹：《湖北出台全国首个省级强制报告制度》，https://www.hubei.gov.cn/hbfb/hbzz/201903/t20190314_1632524.shtml，访问日期：2019 年 10 月 2 日。

第五节 关于未能报告儿童保护案件的责任规定

总体来看，自 2015 年《中华人民共和国反家庭暴力法》开始，大部分文件政策针对未能履行报告职责的责任主体要被追责处罚做了原则性规定，但缺乏明确的处罚规范。只有 2003 年的《关于辽宁等地相继发生教师强奸猥亵学生事件的情况通报》提出对相关责任人采取开除等具体方式。除此以外，《关于建立侵害未成年人案件强制报告制度的意见(试行)》规定了未能报告的责任主体将面临行政乃至刑事处罚的处罚范畴，但仍缺乏明确的追责处罚的实施机制和具体处罚方式，因此较难确定实际的执行效果。同时，为支持强制报告制度的实施，部分地方性法规提出了对典型案例进行奖励和表彰的规定。

2003 年，教育部、公安部、司法部联合发布的《关于辽宁等地相继发生教师强奸猥亵学生事件的情况通报》规定了报告责任主体知情未报的责任："对推卸责任、延缓上报的要追究学校领导的行政责任，对包庇罪犯、隐瞒不报的要坚决依法追究有关领导和相关责任人的法律责任。"该文件也强调了学校每个教职工对学生人身安全都负有保护责任和对知情不报的追责机制。

此后的很多重要法规和政策仅提出相关责任主体有报告的权利或义务，但没有规定知情不报的责任，例如《中华人民共和国未成年人保护法》《关于做好预防少年儿童遭受性侵工作的意见》《关于依法惩治性侵害未成年人犯罪的意见》《关于依法处理监护人侵害未成年人权益行为若干问题的意见》《关于依法办理家庭暴力犯罪案件的意见》等。

一、地方性法律法规的相关规定

地方性的法律法规首先填补了这方面的政策空白，很多地方的有关强制报告制度的政策文件规定了相应的问责和奖励。无锡市要求："负有报告义务的民政、教育、医疗机构及其工作人员未依照本意见规定向公安机关报案，造成严重后果的,由民政、教育、卫生主管行政机关或者本单位对直接负责的主管人员或者其他直接责任人员依法予以处分。因及时报案而妥善保护未成年人、犯罪分子受到依法惩处的典型案例,给予奖励、表彰。”杭州市规定:“负有报告义务的机构及其工作人员未依照本意见规定向公安机关报案,造成严重后果的,由主管部门或者本单位对直接负责的主管人员或者其他直接责任人员依法予以处分。”①

二、国家法律法规的相关规定

国家出台的法律法规进一步弥补了缺口。《中华人民共和国反家庭暴力法》第三十五条规定,报告责任人未依法向公安机关报案,造成严重后果的,“由上级主管部门或者本单位对直接负责的主管人员及其他直接责任人员依法给予处分”。这里规定了相关责任主体知情未报的责任,相较于《中华人民共和国未成年人保护法》(2006 年)等规定的自愿报告制度,能够有效提高报告人的主动性,从而提高发现虐待儿童行为的可能性。

《国务院关于加强农村留守儿童关爱保护工作的意见》不仅规定了知情未报的责任,还提出了对积极报告应适当奖励:“负有强制报告责任的单位和人员未履行报告义务的,其上级机关和有关部门要严肃追责。其他公民、社会组织积极向公安机关报告的,应及时给予表扬和奖励。”

《教育部办公厅关于进一步加强中小学(幼儿园)预防性侵害学生工作的通知》规定:“发现性侵害学生案件瞒报、谎报的,要依法依规予以处分或者移送有关部门查处。”

《关于建立侵害未成年人案件强制报告制度的意见(试行)》规定:“对于行使公权力的公职人员长期不重视强制报告工作,不按规定落实强制报告制度要求的,根据其情节、后果等情况,监察委员会应当依法对相关单位和失职失责人员进行问责,对涉嫌职务违法犯罪的依法调查处理。”

---

① 崔晓丽:《专家点赞首个反校园性骚扰机制:有助促进更高层次立法》,https://news.jcrb.com/jxsw/201808/t20180808_5820509.html,访问日期:2023 年 11 月 9 日。

新《未保法》规定："违反本法第十一条第二款规定，未履行报告义务造成严重后果的，由上级主管部门或者所在单位对直接负责的主管人员及其他直接责任人员依法给予处分。"

第六节 报告后的处理措施

早期的法律或政策文件没有具体规定报告后的处理程序，或者比较笼统地规定为"依法处理"，例如《中华人民共和国未成年人保护法》（2006 年）第四十六条规定，"未成年人的合法权益受到侵害的，被侵害人及其监护人或者其他组织和个人有权向有关部门投诉，有关部门应当依法及时处理"。我们发现，在实际工作中，侵害未成年人权益的问题比较严重。最高人民法院、最高人民检察院、公安部、司法部等部门出台了多项司法意见类的文件，以规范报告后的处理程序。《关于建立侵害未成年人案件强制报告制度的意见（试行）》明确规定了两个方面的处理措施：一是立案侦查的详细步骤；二是保护救助的有关部门和救助内容。新《未保法》则进一步强调了立案侦查期间"一站式"服务的建立，在保护救助中增加了"转学安置"的服务内容。后续服务随着政策的发展也在逐步完善，但仍缺乏具备可操作性的与安置服务等有关的规定。

一、审查立案、临时庇护和短期照料等

依照目前的各项规定，公安机关在处理报告中的职责最为广泛，包含受理报告、审查、立案侦查、固定证据、制止侵害、送医、协助紧急庇护等。

《关于依法惩治性侵害未成年人犯罪的意见》首次比较详细地规定了公安机关在接收报告后的处理程序："公安机关接到未成年人被性侵害的报案、控告、举报，应当及时受理，迅速进行审查。经审查，符合立案条件的，应当立即立案侦查。……公安机关侦查未成年人被性侵害案件，应当依照法定程序，及时、

全面收集固定证据。……公安机关发现可能有未成年人被性侵害或者接报相关线索的,无论案件是否属于本单位管辖,都应当及时采取制止违法犯罪行为、保护被害人、保护现场等紧急措施。"

《关于依法处理监护人侵害未成年人权益行为若干问题的意见》规定,对于遭受监护人侵害、身体受到严重伤害的未成年人,"公安机关应当先行送医救治"。《中华人民共和国反家庭暴力法》第十五条规定,公安机关除帮助受害人就医外,还应及时进行伤情鉴定。《关于依法办理家庭暴力犯罪案件的意见》规定,公安机关、人民法院和人民检察院等"负有保护公民人身安全职责的单位和组织,对因家庭暴力受到严重伤害需要紧急救治的被害人,应当立即协助联系医疗机构救治"。

《关于依法处理监护人侵害未成年人权益行为若干问题的意见》规定:"公安机关在出警过程中,发现未成年人身体受到严重伤害、面临严重人身安全威胁或者处于无人照料等危险状态的,应当将其带离实施监护侵害行为的监护人,就近护送至其他监护人、亲属、村(居)民委员会或者未成年人救助保护机构,并办理书面交接手续。未成年人有表达能力的,应当就护送地点征求未成年人意见。负责接收未成年人的单位和人员应当对未成年人予以临时紧急庇护和短期生活照料,保护未成年人的人身安全,不得侵害未成年人合法权益。"

《国务院关于加强农村留守儿童关爱保护工作的意见》规定,"公安机关要及时受理有关报告,第一时间出警调查,有针对性地采取应急处置措施","属于遭受家庭暴力的,要依法制止,必要时通知并协助民政部门将其安置到临时庇护场所、救助管理机构或者福利机构实施保护;属于遭受其他不法侵害、意外伤害的,要依法制止侵害行为、实施保护"。

《关于建立侵害未成年人案件强制报告制度的意见(试行)》规定,立案侦查阶段包括:① 公安机关接到疑似侵害未成年人权益的报案或举报后,应当立即接受,问明案件初步情况。② 涉嫌违反治安管理的,依法受案审查;涉嫌犯罪的,依法立案侦查。③ 在受案或者立案后三日内向报案单位反馈案件进展,并在移送审查起诉前告知报案单位。④ 人民检察院应当切实加强对侵害未成年人案件的立案监督。认为公安机关应当立案而不立案的，应当要求公安机关说明不立案的理由。其中，三日内反馈案件进展和检察院开展监督的政策具体清晰，为立案侦查的有效实施建立了制度依据。

新《未保法》第一百一十二条规定，“公安机关、人民检察院、人民法院办理未成年人遭受性侵害或者暴力伤害案件，在询问未成年被害人、证人时，应当采取同步录音录像等措施，尽量一次完成”，该条对“一站式询问”的强调有助于减少二次伤害的产生。此外，第九十三条规定，“对临时监护的未成年人，民政部门可以采取委托亲属抚养、家庭寄养等方式进行安置，也可以交由未成年人救助保护机构或者儿童福利机构进行收留、抚养”，这确定了民政部门为临时监护的主责部门。

这些具体的要求和规定，说明儿童保护措施的可行性大大提高。

二、心理辅导、家庭支持、转学等

《关于做好预防少年儿童遭受性侵工作的意见》规定了有关部门在处理儿童性侵害案件中的职责，其中“教育部门和学校要与共青团、妇联、家庭和医院等积极配合，向被性侵犯的学生及其家人提供帮助，及时开展相应的心理辅导和家庭支持……被性侵犯的学生有转学需求的，教育部门和学校应予以安排”。

《关于建立侵害未成年人案件强制报告制度的意见（试行）》第十二条规定了各部门的救助职责，并提出了司法救助的职能：“公安机关、人民检察院发现未成年人需要保护救助的，应当委托或者联合民政部门或共青团、妇联等群团组织，对未成年人及其家庭实施必要的经济救助、医疗救治、心理干预、调查评估等保护措施。未成年被害人生活特别困难的，司法机关应当及时启动司法救助。”

新《未保法》第一百一十一条强调了社会组织与人民团体的配合，并增加了转学安置的保护措施：“公安机关、人民检察院、人民法院应当与其他有关政府部门、人民团体、社会组织互相配合，对遭受性侵害或者暴力伤害的未成年被害人及其家庭实施必要的心理干预、经济救助、法律援助、转学安置等保护措施。”此外，第一百一十六条还专门鼓励和支持社会工作者与社会组织等参与未成年人案件中的有关工作。

可见，保护救助的参与部门和群体，以及涉及的具体救助内容逐步增加。

三、人身安全保护裁定、撤销监护权

《关于依法处理监护人侵害未成年人权益行为若干问题的意见》提出，“公安机关在出警过程中，发现未成年人身体受到严重伤害、面临严重人身安全威胁或者处于无人照料等危险状态的……公安机关应当书面告知临时照料人有权依法向人民法院申请人身安全保护裁定和撤销监护人资格”。此文件还规定，对于监护人严重侵害未成年人的，包括“性侵害、出卖、遗弃、虐待、暴力伤害未成年人，严重损害未成年人身心健康的”，法院可以判决撤销其监护权。《中华人民共和国反家庭暴力法》也有关于人身安全保护裁定、撤销监护权的相关规定。

《关于建立侵害未成年人案件强制报告制度的意见（试行）》规定了可以申请人身安全保护令的有关部门，“公安机关、妇联、居民委员会、村民委员会、救助管理机构、未成年人救助保护机构发现未成年人遭受家庭暴力或面临家庭暴力的现实危险，可以依法向人民法院代为申请人身安全保护令”。新《未保法》再次强调法院可“依法作出人身安全保护令或者撤销监护人资格”，并规定“被撤销监护人资格的父母或者其他监护人应当依法继续负担抚养费用”。

四、法律援助

《关于依法惩治性侵害未成年人犯罪的意见》要求：“人民法院、人民检察院办理性侵害未成年人案件，应当及时告知未成年被害人及其法定代理人或者近亲属有权委托诉讼代理人，并告知其如果经济困难，可以向法律援助机构申请法律援助。对需要申请法律援助的，应当帮助其申请法律援助。法律援助机构应当及时指派熟悉未成年人身心特点的律师为其提供法律帮助。”

《关于依法办理家庭暴力犯罪案件的意见》也有法律援助的相关规定：“对于被害人是未成年人、老年人、重病患者或者残疾人等，因经济困难没有委托诉讼代理人的，人民检察院、人民法院应当帮助其申请法律援助。”

《中华人民共和国反家庭暴力法》第十九条规定：“法律援助机构应当依法为家庭暴力受害人提供法律援助。人民法院应当依法对家庭暴力受害人缓收、减收或者免收诉讼费用。”

新《未保法》第一百零四条指出了法律援助和司法救助涉及的部门，“对需要法律援助或者司法救助的未成年人，法律援助机构或者公安机关、人民检察院、人民法院和司法行政部门应当给予帮助，依法为其提供法律援助或者司法救助”。该条例还进一步规范了法律援助机构和律师协会在法律援助中的责任与职能：“法律援助机构应当指派熟悉未成年人身心特点的律师为未成年人提供法律援助服务。法律援助机构和律师协会应当对办理未成年人法律援助案件的律师进行指导和培训。”

五、隐私保护、避免二次伤害

在保护遭受性侵害儿童方面，主要的法律法规和政策都包括在报告过程中保护受害儿童隐私、避免二次伤害的条款。

其中，关于报告过程中保护儿童隐私的要求考虑得比较周详。《关于做好预防少年儿童遭受性侵工作的意见》要求：“报告时相关人员有义务保护未成年人合法权益，严格保护学生隐私，防止泄露有关学生个人及其家庭的信息，避免再次伤害。”

《关于依法惩治性侵害未成年人犯罪的意见》规定：“办案人员到未成年被害人及其亲属、未成年证人所在学校、单位、居住地调查取证的，应当避免驾驶警车、穿着制服或者采取其他可能暴露被害人身份、影响被害人名誉、隐私的方式。”

隐私保护问题在《关于建立侵害未成年人案件强制报告制度的意见（试

行)》中再次被提出："相关单位、组织及其工作人员应当注意保护未成年人隐私，对于涉案未成年人身份、案情等信息资料予以严格保密，严禁通过互联网或者以其他方式进行传播。私自传播的，依法给予治安处罚或追究其刑事责任。"该文件也强调了隐私泄露后的追责问题。

此外，有文件还提出了"一次询问原则"，以避免让儿童重复讲述被害经历而加深二次伤害。《关于依法惩治性侵害未成年人犯罪的意见》规定："对与性侵害犯罪有关的事实应当进行全面询问，以一次询问为原则，尽可能避免反复询问。"新《未保法》和无锡市等地方出台的强制报告文件也规定，对于性侵未成年人等案件需要展开"一站式询问"被害人，防止二次伤害。

第七节　讨　　论

中国关于儿童保护强制报告制度的相关规定见表6－1。

可以看出，中国儿童保护的强制报告制度在各地陆续建立，并在2020年成为全国性的制度。中国强制报告制度发展的主要特点为：第一，自下而上和自上而下地双向发展。以现实中暴露的针对儿童的暴力和性侵害案件为背景，中央一级政府部门自下而上地引导和推动，在有条件的地区先行推出地域性的强制报告制度。第二，随着儿童保护制度逐渐推广至更大的地域范围，于2020年出台的《关于建立侵害未成年人案件强制报告制度的意见(试行)》和2020年修订的《中华人民共和国未成年人保护法》自上而下地推动了全国强制报告制度的建立。同时民政部试点地区的确立，也为更多地区设置可执行的强制报告政策提供了参考范本。

当然，中国的强制报告制度尚有缺失，特别是有关未报告追责、保护救助、监护安置等的详细措施都有待进一步完善。要让儿童保护的强制报告制度全面落实，还需要不断完善相关规定，加大宣传力度，提高报告责任主体和全民的报告意识。

表6－1　中国儿童保护报告制度的各项内容

相关的法律或规定	报告的责任主体	报告的对象	报告的范围	未能报告的责任	报告后的救济措施	保护报告主体
《关于辽宁等地相继发生教师强奸猥亵学生事件的情况通报》(2003)	学校和教师、教职工	学校上级单位和公安部门	校园内发生的针对学生的性犯罪事件，尤其是教师对学生实施的性侵	开除出教师队伍，永不录用	未规定	未规定
《中小学幼儿园安全管理办法》(2006)	学校	主管教育行政部门和政府有关部门等	学生伤亡安全事故	责令改正；由教育行政部门给予行政处分等	未规定	未规定
《关于做好预防少年儿童遭受性侵工作的意见》(2013)	学校或家长	公安机关、上级教育主管部门	中小学生在校园内发生的性侵害案件	未规定	保护学生隐私、心理辅导和家庭支持、协助转学	未规定
《关于依法惩治性侵害未成年人犯罪的意见》(2013)	对未成年人负有监护、教育、训练、救助、看护、医疗等特殊职责的人员以及其他公民和单位	公安机关、人民检察院、人民法院	未成年人受到性侵害	未规定	①公安机关应当及时受理、审查、立案侦查、固定证据；及时制止违法犯罪行为、保护被害人、保护现场等，必要时，协助对被害人予以临时安置、救助；侦查办案过程中应注意保护未成年人隐私；询问未成年被害人，以一次询问为原则； ②人民法院、人民检察院应告知并协助未成年人申请法律援助等	未规定

续　表

相关的法律或规定	报告的责任主体	报告的对象	报告的范围	未能报告的责任	报告后的救济措施	保护报告主体
《关于依法处理监护人侵害未成年人权益行为若干问题的意见》(2014)	学校、医院、村(居)委会、社会工作服务机构等单位及其工作人员;其他单位及其工作人员、个人	公安机关	未成年人受到父母或者其他监护人性侵害、出卖、遗弃、虐待、暴力伤害,教唆、利用未成年人实施违法犯罪行为,胁迫、诱骗、利用未成年人乞讨,以及不履行监护职责严重危害未成年人身心健康等行为	未规定	临时紧急庇护和短期生活照料、人身安全保护裁定和撤销监护人资格、隐私保护和防止二次伤害等	未规定
《关于依法办理家庭暴力犯罪案件的意见》(2015)	家庭暴力被害人及其亲属、朋友、邻居、同事,以及村(居)委会、人民调解委员会、共青团、妇联、残联、医院、学校、幼儿园等单位、组织	公安机关、人民检察院或者人民法院	家庭暴力	未规定	① 公安机关应迅速审查、立案和转处;及时、全面收集证据;协助临时安置被害未成年人; ② 有需要时,人民检察院、人民法院应当帮助申请法律援助	报告主体不愿意公开自己的姓名和报告行为等的,公检法等部门应当为其保守秘密,保护其安全
《中华人民共和国反家庭暴力法》(2015)	学校、幼儿园、医疗机构、村(居)委会、社会工作服务机构、救助管理机构、福利机构及其工作人员	公安机关	家庭暴力	造成严重后果的,由上级主管部门或者本单位对直接负责的主管人员及其他直接责任人员依法给予处分	① 公安机关接到报案后应当及时出警,制止家庭暴力,调查取证,协助受害人就医、鉴定伤情;需要时,通知并协助民政	公安机关应当对报案人信息予以保密

续 表

相关的法律或规定	报告的责任主体	报告的对象	报告的范围	未能报告的责任	报告后的救济措施	保护报告主体
					部门将未成年人安置到临时庇护场所、救助管理机构或者福利机构； ② 法律援助机构应当依法为家庭暴力受害人提供法律援助； ③ 监护人严重侵害被监护人合法权益的，人民法院可以依法撤销其监护人资格，另行指定监护人；受理人身安全保护令等	
《国务院关于加强农村留守儿童关爱保护工作的意见》(2016)	学校、幼儿园、医疗机构、村(居)委会、社会工作服务机构、救助管理机构、福利机构及其工作人员	公安机关	农村留守儿童脱离监护单独居住生活或失踪、监护人丧失监护能力或不履行监护责任、疑似遭受家庭暴力、疑似遭受意外伤害或不法侵害等情况	① 负有强制报告责任的单位和人员未履行报告义务的，其上级机关和有关部门要严肃追责； ② 其他公民、社会组织积极向公安机关报告的，应及时给予表扬和奖励	公安机关要及时受理、出警调查取证、制止侵害行为、协助就医、临时庇护、鉴定伤情等	未规定
《国务院关于加强困境儿童保障工作的意见》(2016)	中小学校、幼儿园、托儿所、医疗卫生机构、社会福利机构、救助保护机构等	公安机关	家庭监护缺失或监护不当导致儿童人身安全受到威胁或侵害等	未规定	未规定	未规定

续　表

相关的法律或规定	报告的责任主体	报告的对象	报告的范围	未能报告的责任	报告后的救济措施	保护报告主体
《教育部办公厅关于进一步加强中小学(幼儿园)预防性侵害学生工作的通知》(2018)	中小学(幼儿园)所有工作人员	家长要立即报警并彼此相告,同时学校要及时向上级部门报告	中小学和幼儿园内的性侵害案件或线索	发现性侵害学生案件瞒报、谎报的,要依法依规予以处分或者移送有关部门查处	未规定	未规定
杭州市《关于侵害未成年人案件强制报告制度的意见》(2018)	医疗、教育机构及其工作人员	公安机关	① 未成年人的生殖器官遭受或者疑似遭受损伤的; ② 结合医疗诊断,可以认定不满十四周岁的女性未成年人发生过性行为的; ③ 非正常原因造成的未成年人怀孕、流产的; ④ 未成年人身体存在多处损伤、严重营养不良、精神恍惚等情况,存在或者疑似存在家庭暴力、虐待、遭人麻醉等情形的; ⑤ 未成年人被遗弃在医疗、教育机构的; ⑥ 未成年人存在自杀、自残、工伤、交通事故、坠楼、溺水、中毒等非正常伤害、死亡情形的; ⑦ 其他严重侵害未成年人身心健康的情形	负有报告义务的机构及其工作人员未依照本意见规定向公安机关报案,造成严重后果的,由主管部门或者本单位对直接负责的主管人员或者其他直接责任人员依法予以处分	公安机关接到报案后,应当及时出警,审查立案、收集证据、介入侦查	公安机关、人民检察院应当对报案人的信息予以保密

续　表

相关的法律或规定	报告的责任主体	报告的对象	报告的范围	未能报告的责任	报告后的救济措施	保护报告主体
无锡市《关于建立侵害未成年人权益案件强制报告制度的工作意见（试行）》（2018）	民政、教育、医疗机构及其工作人员	公安机关	① 未成年人的生殖器官遭受或疑似遭受损伤的； ② 不满十四周岁的女性未成年人发生过性行为的； ③ 未成年人怀孕、流产的； ④ 未成年人身体存在多处损伤、严重营养不良、精神恍惚等情况，存在或疑似存在家庭暴力、虐待、遭人麻醉等情形的； ⑤ 未成年人被遗弃在儿童福利机构和救助管理机构、教育机构、医疗机构的； ⑥ 未成年人存在自杀、自残、工伤、火灾、交通事故、坠楼、溺水、中毒等非正常伤害、死亡情形的； ⑦ 其他严重侵害未成年人身心健康的情形	① 负有报告义务的民政、教育、医疗机构及其工作人员未依照本意见规定向公安机关报案，造成严重后果的，由民政、教育、卫生主管行政机关或者本单位对直接负责的主管人员或者其他直接责任人员依法予以处分； ② 因及时报案而妥善保护未成年人、犯罪分子受到依法惩处的典型案例，给予奖励、表彰	① 公安机关接到报案后，应当及时出警，问明初步状况，制作笔录，固定证据，审查，依法决定是否立案并通报检察机关； ② 对于性侵未成年人等案件需要展开“一站式询问”被害人，防止二次伤害	各相关单位应当对报案人的信息予以保密

续　表

相关的法律或规定	报告的责任主体	报告的对象	报告的范围	未能报告的责任	报告后的救济措施	保护报告主体
最高人民检察院等九部门《关于建立侵害未成年人案件强制报告制度的意见(试行)》(2020)	国家机关、法律法规授权行使公权力的各类组织和法律规定的公职人员,密切接触未成年人行业的各类组织及其从业人员。密切接触人员主要包括:村(居)委会;中小学校、幼儿园、校外培训机构、未成年人校外活动场所等教育机构和校车服务提供者;托儿所等托育服务机构;医院、妇幼保健院、急救中心、诊所等医疗机构;儿童福利机构、救助管理机构、未成年人救助保护机构、社会工作服务机构;旅店、宾馆等	公安机关和报告人的主管行政部门	① 未成年人的生殖器官或隐私部位遭受或疑似遭受非正常损伤的; ② 不满十四周岁的女性未成年人遭受或疑似遭受性侵害、怀孕、流产的; ③ 已满十四周岁女性未成年人遭受或疑似遭受性侵害所致怀孕、流产的; ④ 未成年人身体存在多处损伤、严重营养不良、意识不清,存在或疑似存在受到家庭暴力、欺凌、虐待、殴打或者被人麻醉等情形的; ⑤ 未成年人因自杀、自残、工伤、中毒、被人麻醉、殴打等非正常原因导致伤残、死亡情形的; ⑥ 未成年人被遗弃或长期处于无人照料状态的;	① 检察机关应对《强制报告意见》的执行情况进行法律监督; ② 对公职人员长期不重视强制报告工作,不按规定落实强制报告制度要求的,各级监察委员会将进行问责,对涉嫌职务违法犯罪的依法调查处理; ③ 对于因及时报案使遭受侵害未成年人得到妥善保护、犯罪分子受到依法惩处的,公安机关、人民检察院、民政部门应及时向其主管部门反馈相关情况,单独或联合给予相关机构、人员奖励、表彰	① 公安机关在接到报案或举报后,应当立即接受,并查明初步情况; ② 对涉嫌违反治安管理的依法受案审查,涉嫌犯罪的依法立案侦查; ③ 在受案或者立案后三日内向报案单位反馈案件进展,在移送审查起诉前告知报案单位; ④ 人民检察院认为公安机关应当刑事立案侦查而不立案的,应当依法开展监督; ⑤ 公安机关、人民检察院发现未成年人需要保护救助的,应当委托或者联合民政部门或共青团、妇联等群团组织,对未成年人及其家庭实施必要的经济救助、医疗救治、心理干预、调查评估等保	相关单位、组织及其工作人员应当注意保护未成年人隐私,对于涉案未成年人身份、案情等信息资料予以严格保密,严禁通过互联网或者以其他方式进行传播。私自传播的,依法给予治安处罚或追究其刑事责任

续 表

相关的法律或规定	报告的责任主体	报告的对象	报告的范围	未能报告的责任	报告后的救济措施	保护报告主体
			⑦ 发现未成年人来源不明、失踪或者被拐卖、收买的； ⑧ 发现未成年人被组织乞讨的； ⑨ 其他严重侵害未成年人身心健康的情形或未成年人正在面临不法侵害危险的		护措施，未成年被害人生活特别困难的，司法机关应当及时启动司法救助	
《中华人民共和国未成年人保护法》（2020）	国家机关、村（居）委会、密切接触未成年人的单位及其工作人员	公安、民政、教育等部门	不利于未成年人身心健康或者侵犯未成年人合法权益的情形	未履行报告义务造成严重后果的，由上级主管部门或者所在单位对直接负责的主管人员及其他直接责任人员依法给予处分	① 公安机关、人民检察院、人民法院办理未成年人遭受性侵害或者暴力伤害案件，在询问未成年被害人、证人时，应当采取同步录音录像等措施，尽量一次完成； ② 公安机关、人民检察院、人民法院应当与其他有关政府部门、人民团体、社会组织互相配合，对遭受性侵害或者暴力伤害的未成年被害人及其家庭实施	① 公安机关、人民检察院、人民法院讯问未成年犯罪嫌疑人、被告人，询问未成年被害人、证人，应当依法通知其法定代理人或者其成年亲属、所在学校的代表等合适成年人到场，并采取适当方式，在适当场所进行，保障未成年人的名

续　表

相关的法律或规定	报告的责任主体	报告的对象	报告的范围	未能报告的责任	报告后的救济措施	保护报告主体
					必要的心理干预、经济救助、法律援助、转学安置等保护措施	誉权、隐私权及其他合法权益；②人民法院开庭审理涉及未成年人案件，未成年被害人、证人一般不出庭作证；必须出庭的，应当采取保护其隐私的技术手段和心理干预等保护措施

第七章

建立儿童保护的调查和司法程序：剥夺父母监护权第一案

尚晓援　窦振芳　李秀红

摘要：本章分析了2015年儿童保护司法实践改革后的第一例撤销性侵害未成年人父母监护权案，试图总结儿童保护案件处理中的经验和问题，为未来的政策发展提供实证依据。分析发现，此案在立案、审查、判决、隐私保护等方面，全面贯彻了儿童利益优先的原则，在司法实践中尊重未成年人的利益诉求，确立了案件审理过程中隐私保护的原则和细节。在对儿童的安置中，优先考虑社区家庭寄养，尽量避免机构内安置，并由国家承担儿童安置的经费责任。研究还发现，在案件处理过程中，缺少专业社会工作者介入，会使儿童后期发展中存有潜在风险。

关键词：儿童权利；剥夺监护权；儿童性虐待；性侵害未成年人；儿童保护制度；儿童利益优先

第一节　导　言

从2013年开始，中央和地方政府在中国各地建立儿童保护的示范区项目，发布多项新的法律法规，并在2015年开始了新的司法实践。这些都表明，中国正在形成一个现代意义的、底线的儿童保护制度。

底线的儿童保护制度包括四个基本的制度要素（见本书绪论），其中一个重要的制度要素是报告后专门针对儿童保护的案件调查和处理程序。如有关机构接到报告后，必须在规定时间内对儿童虐待案件做出必要的处理和安排，包括接受立案、调查、评估、确认和干预等程序在内的全过程。自2015年起，中国专门针对儿童保护案件的调查和处理程序逐渐建立起来。

在专门针对儿童保护案件的调查和处理程序建立的过程中，具有代表性的个案，首先是剥夺虐待儿童的父母的监护权。这主要是因为，在2015年之前，中国没有出现过因为虐待儿童而剥夺父母监护权的案件，造成监护权事实上不可被剥夺的现象。2014年，最高人民法院等四部委发布文件，针对这方面的法律疏漏，做出了必要的操作规定，出现了新的专门针对家庭暴力类儿童保护案件的新司法处理程序。

本章考察的是剥夺虐待儿童父母监护权的第一案。笔者假定，只有在法律实施的过程中，切实体现未成年人的利益最大化和利益优先的原则，才可以保证儿童保护制度建设朝正确的方向发展。本章的主要目的是通过考察和分析，判断新的司法实践是否遵循了儿童的最大利益原则，是否能够为受到性侵害的儿童提供有效保护。

一、研究背景和目的

2014年12月，最高人民法院、最高人民检察院、公安部、民政部联合发布了《关于依法处理监护人侵害未成年人权益行为若干问题的意见》（本章以下简称"四部门《意见》"）。该文件在中国儿童保护制度发展过程中具有重要意义，主要是因为它用十个具体条款明确规定了撤销监护人资格诉讼的程序，使剥夺父母监护权的法律诉讼有了可操作性。这标志着公权力对家庭内部事务进行干预达到了新的高度，即监护人如果不能为儿童提供有效的监护，或者伤害儿童的利益，其监护权就可能被剥夺。因此，这项文件的发布是儿童保护制度建设的标志性事件之一。

本章以中国在四部门《意见》出台后，司法机关受理的第一个案例——J省X市撤销父母监护权案为研究对象，从儿童利益优先的角度，分析案件报告、立案、调查、审判和后期处理的整个过程。并对新建立的儿童保护制度进行考察，看其指向的发展，总结案件处理中的经验和问题，为未来的司法实践和政策发展提供实证依据。

二、中国的未成年人监护制度

未成年人监护制度是一项重要的民事法律制度，在保护未成年人基本权利方面起着重要作用。《中华人民共和国民法通则》（1987年）第二章“公民”（自然人）中的第二节“监护”、《最高人民法院关于贯彻执行〈中华人民共和国民法通则〉若干问题的意见（试行）》（1988年）、《中华人民共和国婚姻法》（2011年）、《中华人民共和国未成年人保护法》（2006年）和《中华人民共和国预防未成年人犯罪法》（2012年）等法律法规的相关规定构成了2015年未成年人监护制度的主要内容。

在这些法律法规中，对未成年人的监护人有下列规定：“未成年人的父母是未成年人的监护人。未成年人的父母已经死亡或者没有监护能力的，由下列人员中有监护能力的人担任监护人：（一）祖父母、外祖父母；（二）兄、姐；（三）关系密切的其他亲属、朋友愿意承担监护责任，经未成年人的父、母的所在单位或者未成年人住所地的居民委员会、村民委员会同意的。……没有第一款、第二款规定的监护人的，由未成年人的父、母的所在单位或者未成年人住所地的居民委员会、村民委员会或者民政部门担任监护人。”（《中华人民共和国民法通则》第十六条）

以上规定不仅反映了当时占主导地位的家庭结构和亲属关系，也反映了当时的社会结构。如监护人的工作单位/雇主，或住所地的居委会、村委会等，对个人和家庭关系都有极大的影响力。不过自1978年以来，中国的经济社会背景有了巨大变化，当时的规定已经不能完全满足未成年人权益保护的需求。相当一部分未成年人因为得不到有效监护而陷入困境，国家却难以有效干预。

对监护人不正确履行监护职责或者侵犯未成年人合法权益，中国法律规定了包括训诫、批评教育、责令限期改正的惩罚措施，屡教不改的可以被撤销监护资格等。但是有关规定零散，缺乏对监护人有效干预的主体和具体的程序，因此，在2015年之前，撤销监护资格等措施几乎没有被执行过。

2014年四部门《意见》发布之后，其他多项与未成年人监护问题相关的法律法规和政策也进行了修改，如《检察机关加强未成年人司法保护八项措施》（2015年）、《中华人民共和国刑法修正案（九）》（2015年）等，且有《中华人民共和国反家庭暴力法》（2015年）出台。这些新的法律政策填补了有关空白，进一步完善了儿童保护的法律基础。

本章讨论的案件发生和处理的时间，是在四部门《意见》发布之后，上述其他几项重要的法律政策修改或颁布之前。J省X市的做法具有开创性的意义，为后来的法律修改和制定提供了实证依据。

三、案例概述

受害儿童为小玲（化名），其父亲邵某，小学文化程度，原籍J省X市；其母亲王某，二级残疾，下肢行动不便，原籍H省J市。邵某在J市打工期间，经人介绍与王某相识，2003年与王某办理结婚登记，并入赘王某家。2004年10月，小玲出生。二人婚后感情不睦，邵某经常殴打妻子，并时常迁怒小玲。王某最后提出离婚，邵某带小玲离开王家，回到原籍X市生活。小玲不足两周岁时，父母的这段婚姻事实上终结，但是没有办理法定的离婚手续。此后，小玲由祖父母照顾，祖父母相继离世后，小玲经常处于无人照管的状态。邵某还经常殴打小玲，造成其头部、脸部、四肢等多处严重创伤。

2013年2月，小玲偶然认识了张女士，并从2013年6月起随张女士生活。其间，小玲向张女士透露了她被亲生父亲和隔壁邻居张某性侵的事实。2014年6月底，张女士带小玲到派出所报案。

2014年9月29日，邵某因涉嫌强奸罪和猥亵儿童罪被X市T区人民检察院提起公诉，于10月被判处有期徒刑十一年，进入监狱服刑。邻居张某知道小玲平时独自在家，也曾经将小玲骗到房内，对其实施强奸，也于2014年10月获刑。

邵某获刑后，考虑到小玲无人照料，公安和司法机关联系到小玲的生母，希望她照顾抚养。但是，王某已再次嫁人，其丈夫也为残疾人，还育有一儿一女，王某没有能力且拒绝抚养小玲。因此，小玲继续在张女士家生活。但当时张女士对小玲没有监护权。

在父亲入狱、母亲也拒绝抚养小玲后，T区司法机关曾考虑撤销小玲父母的监护权，以便为小玲安排新的监护关系。但在当时的法律法规中，缺少对撤销监护权的具体操作的规定。这些具体规定包括：在哪些情况下可以撤销监护人的监护权，由谁来提起诉讼，法院按照什么程序来启动案件等。所以为小玲更换监护人的程序无法启动。

四部门《意见》为小玲案件的发展提供了重要的法律依据。2015年1月5日，T区人民检察院向T区民政局发出司法建议书，建议民政局申请撤销小玲父母的监护权。1月7日，民政局向法院提起诉讼，请求撤销小玲父母的监护权，并另行指定监护人。T区人民法院迅速对这一诉讼进行立案。2月4日，T区人民法院开庭审理此案。判决书指出：按照四部门《意见》的规定，小玲的父亲长期虐待、使用暴力严重伤害小玲，判刑十一年，撤销监护权并不得恢复；小玲母亲王某尽管身体残疾，但并非完全无民事行为能力，因此对小玲有抚养的义务，但她在长达八年的时间内从未看望、照顾过小玲，也没有承担过抚养费用。在知道邵某对小玲侵害行为后的七个月时间内，她仍以没有抚养能力为由拒绝接回小玲，其行为已经构成对小玲的遗弃，因此，王某的监护权也应依法予以撤销。

在其他顺位监护人中，小玲的外祖父母年事已高，经济能力有限，明确表示无力抚养小玲。小玲也表示不愿意同外祖父母等近亲属共同生活，所以小玲的外祖父母及其他近亲属不适合作为监护人。小玲的临时照料人张女士，作为救助小玲的整个过程的关键人物，在两年多的时间里为小玲无偿地提供照料与关爱，并申请承担对小玲的监护责任。但是考虑到张女士的家庭经济条件，额外承担对小玲的监护责任存在经济困难，因此张女士亦不宜作为其监护人。申请人T区民政局作为社会兜底的国家职能部门，能够在政府层面为小玲的生活提供经济保障，同时，也能在小玲的就学、医疗、心理疏导、解决户口等方面与有关单位进行协调，更有利于保护小玲的生存、受教育、医疗保障等权利，使她身心健康地成长。

根据上面的理由，法庭判决：撤销被申请人邵某和王某对小玲的监护权，指定J省X市T区民政局作为小玲的监护人。判决后T区民政局同张女士签订了寄养协议，民政局按J省困境儿童救助标准对小玲提供基本生活救助。

四、主要研究问题和研究方法

（一）主要研究问题

四部门《意见》出台后，J省X市为保护受到性侵害的儿童撤销父母监护权案的处理，代表了中国新的儿童保护司法实践。本章的主要研究问题包括：第一，新的司法实践包括哪些主要的程序和做法？第二，案例处理的基本原则是什么，是否贯彻了儿童利益优先的原则？具体的做法如何？有哪些创新和需要改进的方面？

（二）研究方法

本章研究主要采用文献调查法、深度访谈法、焦点小组访谈法和实地观察法来收集调研资料。调研中涉及的文献包括国家、省、市关于儿童保护和撤销监护权的政策，以及中西方关于儿童虐待的研究。调研期间，我们深度访谈了J省X市T区民政局工作人员，了解民政局在小玲案件中的介入过程；实地探访了小玲目前所居住的张女士的家，并对张女士进行了深度访谈；召开了一次焦点问题小组讨论会，参会人员包括民政局、检察院和法院的四名工作人员。在讨论会上，大家共同梳理、总结处理该案件的过程和问题。此外，调查期间我们还访问了小玲所在村的村民。

第二节　儿童保护案件的处理过程分析

一、案件报告，启动刑事犯罪的处理程序

保护儿童利益，首先需要对虐待儿童的犯罪行为进行惩处。在本案中，小玲于 2013 年夏天开始遭到父亲邵某的性虐待。由于案件发生在家庭内部，比较隐蔽，因而长期没有被发现。直到 2014 年 6 月，案件才在张女士的帮助下被报告给公安部门。接到报警后，公安机关立即展开调查、立案，并在第一时间将邵某拘留归案，启动了对刑事犯罪的处理程序。邵某于 2014 年 10 月 10 日被判处有期徒刑十一年。

在刑事案件审理过程中，小玲事实上得到张女士的临时监护。刑事案件结案之后，强奸幼女的邵某仍然是小玲法律上的监护人。此事必须通过儿童保护的民事案件审理来解决。但是因为在法律上没有依据，所以一直无法解决小玲的监护人更换问题。两个月之后，2015 年 1 月四部门《意见》施行后，儿童保护程序才开始启动。

二、庭审前的制度安排

（一）指定临时照料人

在小玲案被报告前后，小玲一直由张女士临时照料。自四部门《意见》发布后，对受虐待儿童的临时安置有了具体的规定，即为了保护未成年人的利益，在案件审理前后，应由未成年人救助保护机构临时监护，或由其他家庭、机构临时照料。

本案中，法院在受理案件没有做出裁决前，为未成年人指定了临时照料人——张女士，并下发了临时照料通知书，告知临时照料人的权利和义务，保障未成年人的临时生活。小玲受到侵害后，一直由张女士凭着善良和责任心进行照顾和保护，双方形成了基于共同生活而产生的感情联系，但是张女士一直没有

小玲的监护权。临时照料通知书的下发，一方面有利于保障未成年人在案件审理过程中的生活稳定，有利于作为受害者的未成年人表达意愿、参加庭审；另一方面，也有利于保障临时照料人在庭审中的诉讼权利。

（二）庭审前引入社会观护制度

社会观护制度是指在案件的审理过程中引入第三方进行监督，确保儿童在案件审理过程中的权利得到保障。在本案中，庭审前法院委托妇联对小玲进行观护，客观了解案件真实情况，如未成年人受到侵害的程度、现在的生活状态、亲属情况和另行指定监护人的人选等，为法院提供从第三方观察得到的信息。法院以此作为参考依据之一，以便做出有利于保护未成年人利益的裁判。

三、启动儿童保护民事案件的过程

在刑事案件结案之后两个月，四部门《意见》施行，儿童保护程序开始启动。同样，因为在司法实践中没有先例，在怎样启动儿童保护程序方面，本案遇到了多重困难，并在多个方面做出了创新性努力。

（一）确定案件的适格申请主体

四部门《意见》第二十七条规定了有权向人民法院申请撤销监护人资格的有关单位和人员：“（一）未成年人的其他监护人，祖父母、外祖父母、兄、姐，关系密切的其他亲属、朋友；（二）未成年人住所地的村（居）民委员会，未成年人父、母所在单位；（三）民政部门及其设立的未成年人救助保护机构；（四）共青团、妇联、关工委、学校等团体和单位。”申请撤销监护人资格，一般由这四款中负责临时照料未成年人的单位和人员提出，也可以由四款中提到的其他单位和人员提出。

与此前的规定相比，该条款在《中华人民共和国民法通则》第十六条所规定的有权提起诉讼的监护人基础上，增加了共青团、妇联、关工委、学校等团体和单位。

除此之外，该条款对“民政部门及其设立的未成年人救助保护机构”单独规定，并在其他条款中予以强调和明确，规定了在没有其他单位或个人提起诉讼的情况下，民政部门和未成年人救助保护机构作为兜底部门应当承担起相应的责任。四部门《意见》的出台，事实上指定了儿童保护的主管机构；明确了行使撤销监护权的主体，保护性撤销监护权在实践中具备了实际的可操作性。仔细分析即可看出，在改革开放的背景下，村（居）委会，未成年人父、母雇主单位，共青团、妇联、关工委、学校等团体和单位，没有可以安排替代性养护的设施和力量，无法作为适格主体提起诉讼。

根据四部门《意见》中的这些规定，为了启动儿童保护程序，T区检察院努力寻找启动程序的申请人，前后和小玲的母亲、父母双方的亲属、临时照料人张女士等商讨，但是都没有得到理想的答案。张女士对申请撤销小玲父母的监护权存在顾虑。其后，检察院先后与村委会、妇联和共青团等单位协调沟通，但也没有找到合格的申请人来启动撤销监护权案件。

根据四部门《意见》的规定，在没有其他合适的单位或个人作为监护人的情况下，民政部门可以提起诉讼。据此，J省X市T区人民检察院向民政部门发出了担任撤销监护权案件申请人的司法建议，最终民政局接受了检察院的建议，推动了整个案件程序的启动。

J省X市T区民政部门作为申请人，向T区人民法院申请撤销小玲的监护权诉讼。2015年2月4日，案件在T区人民法院立案。

因此，本案中，在没有合适主体作为申请人时，民政局作为政府兜底部门提出撤销监护人资格案件申请。这在全国属于首例，为未来国内此类案件的启动建立了一个前例。

（二）寻找新的监护人和儿童安置

四部门《意见》第三十二条规定："人民法院审理撤销监护人资格案件，比照民事诉讼法规定的特别程序进行，在一个月内审理结案。"

立案之后，T区人民法院认真审查案件申请。该案最初的诉讼请求仅仅是撤销小玲父亲的监护权。对申请主体和诉讼请求事项进行审查后，法院认为，考虑到小玲的父亲已经被判入狱，仅仅撤销父亲的监护权，还是无法明确小玲的后续安置问题，经过协调沟通，除了明确申请主体是民政局外，在请求事项方面增加了指定民政局作为监护人，落实了小玲后续安置的监护人。

对于撤销监护人资格案件的审理，四部门《意见》第三十三条规定："人民法院应当全面审查调查评估报告等证据材料，听取被申请人、有表达能力的未成年人以及村（居）民委员会、学校、邻居等的意见。"

为了最大限度地保护未成年人权益，法院在审前证据调查过程中，优先考虑了亲属寄养的可能。T 区人民法院在全面审查证据材料的基础上，对谁最适合担任小玲监护人的情况进行调查。法院首先到小玲父亲的户籍地了解其本人情况、家庭情况，并到其服刑监狱向其送达诉讼手续，询问他对撤销监护权与小玲后续安置的想法。其次，了解小玲生母的生活状况和抚养能力，并对相关证据材料进行录像固定。在生母明确表达了没有能力抚养小玲后，法院还走访调查了近亲属对小玲的抚养意愿，经过调查，发现并确定没有合适的亲属可以担任小玲的监护人。

在对小玲做出安排时，法院还遵循了尊重未成年人的意愿并有利于其发展的原则。1993 年发布的司法解释《最高人民法院关于人民法院审理离婚案件处理子女抚养问题的若干具体意见》规定："父母双方对十周岁以上的未成年子女随父或随母生活发生争执的，应考虑该子女的意见。"因为十周岁以上的未成年人作为限制民事行为能力人，具有一定的判断能力。同理，剥夺不合格父母的监护权、选任新的监护人时，法律应当尊重十周岁以上的未成年人的选择。本案中，小玲已经年满十周岁，所以法院在审理案件的过程中征求了小玲的意见。她明确表示愿意跟随临时照料人张女士一起生活。但是，因为临时照料人的实际能力有限，为了最有利于小玲的发展，有效解决她的户籍、教育等问题，法院判决由民政局作为监护人，民政局以非亲生家庭寄养的方式将小玲交由张女士继续照料，尊重了小玲的选择。

四、判决：监护权从父母转移到区民政局

在确认小玲没有其他监护人之后，民政部门承担起案件启动程序的适格申请主体的责任，并在案件审判之后，被法庭指定为监护人。

在案件庭审的过程中，民政部门承担的主要责任有三个方面。第一，在案件启动阶段，作为案件适格申请主体向法院提出申请。第二，民政部门作为儿童保护部门参加了庭审，做出“请求撤销小玲监护人资格，并不得恢复”的申请。同时也对小玲的未来安置问题做出陈述，即通过家庭寄养或者自愿助养的方式继续委托临时照料人张女士照料小玲的生活，让她快乐成长。第三，接受判决，对小玲行使监护权。法院依法将小玲的监护权判给T区民政局，民政局代表表示，监护权拿到手以后，现在小玲就是“民政局的女儿”，也是“整个民政系统的女儿”。自此，民政局承担起对小玲的责任。

第三节　判决后对受虐待儿童提供的支持

民政局主要在替代性养护、基本生活保障、教育、医疗保险和户口转移等方面承担起对小玲的责任，并进行安置。主要表现为三点。第一，把儿童安置在正常家庭中生活，并提供经济支持。虽然民政局得到了监护权，首先考虑的还是把小玲安置在正常家庭中生活。因为小玲和张女士已经共同生活了两年，与张女士家庭有极高的融合度。民政局和张女士签订了临时照料家庭协议，委托张女士继续对小玲进行照料。寄养协议规定了民政局和张女士各自的权利与义务，其中在生活补贴方面，民政局每月给小玲800元的生活补贴，用于其在张女士家的日常衣食住行的开销。小玲上学、看病就医等其他花销，采取实报实销。第二，对小玲的就学做出安置。判决一结束，民政局就开始为小玲联系就学事宜。在户口迁入之前，通过和学校协商的方式，先安排入学，再迁户口。第三，户口在儿童安置中意义重大，没有户口，儿童的安置、上学、就医、出行等问题都无法启动。所以在判决结束后，T区民政局就着手办理小玲的户口登记问题。因为小玲及其父亲的户籍仍在H省，民政局在得到小玲的监护权后，第一时间就携带法院的判决书前往H省小玲户籍所在地，最终将小玲的户口迁至T区民政局驻地派出所的集体户口上。

第四节　未成年人的隐私权保护贯穿始终

本案中，小玲的生父对其实施性侵害的行为属于严重侵害未成年人合法权益的情况。这类案件对受害儿童的精神伤害比较大。因此，在案件处理过程中，对未成年人的隐私保护、避免造成二次伤害尤为重要。案件处理过程中注意了四个方面。

第一，法院在审理该案的过程中，十分注重对未成年人隐私权的保护，在各个方面彻底贯彻匿名原则。在决定将本案事实予以公开时，检察院、民政局、法院等机关充分考虑了对小玲的保护，决定统一对外使用“小玲”这个化名来代替其真实姓名，避免媒体在报道案件的过程中不慎泄露其真名。

除了小玲，为了确保儿童隐私不外泄，还贯彻了其他案件当事人也使用匿名的原则。由于民政局等都对儿童隐私进行了严格保护，因此本案的当事人张女士在审判前并未接受任何媒体的采访。审判之后也仅在庭接受了一次采访，媒体在对外发布报道时，对人物的视频图像进行了马赛克处理，也只使用“张女士”对其进行称呼。但是，由于缺少经验，这一原则贯彻较晚，张女士的真名被媒体泄露。这是本案获得的教训。作为儿童保护的第一案，本案的教训对今后的制度建设也非常宝贵。

第二，设立第二庭审现场。在庭审过程中，部分案件信息需要小玲出庭陈述，以便查清事实，同时也需要充分听取未成年人对另行指定监护人的意愿。为了保护未成年人的隐私，所以在庭审过程中为儿童设立了第二庭审现场，通过视频设备将儿童的暗光背景图像传送到第一法庭现场，同时对儿童的声音进行技术处理，避免儿童隐私泄露。

第三，建立“双判决书”制度。案件判决后，法院在向当事人送达法律文书时，不可避免地会提到受害儿童的姓名等个人信息。出于对儿童隐私的保护，法院制作了两份判决书，并进行相关编号。一份判决书使用儿童真实姓名，保证其法律效力；另一份使用化名，用于对外发布该案的相关信息。从而彻底贯彻了匿名原则。

第四，向当事人送达裁判文书时，一并送达《未成年人隐私保护告知书》，告知有关人员有义务保护未成年人的隐私，不得擅自复印、传播该文书，并进行案卷封存。

除上述四个方面外，法院在审判前就决定，政府各部门不接受任何采访。

庭审之后，在儿童的后期安置中，也非常注重隐私保护。最重要的一个措施是政府承担了儿童的安置、养育、医疗和教育等的全部费用，没有使用慈善捐款，也避免了在慈善捐款的过程中暴露儿童的隐私。这为中国的儿童保护制度发展建立了一个非常好的前例。在小玲转学后的学校里，为了保护小玲的隐私，民政局并没有对学校的校长和老师说起小玲的身世，只说她父母已经去世，以免让更多的人挖掘到小玲过去的遭遇，希望她能在一个全新的环境中接受教育。民政局工作人员也尽量减少去学校露面的次数，即使有事，也是在周末去找校长商议。在家庭中，张女士并未向任何邻居和朋友透露小玲的身世，只说是从亲戚家收养的孩子。

民政局在后续安置工作中，做到了在各种细节处保护小玲。如工作人员从不开公务车去张女士家，每次接近小玲家时，他们都把车停得很远，或者叫张女士到车里说话，或者步行去家里，并且从不会逗留很长时间。同时，拒绝所有单位、媒体和爱心人士拜访张女士。民政局自身也尽量减少到张女士家和学校的次数，多数事情都尽量通过电话协商。各种细节的保护，都是为了让小玲有一个安静、安全的全新的生活环境。

第五节　讨　　论

回答我们的主要研究问题，笔者的发现如下：

第一，中国新建立的儿童保护司法实践，包括哪些主要的程序和做法？结果如何？本章记录了新的司法程序的过程，包括：

接到报告后，公安机关立即展开调查、立案，将犯罪嫌疑人拘留归案，启动对刑事犯罪的处理程序，并最终对犯罪人判刑；

为了儿童安全，指定临时照料人并由法院下达临时照料通知书；

委托妇联对受害儿童状态进行观护，观护内容包括儿童受到侵害的程度、现在的生活状态、亲属情况和另行指定监护人情况等，提供给法院；

寻找启动儿童保护的民事程序的适格申请主体，人民检察院向民政部门发出司法建议，建议民政部门作为申请撤销监护权案件的申请人；

民政部门接受建议，作为申请人，提出申请撤销受害儿童父母监护权诉讼；

民事案件在人民法院立案；

法院审前证据调查；

全过程的儿童隐私保护，包括“双判决书”，发送《未成年人隐私保护告知书》，注意各种保护隐私的细节；

庭审，并设立第二庭审现场；

判决；

监护权向民政部门转移；

民政部门安置儿童；

儿童户口从H省迁出，落户到T区民政部门的集体户口；

儿童安置在寄养家庭；

为儿童提供基本生活保障、教育、医疗保险等。

第二，新的司法实践代表了什么样的基本原则，是否贯彻了儿童的最大利益原则（或儿童利益优先的原则）？具体的做法如何？有哪些创新和需要改进的方面？这个案件在立案、审查、判决、隐私保护等方面，全面贯彻了儿童的最大利益原则，尽量避免对儿童的伤害。这一案件的处理方法，可以为今后该类案件的审理提供遵循或参考。以下做法尤其值得推广：

首先，儿童的利益优先和尊重未成年人的利益诉求。这个案件在立案、审查、判决、隐私保护等方面，全面贯彻了儿童的最大利益原则，并确立了由国家承担后期社会支持的经费责任的原则。充分尊重未成年人的利益诉求，在儿童安置方面，考虑儿童本人的诉求。尽量避免对儿童的伤害，在儿童已经受到伤害的情况下，尽量把伤害降到最低，不对儿童造成二次伤害。其次，慎重行使剥夺父母监护权的手段。鉴于小玲的父亲对小玲进行了严重的性虐待，其监护权被剥夺。之后，法院做出极大努力，尝试保留母亲的监护权，或请母亲的近亲属监护。法院的工作人员指出，“撤销的目的是给孩子一个安置，有地方可去，才能撤销”。在这些努力都失败之后，法院才最终根据法律撤销了小玲父亲、母亲的监护权。再次，对儿童的安置，优先考虑亲属寄养，其次为普通家庭安置，尽量避免机构内安置。最后，确立了案件审理过程中隐私保护的原则和细节。

第六节 发现的问题

在案件调查和分析过程中，我们也发现了一些需要改进的问题。

第一，缺少报告制度，可能的报告人儿童保护意识缺失。调研发现，几乎全村人都知道小玲长期受到父亲的虐待和忽视，但是没有人出面干涉或报案。这说明村民一方面惧怕小玲父亲，不敢管闲事；另一方面是缺少儿童保护的意识。

第二，基层组织，如村委会，表示无权对儿童虐待的现象进行干预。调研发现，村委会对小玲遭受的侵害和无人照料的状态知情，但并没有及时制止或采取有效的保护措施。

第三，疏忽了对案件报告人的隐私保护。在庭审中，法院通过远程出庭保护未成年人小玲的隐私，而报告人张女士却在庭审主现场出现，描述了事实经过和自己希望抚养小玲的意愿。这导致在公众面前暴露了张女士的身份，张女士因此心存顾虑，也对其后来的生活造成极大的困扰。

第四，专业的社会工作者在救助过程中缺位，这可能增加儿童安置和未来发展中的风险。本案从进入司法程序到安置程序，民政和司法机关都根据四部门《意见》的规定和案件自身的进展，履行各自的职责。但在整个过程中，并没有专业的儿童保护工作者或社会工作者的介入。专业社会工作者角色的缺失也导致对报告人，同时也是临时照料人张女士的长时间紧张与恐惧的精神状态的疏忽。

第五，落户民政局的集体户口，对儿童未来发展有一定影响。因为此案为儿童保护第一案，对受害儿童的后期支持尚未配套，未能形成多部门协作机制。因此，为了解决儿童安置中的各种技术问题，小玲的户口落到了民政局的集体户口中。而儿童户口问题最好的解决方法，是将儿童安置在永久性的家庭环境中，儿童获得独立的户口。如果家庭无力抚养，政府对家庭提供支持。因此，这个做法还有改进的空间。

第六，对父母在被剥夺监护权之后的责任缺少规定。此案中，父亲入狱，且被永久性剥夺监护权。母亲为残疾人，对儿童没有抚养能力。因此判决没有涉及父母对儿童未来发展的责任问题。从制度建设的角度，在今后的案例中，需要考虑父母在被剥夺监护权之后仍然需要履行对儿童养育的责任并承担养育费用的问题。

最终，此案的理想结果属于个案化处理的结果，制度化解决方式尚未形成。

本案属于四部门《意见》出台后的首例撤销监护权案件。不管从法律的角度还是从亲情、家庭关系和让小玲尽快回到安全的家庭环境的角度看，此案都得到了比较好的解决。该案的判决对全国各地类似案件起到了积极的示范作用，提供了可借鉴的宝贵经验。但是在撤销监护权案件中，行政救助与司法程序怎样相互结合，共同干预出现监护问题的儿童，有效推动司法程序介入儿童家暴案件，仍然需要制度化的解决方式。

第八章

替代性养护制度和儿童保护

尚晓援

摘要：替代性养护是底线的儿童保护制度必须包括的四个基本的制度要素之一。本章讨论了替代性养护的定义和主要形式、国家对丧亲儿童提供替代性养护的制度，以及在底线的儿童保护制度建立之后国家现有的替代性养护制度面临的挑战。研究发现，未来会有更多的儿童由于父母的监护权被剥夺而进入国有儿童福利机构，享受国家提供的替代性养护。这将改变国有儿童福利机构的照料对象的构成，对养育方式和服务提出新的要求，如额外的康复治疗和心理支持、儿童和原生家庭重新团聚的问题等。中国现有的替代性养护制度将面临挑战和转型。

关键词：儿童权利；剥夺监护权；替代性养护；儿童福利院；性侵害未成年人；儿童保护制度；儿童利益优先

底线的儿童保护制度必须包括四个基本的制度要素，其中之一是替代性养护。在父母监护权被剥夺或限制后，对被虐待和忽视的儿童来说，家庭外的替代性养护是最重要的制度安排之一。在 2014 年之前，中国的法律中也有对监护人权利进行限制的规定，如 1987 年 1 月起施行的《中华人民共和国民法通则》、2006 年修订的《中华人民共和国未成年人保护法》，都对未成年人监护权的撤销转移进行了规定，但全国没有一例剥夺监护权案件进入司法程序。其中最重要的原因之一就是对诉讼提起人和替代性监护没有做出规定。[1] 由此可见，建立有效的替代性养护制度，对建立有效可行的儿童保护制度至关重要。

中华人民共和国成立后，一直存在为被遗弃儿童，或生父母查找不到亦没有其他法定监护人的儿童提供替代性养护的制度，具体体现为国有儿童福利院。但是，国有儿童福利院不接收父母仍然健在的儿童。因此，本章主要讨论的是对被父母虐待的儿童提供替代性养护的问题。这些儿童与国有儿童福利院所熟悉的照料对象不一样，这些儿童的出现，对中国的替代性养护制度提出了挑战。

儿童保护制度的重要转变发生在2015年以后。与此前不同，2015年之后，中国的父母在养育子女的过程中，如果不能达到社会接受的标准，他们的监护权就可能被剥夺。国家需要对这些受到虐待的儿童做出替代性养护的安排，如民政部门作为监护人，将儿童寄养到儿童福利院、其他机构或寄养家庭。在中国，自20世纪中叶发展起来的儿童福利院，主要为被遗弃的儿童提供替代性养护服务，这些儿童很多从小在儿童福利院中长大，多数是残疾儿童。他们接受的服务，和在家庭中长大、受过虐待的儿童所需要的服务，有很多不同之处。怎样改造原有的儿童福利制度，为这些受到父母虐待后父母被剥夺了监护权的儿童，提供适合他们成长所需要的替代性养护服务，还需要社会政策学界和整个社会做出很多努力。

第一节　替代性养护的定义和特点[2]

一、定义

儿童的替代性养护有广义和狭义之分。广义的定义是，有组织地提供、由并

---

① 李雪：《14年，民政如何托底未成年人国家保护》，《中国民政》2021年第1期。

② 本节和下节的部分内容转引自笔者本人的著作《中国弱势儿童群体保护制度》（2008年）。出于多种原因，中国仍然存在对机构内养护方式的政策偏好。因此，在回顾替代性养护方式时，强调家庭式养育方式仍然非常必要。

非儿童父母的人为儿童提供的照顾。按照这个定义，社区中的替代性养护包括两类：一是半日制或全日制托儿所、幼儿园临时照看几个小时孩子；二是永久性的、长期的寄宿照顾。前一类是指永久性地与自己的父母生活在一起的儿童临时性地需要替代性养护，后一类则涉及各种原因不能得到亲生父母照顾的儿童。在这种情况下，替代性养护成为替代儿童父母的养护方法。

这种定义把替代性养护看成一个系列：一极是帮助父母临时照顾儿童，是对父母角色的补充；另一极则是永久地、长期地照顾儿童，是对父母角色的替代。[①] 按照这种定义，可能大多数孩子都经历过某种形式的替代性养护。但我们的研究关注的只是其中一极——永久性的、长期的寄宿照顾，即各种形式的儿童福利院养护、家庭寄养与领养等。

二、替代性养护下的儿童特点

在不同国家中，处于替代性养护下的儿童的特点各不相同。这些儿童包括丧失父母的孤儿和出于各种原因父母无力或不愿对其进行抚养的儿童。在相对发达的国家，处于替代性养护下的儿童大多不是孤儿，他们属于易受伤害的儿童群体，比如被虐待、被伤害和被忽视，以及处于不利地位的社会群体中的儿童（如贫困家庭的儿童和残疾儿童）。这些处于不利地位的社会群体中的儿童，大多处于机构或其他的替代性养护的方式下。[②③] 2015 年以前，中国接受替代性养护的儿童主要是被遗弃儿童。不过 2015 年以后儿童保护制度的发展，使得处于替代性养护下的儿童类别增加——父母被剥夺监护权的受虐待儿童也可以接受国家安排的替代性养护。

---

① Australian Government Publishing Service, "Children in Institutional and Other Forms of Care: A National Perspective," accessed October 19, 2019, https://www.aph.gov.au/Parliamentary_Business/Committees/Senate/Significant_Reports/socialwelfarectte/institutionalcare/index.

② Australian Government Publishing Service, "Children in Institutional and Other Forms of Care: A National Perspective," accessed October 19, 2019, https://www.aph.gov.au/Parliamentary_Business/Committees/Senate/Significant_Reports/socialwelfarectte/institutionalcare/index.

③ Marshall B. Jones, "Decline of the American Orphanage, 1941 - 1980," *Social Service Review* 67, no.3 (1993): 459 - 480.

三、四种形式的替代性养护

替代性养护的形式多种多样，为简单起见，本章将其大致划分为四种形式进行讨论，即家庭领养、家庭寄养、机构供养和家庭式照料单位，最后一种又可以分为分散在社区中的家庭式照料单位和集中的家庭式照料单位。

1. 家庭收养(领养)

在西方，家庭领养收养通常被视为一种有关儿童权利和义务的转移形式，即一个或多个父母将其对有关儿童的权利与义务完全地、不可改变地转移给另一个或多个收养父母。这种方式的安置意在为儿童提供一种长期的、尽可能稳定的、类似亲生的家庭养护方法。

2. 家庭寄养

家庭寄养可以被广义地定义为建立在替代性养护基础上的、由与儿童无直接血缘关系的、范围广泛的家庭提供的照顾。在大多数西方国家，家庭寄养通常也是一种基于临时考虑的安置，并不意味着儿童的亲生父母将因此失去他们作为父母的权利与义务。家庭寄养的另一特点是，与收养父母不同，寄养父母一般可以固定地领到为养育儿童所发的补贴，并要为了这种安置履行其义务，发挥其作用。家庭寄养的形式很多，可以根据儿童和养护者之间的关系，分为亲属寄养和非亲属寄养；还可以根据政府和正式养护机构的介入与否，分为正式的寄养安排和非正式的寄养安排。

3. 机构供养或院舍式养护

“机构供养”(institutional care)一词在西方社会中总有一种负面的含义，它常常使人联想起精神病院、狄更斯的《雾都孤儿》或其他“仓库”式的养护方法。机构供养现在通常都被中立地称为“院舍式养护”(residential care)。但在非西方国家，“机构供养”一般没有这种贬义。院舍式养护可以被定义为，由取得报酬的成年人向许多居住在一起的儿童所提供的照顾，这些成年人并非传统社会意义上的养护者。

院舍式养护的形式是，在父母或国家拥有监护权的情况下，向那些暂时地或永久地不能够、不允许或不愿意与其亲生父母或收养父母一起生活的儿童提供全方位的住宿安排，这种安排至少包括一些对个人的照顾。这种照顾还可以包括对儿童的保护、控制、矫正儿童言行的措施，并包括对体力或智力有残疾或不能适应社会环境的儿童所提供的药物治疗或护理治疗。院舍式养护机构一般是为了满足要求得到替代性照顾的儿童的某些特殊需求而开办的。院舍式养护的形式包括大的机构照料，也包括集中在一起的集合式养护单位和家庭式照料单位（这种家庭式照料单位将在下面讨论），以及向残疾儿童提供的基于医院、保育院、家庭和收容所的机构养护。①

集合式养护可以用来形容那些可向较多儿童提供食宿的家庭式养护组织，这些组织可以照顾二十个以上的儿童，养护机构由一个非家庭的住所构成，也可以由两个或多个包括厨房设备、用餐设备在内的寓所组成。

4. 家庭式照料单位

家庭式照料单位是院舍式养护的一种改革形式。一个家庭照料单位是家庭式的儿童养护组织，由单独的一间寓所构成，通常不超过十个儿童，并由这些儿童的照料者替代其亲生父母充当父母的角色，从而形成一种家庭环境。家庭照料单位有两种主要形式：分散式的家庭和聚合式的家庭。这两种形式的家庭照料单位尽管由相同的机构运作，坐落于各自的社区中，但分散式的家庭照料单位是单独的家庭照料单位，聚合式的家庭照料单位则以相互邻近的家庭与其他家庭式的儿童养护机构为基础共同组成。②

四、替代性养护变化的国际趋势

随着政治和社会经济环境的变化以及新的研究结果的出现，对于院舍式养护及其他形式的替代性养护的观点和建议也在随之改变。

---

① Australian Government Publishing Service, "Children in Institutional and Other Forms of Care: A National Perspective," accessed October 19, 2019, https://www.aph.gov.au/Parliamentary_Business/Committees/Senate/Significant_Reports/socialwelfarectte/institutionalcare/index.

② Australian Government Publishing Service, "Children in Institutional and Other Forms of Care: A National Perspective," accessed October 19, 2019, https://www.aph.gov.au/Parliamentary_Business/Committees/Senate/Significant_Reports/socialwelfarectte/institutionalcare/index.

1. 英国早期的济贫实践与机构式养护

历史上,1539年《英国贫民法》的常规与惯例在孤儿的福利政策方面产生了重大影响。

早期,英国的政府和教堂建立了大规模的孤儿院和工业学校,为大量的孤儿、弃儿和穷困儿童提供食宿。被养护的多数儿童之所以在这里接受照料,可能因为他们是孤儿或有行为问题的儿童,还可能因为他们的父母无力养育他们。在美国和澳大利亚也出现过类似情况。英国早期的济贫实践强调院内救济,在大型机构中养育的儿童被训练做工和服从命令。许多年后,对贫困儿童的供给才得到了院外的帮助,例如直接为无力抚育子女的父母支付现金,提供廉租住房、医疗服务和最低生活保障。

如今,许多发展中国家的院舍式养护是出于各种不同的原因向西方国家学习的结果。

2. 反院舍式养护的理论与实践

19世纪末,大型机构式照料对儿童发展的负面影响已为人们所关注。在澳大利亚,大型机构式照料体系开始被一种“寄宿在外”的体系所代替,这一变化标志着家庭寄养的开始。20世纪初,美国的白宫儿童福利大会上,与会代表得出一项结论:不管在任何情况下,只要有可能,儿童就应当被安置在寄养家庭中而不是大型机构中。

但是,福利政策不会仅仅因为理论上的改变或学术研究的结果而改变。文化背景、政治、历史因素和经济环境都会影响儿童福利政策的制定。大型机构式儿童养护的做法一直持续到第二次世界大战时期。战争后,出现了更多关于大型机构式养护对儿童发展的负面影响的研究,比如约翰·鲍比(John Bowlby)极具影响力的著作《母亲照料与精神健康》(1951年)。20世纪50—60年代,有关儿童依恋、儿童发展和母爱剥夺的理论进一步影响了人们的观念。政府和非政府的儿童福利机构纷纷审查关于儿童的机构养护制度及其各自的儿童福利政策,许多西方国家都出现了反院舍式养护的实践,如美国、澳大利亚、英国有越来越多的孩子被家庭寄养。这一过程中许多大型孤儿院关闭,家庭收养、寄养形式取而代之。

反院舍式养护还伴随着其他一些改革。大型养护机构被分散，原来的大楼被划分成较小的居住单元，家庭式照料单位等概念得到了普及和发展。尽管当时这些小单元经常都在一个区域内或与原先的孤儿院同处一地，但正是从那时起，一场将儿童从大规模的养护机构迁到较小的生活单元的运动便开始了，这一变化延续至今，反映出了提供一种尽可能与家庭相似的养护模式的潮流。

3. 对儿童养护安置正常化、计划性、永久性的强调

20 世纪 50—60 年代，儿童家庭寄养发展十分迅速，这一变化是由不同的原因引起的。比如有更多受伤害的儿童进入养护机构、社会福利专业化的出现等，这些都迅速增加了院舍式养护的成本，并促使政府和非政府机构考虑如何节约经费。但家庭寄养在迅速发展的同时也存在着问题，如较高的安置失败率、招募合适的寄养父母的困难、在养护服务的供给方面缺少足够的政府支持等。

20 世纪 70—80 年代，正常化这一概念对向儿童提供家庭式养护服务产生了巨大影响，尤其是对残疾儿童的养护服务。正常化旨在尽可能地将残疾儿童融入其所在的社区和当地主要的教育机构中，主要适用于智力残疾的儿童，也同样适用于其他儿童，如肢体残疾的儿童或被重新安置的儿童。这也强调了对地方化养护服务的需求，并尽可能将儿童安置在类似家庭的环境中。

理论上对儿童养护安置的计划性、适当性和稳定性的要求，推动了强调家庭领养政策的出台和对永久性养护方式的倡导。

第二节　中国的替代性养护制度

中华人民共和国成立以来，主要通过国有儿童福利机构对失去父母照料且没有其他法定监护人的儿童，如孤儿、流浪儿童和被遗弃儿童，提供正式的替代性养护。这一制度一直延续至今。

根据《2020年民政事业发展统计公报》，截至2020年年底，全国各类民政服务机构集中养育孤儿5.9万人，平均保障标准为每人每月1 611.3元。“全国共有注册登记的儿童福利和救助保护服务机构760个，床位10.1万张，年末机构抚养4.6万人。其中儿童福利机构508个，床位9.1万张；未成年人救助保护机构252个，床位1.0万张，全年救助流浪乞讨未成年人0.9万人次。”

中国的替代性养护制度经历过很多变革。改革开放前，国家主办的儿童福利院为丧亲儿童提供照料服务，机构内照料是主要的服务提供模式，但在全国各地都存在家庭式养育方式，如家庭寄养和SOS儿童村。改革开放后，中国出现了多元化的替代性养护的提供方式，如机构供养、集合式养护单位、家庭式照料单位和家庭寄养等。除此之外，中国还有大量的被遗弃儿童被国际收养，国内则广泛存在正式和非正式的亲属收养和亲属寄养。从儿童权利保护的角度看，机构供养是最不利于儿童成长的养育方式。中国国有儿童福利机构曾经历过成功地从机构养育到家庭寄养，还开展了国内外家庭收养，在发展最有利于儿童成长的养育方式上，有长期的成功经验。

一、国有儿童福利机构

国有儿童福利机构，是为失去父母照料的儿童提供替代性养护的主要机构。

改革开放之后，国有儿童福利机构经历过非常困难的时期。自20世纪90年代中叶以来，国有儿童福利机构经历了重大的政策变革，如通过开展国内家庭寄养使很多被遗弃的儿童得以在家庭环境中成长等。国有儿童福利机构在孤残儿童的养育、医疗康复、教育等方面取得了一定的成就。

从21世纪初开始，尝试过多种养育方式的中国儿童福利事业面临着改革与发展的新机遇，进入了多元化养育发展阶段。在2000年召开的全国社会福利社会化工作会议上，民政部时任部长多吉才让提出，社会福利事业要积极探索儿童回归家庭的办法和途径，这是中国儿童福利事业从“重机构发展”到“以人为本”的重大转折。虽然儿童福利机构仍主要受政府管理，但在加强管理的基础上，民政部强调通过收养、寄养、助养、捐赠和与社会力量合办等多种形式，走社会化的路子，使家庭寄养成为儿童福利事业社会化的一条重要途径，并以此为基础，建立与社会主义市场经济体制和社会发展相适应的儿童社会福利事业管理体制与运行机制，促进儿童社会福利事业健康有序地发展。当时还提出计划，到 2010 年，要基本形成以儿童福利院为骨干、其他社会福利机构为补充、社区为依托、适应社会和回归社会为方向的孤残儿童救助格局。

但是，2013 年机构内养育重新成为主导的养育模式，政府主办的儿童福利机构成为提供服务的主要机构。[①] 一系列的政策变革，使非政府的儿童养育机构不再能够合法养育失去父母照料的儿童。

在中国初步建立起儿童保护制度之后，父母被剥夺监护权的儿童，开始接受国家安排的替代性养护。这类儿童目前的数量还不多，但是未来可能成为国家需要提供替代性养护服务的重要儿童群体。国有儿童福利机构面临着服务对象改变、被养育儿童的需求和特点变化的重大挑战。

二、未成年人救助保护机构

未成年人救助保护机构是为困境儿童，包括受到虐待的儿童，提供临时性、替代性养护的机构，是民政部门在未成年人保护工作中一个重要的职能部门。

2016 年 2 月，民政部社会事务司设立未成年人（留守儿童）保护处，负责未成年人保护和留守儿童关爱服务工作。同时，流浪未成年人工作归救助管理处，孤残儿童和儿童福利机构管理等有关工作仍归社会福利和慈善事业促进司。这种分散的情况不利于儿童福利和未成年人救助保护机构的管理与发展。2019 年，经中央批准，民政部单独设立儿童福利司，实现了多头管理归口。2019 年 4 月，民政部等十部门联合印发《关于进一步健全农村留守儿童和困境儿童关爱

① 卫敏丽：《我国孤儿收留养育能力亟待全面提高——民政部有关负责人回应河南兰考“1·4”火灾事件》，https://www.chinacourt.org/article/detail/2013/01/id/811854.shtml，访问日期：2022 年 8 月 23 日。

服务体系的意见》,进一步明确了未成年人救助保护机构和儿童福利机构统一归口管理,以及各自的职能定位和发展方向。[①] 经过机构调整,明确了未成年人救助保护机构和儿童福利机构之间的分工责任:儿童福利机构主要承担长期监护责任,而未成年人救助保护机构主要承担临时监护责任和组织开展农村留守儿童和困境儿童关爱服务的责任。

三、儿童福利指导中心

除了国家提供的替代性养育服务外,中国还存在大量的国内领养和非正式的家庭寄养(特别是亲属寄养)的情况。这本来是家庭和扩展家庭的责任,不在国家干预的范围之内。但是,两个原因使国家加强了对非正式家庭寄养的监督。第一个原因是,从 2010 年开始,中国政府开始为所有的孤儿提供基本生活保障,包括提供孤儿基本生活保障金、免费的教育和医疗服务等。国家在向亲属寄养的家庭提供这些支持的同时,对监护人的监督也必须加强。第二个原因是,在中国工业化和城市化的过程中,父母异地工作等原因使得家庭监护不足,很多儿童成为留守儿童,暴露出了一些问题,如儿童流浪乞讨、监护不当造成的儿童意外死亡等等。为了解决这些问题,国家干预逐渐向家庭监护的领域扩展。在这个过程中,对孤儿和事实孤儿的监护也自然而然地受到了更多的监督和指导。

为了加强对儿童的福利和保护服务,民政部门加强了儿童福利服务工作的组织建设。

第一,对现有的能够提供儿童福利服务和保护服务的机构做了整合和分工,主要是明确原有的国有儿童福利院和未成年人救助保护中心之间的合作和分工。

第二,减少县级儿童福利院养育的孤儿数量,如把养育的孤儿转介给高一级政府主办的儿童福利院,县级的儿童福利机构本身则实现功能转型,转变为儿童

---

① 李雪:《14 年,民政如何托底未成年人国家保护》,《中国民政》2021 年第 1 期。

福利指导中心或仅仅提供临时性监护的未成年人救助保护机构。

第三，在最基层建立了儿童福利督导员（儿童福利主任）制度，负责收集家庭内的儿童信息并提供服务。儿童福利指导中心和儿童福利督导员两者结合，组成了留守儿童和困境儿童关爱服务体系。这个体系的功能，以农村为例，主要有三点：一是强化家庭监护的主体责任；二是设计了包括强制报告、应急处置、评估帮扶、监护干预等环节在内的救助保护机制；三是依次明确家庭、政府、学校和社会的责任，构建家庭、政府、学校和社会齐抓共管的关爱服务体系。截至2018年年底，全国共有61.53万名儿童福利主任，基本覆盖所有村（社区）。[①]通过这个服务体系，民政部门对全社会的儿童养育行为均可以进行监督和指导。留守儿童和困境儿童关爱服务体系不是仅仅服务于正式或非正式的家庭寄养或亲属寄养的孤儿，而是服务所有儿童。同时，这个体系也包括对分散在中国各地的孤儿和事实无人抚养儿童的替代性养护的监督和管理。

第三节　中国替代性养护制度面临挑战

中华人民共和国成立以来，就存在对失去父母及其他亲属监护人的儿童提供替代性养护的制度，即国有的福利院或儿童福利院。但是，这个制度没有涉及在家庭中受到虐待的儿童。所以，中国在法律上存在着剥夺监护权规定的情况下，多年都没有未成年人监护权的撤销案件进入司法程序。在中国建立起底线的儿童保护制度的同时，出现了对替代性养护制度的新需要和挑战。从笔者研究过的一些早期案例看，因为父母被剥夺监护权而产生替代性养护需要的儿童，多数被安排家庭寄养或民间机构养育，能够被安排进国有儿童福利院的不多。今后，随着儿童福利院功能的明确，会有更多的儿童进入国有儿童福利机构，享受国家提供的替代性养护。这将改变国有儿童福利院的照料对象的构成，对养

① 李雪：《14年，民政如何托底未成年人国家保护》，《中国民政》2021年第1期。

育方式提出新的要求。因为在社会上长大的儿童和儿童福利机构内长大的儿童的很多需求都不相同。同时，在家庭内受虐待和忽视的儿童，往往还伴有严重的心理问题，需要额外的康复治疗和心理支持，他们和原生家庭重新团聚的问题，也需要被提上议事日程。

因此，随着更多的儿童由于父母的监护权被剥夺而进入儿童保护制度，他们需要替代性养护，而中国现有的替代性养护制度也将面临新的挑战和转型。

第九章

先行一步：张家港市建立具有四个基本要素的儿童保护制度

尚晓援

摘要：本章研究和分析了张家港市建立中国第一个儿童保护制度的实践及其经验。从2013年开始，张家港市开始了县级儿童保护制度建设试点，在全国先行一步，建立了具有四个基本制度要素的底线的儿童保护制度：一是建立全市儿童保护主管机构（儿童福利和保护领导小组办公室）；二是建立对暴力侵害未成年人现象的报告制度；三是建立了对被报告案件的接报、立案、调查和反应处理程序；四是对失去父母庇护的儿童提供替代性照料和保护服务。中国儿童保护制度正在发展，张家港市的经验回答了建立底线的儿童保护制度在实践中可能面对的各种问题和解决方案。张家港市的儿童保护经验由于是在中国的经济、社会和制度环境中产生的，因而可以在中国其他地区复制和推广。

关键词：儿童权利；儿童保护制度；张家港市；儿童利益优先

随着社会和经济的发展、人口流动性的增大和社区环境的变化，儿童成长环境中的风险也增加了，存在拐卖儿童、利用儿童乞讨和色情交易、童工、针对儿童的暴力、家庭中的儿童虐待、校园和网络暴力等情况。很多情况下，由于缺少有效的儿童保护制度，政府和社会在儿童面对风险时，无法采取有效的保护手段。

2004 年到 2006 年，北京师范大学社会发展与公共政策学院、澳大利亚新南威尔士大学社会政策研究中心和英国救助儿童会联合进行了"建设有效的儿童保护制度"的研究。研究发现，中国需要底线的儿童保护制度。底线的儿童保护制度有四个基本要素：第一，一个拥有足够权威的主管机构；第二，对儿童虐待现象的报告制度；第三，对被报告的儿童虐待案件，有一套立案、调查和反应处理程序；第四，对失去父母庇护的儿童，提供替代性照料和保护服务的制度。

从 2013 年起，张家港市政府、儿童乐益会（中国）和北京师范大学家庭与儿童研究中心的团队合作开展了儿童福利和保护试点项目。项目组由专家团队和执行团队组成，并与地方政府密切合作，得到了地方政府的全力支持。项目组的专家团队根据此前的研究成果进行了制度设计，并跟踪和评估制度建设的发展。儿童乐益会（中国）筹集项目经费并组建了工作团队，配合张家港市政府进行项目实施。经过五年的试点，张家港市建立了具有四个基本要素的儿童保护制度。①

第一节　建立具有四个基本要素的儿童保护制度

一、建立儿童保护的主管机构

试点工作开始之初，全国的儿童福利和保护制度都在试点阶段，摸索怎样进行制度建设。试点项目的专家团队强调了建立儿童保护主管部门的重要性，并

① 本章所有资料来源于实地调查。

提供了关于主管部门工作职责和工作范围的全套设计。于是，张家港市主管副市长牵头建立了儿童福利和保护领导小组办公室，并建立了符合中国国情的多部门联动机制，协调解决儿童福利和保护工作中遇到的问题。此机构是张家港儿童福利和保护工作的“权力中心”与“资源中心”，使分散的各部门资源得以有效整合。实际工作则落到民政局社会福利与慈善事业科，形成“一个牵头部门，多部门联动”的常态工作格局。

二、建立对儿童的暴力侵害的报告制度

2013 年，中国还没有建立对儿童的暴力侵害行为的报告机制。张家港市先行一步，经过数年努力，基本建立了完善的报告制度。不仅如此，还建立了儿童保护的“预防—报告—回应”机制。

报告制度是儿童保护服务的基础。张家港市首先整合现有的资源，设立了儿童保护热线和儿童庇护中心，并通过广泛宣传，告知社会各界。两条儿童保护热线分别是儿童福利院设立的热线和原救助管理站的热线，负责接听和回应有关儿童保护的来电。通过两条热线，畅通报告渠道，以便有效接听关于对儿童的暴力侵害的报案。2014—2017 年，张家港市儿童保护热线共接听 42 个报告。从报告类型看，有 12 例疑似身体暴力（28.6%），29 例为各种因素导致的儿童处于无人监护的状态（69.0%），1 例为疑似性侵报告（2.4%）。

除报告制度外，张家港市还对困境儿童和高风险家庭进行了排查，通过对全市困境儿童的摸底，了解儿童状况。摸底发现，最低生活保障等福利金的发放已经基本解决了困境儿童最基本的物质需求，儿童可能产生的最大需求为教育和情感需求，这有利于他们形成健康的人格。家庭出现问题，最有可能影响儿童的健康成长。政府需要努力营造社会支持体系，为孩子们建立健康快乐的成长环境。

这些基本认识和事先筛查减少了突然发生的针对儿童的暴力，避免了当突发事件来临时政府反应失措。因此，报告制度和筛查制度是张家港市儿童福利和保护制度的重要组成部分。

三、接到报告之后的立案、调查和反映程序

经过数年发展，张家港市基本建立了报告之后的立案、调查和反映程序。

儿童福利和保护领导小组办公室在建立和执行个案处理流程中发挥了重要作用，基本实现了项目之初对儿童保护主管机构的职责设计。整个流程反映在张家港市《儿童保护案件的处理程序》和相应的工作规范中，具体程序包括：

（1）接收所有儿童遭受暴力侵害的报告，并对这些报告进行评估。对儿童没有安全风险的报告不做进一步处理，需要进一步干预的协助转介到其他部门或服务提供机构。

（2）对有风险的儿童和被报告的家庭进行调查评估。如果被报告的家庭并不符合儿童保护服务要件，就应协助被报告的儿童或家庭寻找符合其需求的服务或单位。

（3）如果确定儿童遭受暴力侵害，就要评估儿童所遭受的伤害程度。如果儿童的安全无法得到保障，就应协助安排紧急庇护服务。

（4）分析决定对遭受暴力侵害的儿童和被报告的家庭采取的干预和服务形式，以确保儿童受到保护，被报告的家庭获得足够安全照顾的支持。

（5）为儿童提供直接服务。与家庭和社区一起工作，以确保所需的服务得到提供。并确定所提供的服务具有可以适应不同文化需求的敏感度。

（6）分析需要法院介入保护儿童的时机，并随时准备提出申请和提交材料。

（7）随时追踪与分析评估家庭接受有关服务的进度。

四、对失去父母庇护的儿童提供替代性养护

经过儿童保护程序的儿童，可能需要安排替代性养护。在这个方面，经过四年的试点，张家港市的儿童保护制度有了相对成熟的经验。如在庇护和安置方面，厘清了儿童福利院和未成年人保护中心的分工与合作：前者负责处于监护缺失状态下的儿童的庇护和安置，后者在救助与外地户籍儿童监护干预过程中

发挥重要作用。这基本上实现了项目启动之初对庇护安置工作的设想。

第二节 其他制度建设经验

除了成功实现项目启动之初设计的具有四个基本要素的底线的儿童保护制度外，经过几年的努力，张家港市还获得了初期设计没有想到的新的经验。

例如，解决了儿童保护工作中的经费来源问题和后期安置中的经费问题。根据《张家港市适度普惠型儿童福利制度建设试点工作方案》，主要做法有三个。第一，处理儿童保护个案的工作成本由财政保障。2017年，张家港市开展困境儿童个案管理试点工作，并与社会组织合作，建立了困境儿童关爱中心。重要的儿童保护个案被纳入关爱系统，由财政保障儿童个案管理费用。标准为每年每人2万元，市、镇两级分别承担30%和70%。另外，基层的儿童福利主任（儿童福利督导员）承担儿童保护的职责，包括筛查、记录和上报儿童遭受暴力侵害的事件，以及支持、协助和宣传工作。这些工作的费用由财政经费支持。第二，对父母因为家庭暴力等而被撤销监护权的儿童，一方面规定被撤销监护人资格的父母应当继续负担未成年人的抚养费用和因监护侵害行为产生的各项费用；另一方面，民政部门将符合条件的受监护侵害的未成年人纳入社会救助和相关保障范围，如对于生活暂时困难的被暴力侵害的儿童，按最低生活保障标准发放三到六个月临时生活补贴。第三，关于庇护和照料费用，对于受暴力侵害而需要被紧急庇护或临时安置的儿童，有关费用按照上述渠道筹集。具体成本为，庇护一个孩子一天的成本为228元。对于需要长期安置的，则参照孤儿补助标准1 000元/月，纳入地方财政预算。再如，发展了适合中国国情的儿童保护工作的儿童风险评估和筛选工具。张家港市在儿童保护工作中形成了一整套儿童保护的工作流程，以及适应当代情况的儿童风险评估和筛选工具。此外，还建立和培养了儿童保护的工作队伍。

第三节　小　　结

张家港市的经验具有非常重要的意义。中国儿童保护制度的法律基础正在形成，在实践中，怎样操作才可以建立有效的儿童保护制度，并没有现成的经验。张家港市已经处于高收入的发展阶段，在经费和人力资源上，都可以支持和实现全面的制度设计，并在实践中加以完善。张家港市的儿童保护经验是在中国的经济、社会和制度环境中产生的，可以在中国其他地区复制和推广。

第四编

改革之路：建立以儿童权利为基础的保护制度

第十章

儿童保护最佳实践分析框架

尚晓援

摘要: 本章建立了以儿童权利为基础的受害者支持框架,包括六个基本分析维度和十六个相关变量。在此基础上,对中国儿童保护的早期案例进行了最佳实践的分析,并通过这种方法,辨认选择最适合中国国情的儿童保护的政策实施方法,这对最佳实践的确认、执行儿童保护的政策和形成符合中国国情的儿童保护制度,有重要的现实意义。

关键词: 儿童保护;儿童权利;儿童最大利益;儿童性虐待;性侵害未成年人;最佳实践

最佳实践是一种常用的管理和政策分析工具,被用来比较和辨认在一组政策执行的实践方式中,哪一种方式可以使结果达到最优,并减少出错的可能性。这种分析工具开始被用在企业管理中,后来尽管存在争议,但也被广泛地应用在政策分析领域。

中国正在建立自己的底线的儿童保护制度,各地都出现了一些当地"第一"的儿童保护的实践案例。所谓第一,就是处理这些个案的过程中,法庭缺少前例可循,工作人员也没有处理这些个案的经验。在这种情况下,各地根据新的法律法规的精神,以及各地对儿童保护和国情的理解,创新性地处理各自的案例。在这个过程中,遇到具体的问题时,什么样的做法更好、什么样的做法存在一定问题、根据什么原则来判断等均需要逐渐摸索和探讨，经过一定时间才能逐渐形成适合中国国情和各地区情况的最佳实践方案。

在这种背景下，使用政策分析中常用的最佳实践的分析方法，对中国儿童保护的早期案例进行分析并通过辨认最佳实践选择最适合的实践方法，对执行儿童保护的政策和形成有中国特色的儿童保护制度有非常重要的现实意义。在分析过程中，还可以辨认不适当的实践方式，引以为戒。

第一节　最佳实践的分析方法和使用前提

一、最佳实践的分析方法

本章参考了最佳实践的分析方法。最佳实践指的是在一组可以互相替代的、为了达到某种目的而人为设计的行动方案中，能获得最佳效果的方案。这个方法的特点之一，是从积极的角度而不是消极的角度对个案进行分析。因此，它的分析重点在于怎样做才可以得到最优结果。这在社会政策的研究中非常重要。

在儿童保护领域，这种方法的使用受到限制。因为与企业管理及其他很多公共管理领域的项目不同，儿童保护的最佳结果往往不是单一的，而是取决于每个个案的具体条件和可能性。① 不过，中国儿童保护正处在制度建设的早期阶段，在现有个案的基础上，提炼出可以供下一步实践参考的指导原则、程序和有效的做法最为重要。这种方法的使用，可以说恰逢其时。

二、使用最佳实践分析方法的前提

使用最佳实践的分析方法，至少涉及三个要素。第一，一个比较的过程；第

① Harry Ferguson, "Outline of a Critical Best Practice Perspective on Social Work and Social Care," *The British Journal of Social Work* 33, no.8(2003): 1005－1024.

二，一个行动；第三，在行动和行动目标（结果）之间的联系。① 这三个要素通过个案联系在一起：个案代表了行动，以及在行动和行动目标（结果）之间的联系。多个个案相互比较的过程，就是最佳实践的分析过程。

最佳实践分析的有效性建立在个案的可比性上，这样才能在有关系的个案之间建立联系，开展比较的过程。因此，使用最佳实践的分析方法对儿童保护的个案进行分析，首先是对可比性进行定义，发现可以比较的个案，以进行最佳实践分析。②

在中国儿童保护制度发展的早期，如果进入分析的个案具有背景相似性和性质相似性，就可以互相比较。

第二节　建立儿童保护案件的分析框架和指标

使用最佳实践的分析方法，需要适当的理论框架，并建立把行动目标具体化的各种"变量"，以便对最佳实践做出判断。③ 讨论儿童保护的制度建设的实践，有自己特殊的分析框架。笔者认为，以儿童权利为基础的受害者支持框架，可以作为最基本的分析框架。④

一、分析框架一：儿童权利框架

在最佳实践的分析中使用儿童权利框架，有两个方面的含义。第一，为了建

---

① Stuart Bretschneider, Frederick J. Marc-Aurele and Jiannan Wu, "'Best Practices' Research: A Methodological Guide for the Perplexed," *Journal of Public Administration Research and Theory* 15, no.2(2005): 307 - 323.

② Stuart Bretschneider, Frederick J. Marc-Aurele and Jiannan Wu, "'Best Practices' Research: A Methodological Guide for the Perplexed," *Journal of Public Administration Research and Theory* 15, no.2(2005): 307 - 323.

③ Stuart Bretschneider, Frederick J. Marc-Aurele and Jiannan Wu, "'Best Practices' Research: A Methodological Guide for the Perplexed," *Journal of Public Administration Research and Theory* 15, no.2(2005): 307 - 323.

④ Acta Pemberton, "Victim Movements: from Diversified Needs to Varying Criminal Justice Agendas," *Acta Criminologica: African Journal of Criminology & Victimology* 22, no.3(2009): 1 - 23.

立一个真正有效的儿童保护制度，在政策和实践中，儿童的最大利益原则应该得到充分体现。第二，在儿童权利框架内，可以从儿童受保护并免于伤害、获得经济保障、有参与和发展等方面的权利等多维度进行分析。

二、分析框架二：刑事案件受害者支持框架

在中国，儿童权利的框架早已被学术界接受，其对政策的制定也有相当大的影响。对刑事案件受害者的援助，从 2004 年开始试行，2009 年才有中央一级的政策出台，这是一个尚未获得足够的学术和政策关注的领域。① 不过，这个领域的发展在中国是一个不小的进步，因为其肯定了刑事案件受害者享受国家救助的权利。

彭伯顿（Pemberton）和格伦海森（Groenhuijsen）等分析了自 20 世纪 70 年代以来欧洲的刑事犯罪受害者运动中表达的诉求，建立了一套基于需要的为受害者提供支持的分析框架。根据这项研究，受害者需求可以分为程序需求和后果需求。程序需求包括被尊重、知情、补偿、参与等方面；后果需求首先是认可（在很多性虐待案件中，受害者的状态难以得到认可），这是其他需求的基础，其他需求包括（物质）赔偿、惩凶、创伤心理康复、获得安全保障等。②③ 受害者运动包括基于人权的受害者权利的内容。在受害者运动的推动下，对受害者提供支持的政策逐渐进入欧洲多个国家和美国、澳大利亚等国家的司法体系，保障受害者获得法律保护的权利。欧盟国家在 2001 年出台了第一个法律文件，承认了受害者在知情、参与、法律援助、物质和精神方面受助、受保护、获得赔偿、康复等方面的权利。

---

① 杨树明：《彰显人文关怀 化解社会矛盾——最高人民法院推动刑事被害人救助制度改革综述》，https://www.chinacourt.org/article/detail/2012/06/id/521491.shtml，访问日期：2016 年 7 月30 日。

② Antony Pemberton，Frans-Willem Winkel and Marc S. Groenhuijsen，"Evaluating Victims Experiences in Restorative Justice，" *British Journal of Community Justice* 6，no.2（2008）：98 - 119.

③ Acta Pemberton，"Victim Movements：from Diversified Needs to Varying Criminal Justice Agendas，" *Acta Criminologica: African Journal of Criminology & Victimology* 22，no.3（2009）：1 - 23.

第三节　建立以儿童权利为基础的受害者支持框架

综合儿童权利和受害者权利的原则,我们发展了一套以儿童权利为基础的受害者支持框架。首先,参考了欧盟和澳大利亚的受害者支持框架。[①] 其次,由于这些受害者支持框架针对一般性的受害者,因而对儿童受害者,特别是受到性侵害的儿童受害者来说,一般还应该包括一些特别的基于儿童权利方面的内容。

结合受害者支持框架和儿童最大利益框架,参考中国儿童保护的实践经验,笔者建立了以儿童权利为基础的受害者支持框架,包括六个基本分析维度和十六个相关变量(见表10-1)。第一,儿童安全维度。当儿童虐待报案后,是否对受害儿童的危机状况进行了评估;是否采取了保护措施,避免进一步的伤害。第二,家庭和儿童的隐私保护维度。在司法过程中是否采取了保护家庭和儿童隐私的措施;在司法过程中是否采取了保护报告人隐私的措施;在后期安置过程中,是否采取了保护家庭和儿童隐私的措施;侵犯者是否受到了法律的制裁。第三,儿童参与维度。在整个过程中是否尊重儿童的意愿,是否对儿童表达自己意愿的能力进行过评估;在司法过程中是否接纳儿童证言;在定案和后期支持的过程中,是否考虑和接纳了儿童的意愿。第四,经济支持维度。在司法过程中儿童及其监护人是否得到免费的法律援助,或是否得到适当的经济支持,以支付有关费用;案件判决之后,儿童及其家庭是否得到适当的经济补偿或经济支持。第五,儿童安置维度。在剥夺监护权的问题上,是否根据虐待行为的严重性不同,对仅有轻微的虐待行为的家长优先考虑修复亲子关系;在必须剥夺家长监护权的情况下,是否把儿童安置在安全的家庭环境中(安置的优先顺序为:亲生父母养育、亲属养育、非亲属寄养家庭养育、机构内养育);儿童安置中,是否考虑到

---

① Hidemichi Morosawa, John J. P. Dussich and Gerd Ferdinand Kirchhoff, *Victimology and Human Security: New Horizons* (Nijmegen: Wolf Legal Publishers, 2012), pp. 535-559.

永久性的问题并采取相应的措施（如需要解决户口问题），如果是，是否得到了解决。第六，儿童发展维度。是否帮助受虐待儿童解决了教育问题，如入学（或转学）的问题；是否对儿童提供心理康复服务，如解决受虐待后产生不安全感、羞耻感和长期焦虑等心理创伤问题。[①]

表 10－1　儿童保护最佳实践的分析框架和变量

维度和变量	得分			
个案和编号				
（一）儿童安全维度				
1. 儿童的危机状况正式评估				
2. 保护儿童免受进一步伤害				
（二）家庭和儿童的隐私保护维度				
3. 保护家庭和儿童隐私				
4. 保护报告人隐私				
5. 在后期安置的过程中，保护家庭和儿童隐私				
6. 惩戒和认可：侵犯者受到应得的法律制裁				
（三）儿童参与维度				
7. 对儿童参与能力的评估				
8. 接纳儿童证言				
9. 对后期安排，考虑和接纳儿童的意愿				
（四）经济支持维度				
10. 司法过程中的经济支持				
11. 案件判决后的经济支持				

① Acta Pemberton, "Victim Movements: from Diversified Needs to Varying Criminal Justice Agendas," *Acta Criminologica: African Journal of Criminology & Victimology* 22, no.3(2009): 1－23.

续　表

维度和变量	得分			
(五)儿童安置维度				
12. 根据虐待行为的严重性,做安排决定				
13. 家庭优先的儿童安置				
14. 户口转移				
(六)儿童发展维度				
15. 入学(或转学)安排				
16. 创伤心理康复				
总分				
基础分				

第四节　最佳实践的分析方法

使用上述框架和变量,对个案进行分析。理论上,能够在最多的方面满足儿童受害者最大利益的个案,整体上就是最佳实践。另外,有些做法,能够比较好地在某一个维度上,保障儿童的最大利益,也可以被确认为比较好的政策实践,应该被推荐。但是,怎样定义比较的过程,还是有问题的。一般的最佳个案研究可以使用两种比较和判断方法,一种是根据经验进行人为判断,另一种是进行统计摸索分析。使用第一种方法需要设计适当的框架。[①]

在尝试对最佳实践进行分析时,我们使用根据经验人为判断的方法进行简单的评分。评分分三步进行。第一,计算基础分(应该列入的指标)。如果某项

---

① Stuart Bretschneider, Frederick J. Marc-Aurele and Jiannan Wu, "'Best Practices' Research: A Methodological Guide for the Perplexed," *Journal of Public Administration Research and Theory* 15, no.2(2005): 307 - 323.

措施在该案中需要，为1分；不需要，为0分。这样得到的总分为基础分。第二，计算总得分。凡是在实践中某项措施收到了对受害儿童有利的效果，就得1分；没有采取儿童利益优先的措施，则得0分。第三，计算总得分占基础分的百分比，以此比较各地的实践。

在中国刚刚起步的儿童保护实践中，单一的个案不可能成为全部最佳实践的代表。在每个个案的处理过程中都可能存在好的实践方法，值得学习。同时，利用这个最佳实践的分析框架，还可以辨认一些不利于儿童发展的不佳的实践，今后的实践可以从中吸取教训，在案例操作中规避该类实践。当然，这个评估框架还需要根据中国儿童保护的实践进一步发展和完善。

第十一章

保护遭受性侵害的精神残疾女童

田　甜　尚晓援　魏艳丽

摘要：本章使用个案研究的方法，从儿童权利的角度对一起监护人强奸智障幼女并导致其怀孕的案件的司法和儿童保护处理程序进行了分析，主要目的是试图判断中国新建的儿童保护制度是否可以有效地保护智障幼女。本个案分析的主要发现是，在开展调查的地区，儿童保护的制度正在建设中，检察院、法院和民政部门等政府部门建立制度化的“多部门制约”机制，以保证儿童最大利益原则和儿童权利在案件处理的各个阶段得到重视和考虑，以及受到性侵害的儿童及其家庭得到有效保护和安置。

关键词：儿童保护；儿童权利；儿童性虐待；精神残疾儿童；性侵害未成年人

第一节　导　　言

有研究表明，智障女性和智障儿童受到性侵害的可能性更高。[①] 目前对儿童期性虐待的研究多使用回顾研究法，很少包括智障人士。受到儿童期性虐待

---

① 游春亮、汪林丰：《智障女如何不再成“羔羊”》，http://www.dyzxw.org/html/article/201403/12/165517.shtml，访问日期：2023 年 11 月 22 日。

的智障女童，自我保护能力比其他儿童更差，案件曝光的可能性更小，在 DNA 检测技术被广泛引入断案实践之前，多是因为怀孕而身体变化才被发现。因此，对受到性虐待的智障女童提供特殊的保护和支持，具有更加重要的意义。

S 市人民检察院公诉一处检察官余宏文分析了 2013 年发生在 S 市的性侵害智障女性的案件。据他统计，S 市检察机关 2013 年受理审查起诉性侵害智障女性案件 18 起 21 人，其中猥亵妇女案 2 起 2 人、强奸案 16 起 19 人。“与一般性侵案相比，性侵智障女性案件更让人痛心。智障女性的认知能力比常人要弱，甚至不懂得如何去表述、控告，造成了她们被性侵后寻求法律救助的概率比常人要低。从案发后的情况看，几乎没有智障女性是自己报案的，有些智障女性更是被多次性侵。”在披露的 16 起智障女性被强奸案中，“有 8 起案件的被害人是被多次强奸，其中有 3 起是被害人被多次强奸致孕后，家属才发现并报案”。[①] 智障女童受到性侵害的情况也相似。在 DNA 检测技术被广泛用于强奸犯罪的侦查之前，性侵害智障女童案件被发现的只是少数，而且大多是在受害女童怀孕后才被发现，多数性侵害智障女童案件可能就隐没无闻了。

本章使用个案研究的方法，从儿童权利的角度对一起监护人强奸智障幼女并导致其怀孕的案件的处理程序进行了分析。个案调查由受过专业训练的社会工作专业硕士研究生和未成年人保护律师共同进行。本章资料除特殊注明之外，均由实地调查得到。

一、个案简介

小花，女，2002 年 10 月出生。父亲卢某系 S 省 L 市 N 区某村村民，母亲饶某患有重度精神疾病。卢某与饶某生育了三个女儿，其中大女儿和小女儿小花为精神发育迟滞的智障未成年人，二女儿小红智力正常。

2015 年 2 月 18 日，小花的表哥到公安机关报案，称小花在医院检查后发现已怀孕三个月。因为小花当时尚不满十四周岁，且精神发育迟滞，疑似被强奸。

① 游春亮、汪林丰：《智障女如何不再成“羔羊”》，http://www.dyzxw.org/html/article/201403/12/165517.shtml，访问日期：2023 年 11 月 22 日。

经过初查,公安机关认为有犯罪事实发生,当日决定立案侦查,并发现小花的父亲具有重大嫌疑。后经鉴定其确为小花引产胎儿的父亲。8 月 12 日,公安机关侦查终结后依法将本案移送人民检察院审查起诉。同年 12 月 14 日,N 区人民法院以强奸罪判处卢某有期徒刑五年六个月。2016 年 4 月,法院判决撤销卢某对小花的监护人资格,指定 L 市 N 区民政局担任小花的监护人。

二、针对智障幼女性侵害问题的法律

监护人对被自己监护的、患有精神障碍的幼女实施性侵害,就行为人来说,利用了被害人三个方面的弱点:一是被监护人的从属地位;二是年龄幼小,不具备性自主权;三是智能低下,主动揭露或报案的可能性非常低,此案因受害女童怀孕才被揭露。因为多重弱势,法律对小花这类智障幼女有特殊的保护。

(一)刑事处罚方面

《中华人民共和国刑法》第二百三十六条规定了对强奸罪的刑事处罚内容:“以暴力、胁迫或者其他手段强奸妇女的,处三年以上十年以下有期徒刑。奸淫不满十四周岁的幼女的,以强奸论,从重处罚。”

《关于依法惩治性侵害未成年人犯罪的意见》第二十一条规定:“对幼女负有特殊职责的人员与幼女发生性关系的,以强奸罪论处。”在量刑方面,该文件第二十五条规定,“针对未成年人实施强奸、猥亵犯罪的,应当从重处罚”,具有七种情形之一的,“更要依法从严惩处”。其中第一、四、六种涉及本案的情形,分别是“与未成年人有共同家庭生活关系的人员”,“对不满十二周岁的儿童、农村留守儿童、严重残疾或者精神智力发育迟滞的未成年人,实施强奸、猥亵犯罪的”,“造成未成年被害人轻伤、怀孕、感染性病等后果的”。

法律对智障女童的保护,主要体现在对侵犯者应当从重处罚的条款上,即上述关于强奸精神智力发育迟滞的未成年人要从严惩处的条款。小花的案件属于强奸幼女并需要从严惩处的案件。

(二)民事处罚方面

根据《关于依法处理监护人侵害未成年人权益行为若干问题的意见》《中华

人民共和国反家庭暴力法》《中华人民共和国民法总则》等法律和政策规定，监护人有性侵害、出卖、遗弃、虐待、暴力伤害未成年人等严重侵害未成年人合法权益行为的，人民法院可以申请撤销监护人的监护资格。

第二节　启动儿童保护案件的处理程序

对受侵害智障幼女的保护，从报案后公安部门启动儿童保护处理程序开始。

一、刑事保护程序

（一）立案与调查

公安部门接到报案后，因为小花为智障幼女，疑似被强奸，当日决定立案侦查。在侦查阶段，公安机关到医院对被害人及其家属进行询问。第一次询问中，小花受到亲属诱导，指认其二伯对其实施侵害，但二伯对此坚决否认。因为没有更多的证据，公安机关依法对犯罪嫌疑人二伯采取了监视居住的强制措施。

2015年3月8日，小花在医院进行了引产手术，经对引产胎儿组织的DNA鉴定，排除了二伯的嫌疑，认定父亲卢某为胎儿生物学父亲的相对机会高达99.99%。其后，经依法传唤、讯问，卢某供述了其于2014年在家中对小花实施性侵害的犯罪事实。公安机关依法刑事拘留了卢某，并经人民检察院批准执行逮捕。

（二）起诉与判决

因犯罪嫌疑人卢某在明知小花未满十四周岁且智力低下的情况下，与其发生性关系，其行为已触犯《中华人民共和国刑法》第二百三十六条的规定，2015年8月12日，N区公安局以涉嫌强奸罪为由，将案件移送人民检察院审查起诉。同年12月14日，N区人民法院做出判决，以强奸罪判处卢某有期徒刑五年六个月。

二、撤销监护人资格案件

在针对卢某的刑事案件审查起诉和审判过程中，检察院和法院均对小花的安置非常关注，依法向民政部门发出司法建议，建议民政部门依法提起诉讼，撤销卢某对小花的监护人资格。

接到检察建议后，民政部门委托了律师，准备本案的诉讼工作。经调查，小花的母亲没有能力对小花实施监护，小花有一个姑姑，姑姑愿意照顾她。为了给小花提供家庭内的养育方式，民政部门在提起撤销监护人资格诉讼的同时，申请指定小花的姑姑担任小花的监护人。

2016 年 3 月，民政部门正式向法院提起诉讼。开庭前，法院进行了大量的调查走访与沟通工作，认为在可能的监护安排中存在四种情况。第一，小花的母亲是精神病患者，正在住院治疗，无法履行监护职责。小花的大姐也有精神疾病，二姐未成年，还在上学。第二，在其他关系密切的亲属中，只有小花的姑姑愿意承担监护职责。但姑姑和姑父年龄较大，其儿子属于成年未婚男性，小花进入这个家庭有一定的风险。第三，当地村委会因为缺乏资金和社会资源，也难以承担监护义务。第四，考虑到家庭成员、亲戚和基层组织均无法或不宜履行监护职责，法院与民政局进行了沟通，建议由民政部门来承担监护的兜底责任。

2016 年 4 月 12 日，N 区人民法院做出判决：“自 2016 年 4 月 8 日起，撤销被申请人卢某对小花的监护人资格，指定 L 市 N 区民政局担任小花的监护人。”

第三节　司法程序的儿童权利分析

中国刚刚出现新的儿童保护司法实践，缺少可以沿袭的案例。因此，在案件的办理过程中，地方司法机构从本案的实际情况出发，探索怎样从儿童最大利益的角度对案件做出最好的安排。

从本案的司法程序来看，检察、法院和民政等政府部门建立制度化的“多部门制约”机制来保障儿童利益是一大特色。

一、多部门制约，确保儿童利益优先

（一）检察院：从儿童利益出发，提出检察建议

根据2009年《人民检察院检察建议工作规定（试行）》，检察建议是中国的人民检察院"为促进法律正确实施、促进社会和谐稳定，在履行法律监督职能过程中，结合执法办案，建议有关单位完善制度，加强内部制约、监督，正确实施法律法规，完善社会管理、服务，预防和减少违法犯罪的一种重要方式"。

民政部门是《中华人民共和国民法总则》规定的应当对未成年人承担监护职责的单位之一，当未成年人权益受到侵害时，对于其他单位和人员没有提出撤销监护人资格申请的案件，民政部门及其设立的未成年人救助保护机构应当提出。对于民政部门没有履行其职责的行为，检察院应当进行监督，书面提出检察建议。在本案的处理过程中，N区人民检察院认为小花的生父对其实施性侵害，属于严重侵害未成年人合法权益的行为，根据法律的规定可以撤销其监护人资格。因为小花的其他亲属没有提起撤销监护人资格的诉讼，检察院根据《关于依法处理监护人侵害未成年人权益行为若干问题的意见》第三十条第二款的规定，书面建议当地民政部门书面向人民法院申请撤销监护人资格。这是积极履职的行为，且当地检察院通过办理本案形成了新的监护人侵害案件的办理机制，出台了初步的实施细则，并将其上报给了上级检察院，以期形成制度化的解决方式。

（二）法院提出司法建议①

除了检察院发出检察建议之外，当法院在工作中发现民政部门未及时履行职责时，也可提起剥夺监护权诉讼，即发出司法建议，建议民政部门提起诉讼。

根据《关于依法处理监护人侵害未成年人权益行为若干问题的意见》的规定，判决撤销监护人资格，未成年人有其他监护人的，应当由其他监护人承担监

---

① 司法建议是人民法院工作的一个组成部分，也是人民法院发挥审判职能作用的重要方式。最高人民法院《关于加强司法建议工作的意见》（2012年）第五条规定："审判执行工作中发现有关单位普遍存在的工作疏漏、制度缺失和隐患风险等问题，人民法院应当及时提出司法建议。"

护职责。没有其他监护人的，人民法院根据最有利于未成年人的原则，在《中华人民共和国民法通则》第十六条规定的人员和单位中指定监护人。指定个人担任监护人的，应当综合考虑其意愿、品行、身体状况、经济条件、与未成年人的生活情感联系等，也要考虑有表达能力的未成年人的意愿。没有合适人员和其他单位担任监护人的，人民法院应当指定民政部门担任监护人，未成年人由其所属的儿童福利机构收留抚养。

在本案的处理过程中，法院在判决前对小花的监护状况进行了详细的评估。民政局在起诉状中主张由小花的姑姑对小花进行照顾，这样可以使小花继续生活在家庭环境中。但法院在对小花姑姑家庭的监护状况进行详细评估后，发现其并不适合担任小花的监护人。虽然对儿童应当优先进行家庭安置，但当家庭不适宜进行抚养时，法院权衡利弊，从儿童最大利益的角度出发，最终判决由民政部门来担任小花的监护人。

二、调查和司法程序中的儿童权利问题分析

（一）重复询问

重复询问即案件调查过程中的重复询问问题。在中国的儿童保护制度建设过程中，法律法规和各地实践都关注到重复询问和二次伤害的问题。在本案的调查过程中，这个问题也存在。

《关于依法处理监护人侵害未成年人权益行为若干问题的意见》《关于依法惩治性侵害未成年人犯罪的意见》等政策出台之前，在办理未成年人遭受性侵害案件过程中，重复询问一直是一个容易被办案人员忽略的问题。在性侵害案件的办理过程中，侦查、批捕、公诉和审判阶段的相互独立性使被害人经常会被多个办案机关询问案情。被害人在反复、重复询问中不断回忆被害过程和细节，会加剧心理创伤，造成二次伤害。因此，《关于依法惩治性侵害未成年人犯罪的意见》在第十三、十四条规定，对未成年被害人进行取证、询问时应尽量采取不影响被害人名誉和隐私的方式，对与性侵害犯罪有关的事实应当进行全面询问，以一次询问为原则，尽可能避免反复询问。

在本案处理过程中，检察机关提出，在取证询问时进行同步录音录像还存在困难，有时因设备的不完善会导致录像缺失的现象。检察机关建议进行“一站式询问”，保护未成年人免遭办案过程的二次伤害。

（二）社会工作专业人员缺失

在本案中，政府各个部门从儿童利益出发，履行职责。但是，整个过程中社会工作专业人员参与很少。如法院否定了亲属寄养的可能，建议将儿童安置到福利院，这样的安置对儿童发展是否合理，需要专业人员判断。

（三）量刑偏轻

惩罚犯罪者，是保护受害者的重要一步。笔者认为，在本案中，根据案件性质和有关法律，量刑偏轻。

2013 年 10 月发布的《关于依法惩治性侵害未成年人犯罪的意见》从实体和程序两个方面加大了对遭受性侵害案件的未成年人的保护。例如，规定对以金钱财物等方式引诱幼女与自己发生性关系的，以及对已满十四周岁的未成年女性利用监护与保护等优势地位或者特殊职责迫使被害人就范而发生性关系的，均按强奸罪论处等。

根据《中华人民共和国刑法》第二百三十六条的规定，一般强奸罪的量刑为三年以上十年以下有期徒刑，奸淫不满十四周岁幼女的，以强奸论，从重处罚。该条还规定，情节恶劣、造成严重后果的，如强奸多人、公共场所当众强奸、二人以上轮奸等情形，处十年以上有期徒刑、无期徒刑或者死刑。《关于依法惩治性侵害未成年人犯罪的意见》第二十五条也规定了七种应该从严惩处的情形①，本案中，实施侵害的小花父亲卢某同时符合其中的第一、四、六种情形——他导致精神发育迟滞、年仅十二岁的小花怀孕。

---

① 针对未成年人实施强奸、猥亵犯罪的，应当从重处罚，具有下列情形之一的，更要依法从严惩处：（1）对未成年人负有特殊职责的人员、与未成年人有共同家庭生活关系的人员、国家工作人员或者冒充国家工作人员，实施强奸、猥亵犯罪的；（2）进入未成年人住所、学生集体宿舍实施强奸、猥亵犯罪的；（3）采取暴力、胁迫、麻醉等强制手段实施奸淫幼女、猥亵儿童犯罪的；（4）对不满十二周岁的儿童、农村留守儿童、严重残疾或者精神智力发育迟滞的未成年人，实施强奸、猥亵犯罪的；（5）猥亵多名未成年人，或者多次实施强奸、猥亵犯罪的；（6）造成未成年被害人轻伤、怀孕、感染性病等后果的；（7）有强奸、猥亵犯罪前科劣迹的。

根据最高人民法院《关于常见犯罪的量刑指导意见》(2014 年)的规定,强奸妇女一人的,可以在三年至五年有期徒刑幅度内确定量刑起点;奸淫幼女一人的,可以在四年至七年有期徒刑幅度内确定量刑起点。[①] 各省市(如北京市、江苏省等)高级人民法院《关于常见犯罪的量刑指导意见》,一般均规定强奸未成年被害人,并有《关于依法惩治性侵害未成年人犯罪的意见》规定的"更要依法从严惩处"的情节之一的,可增加基准刑的 30%以下,同时具有两种以上情形的,累计不得超过基准刑的 100%。在本案中,法院对卢某判处了五年六个月有期徒刑,是在法律规定的量刑范围内的最低刑期,属于比较轻的刑罚。和本书第七章讨论的 J 省 X 市 T 区父亲对女儿性侵害(且没有被害儿童智力障碍或怀孕等需要从严惩处的情节)被判十一年刑期相比,显然未体现出对残疾幼女的特殊保护。

综上所述,本案中,多部门制约有利于发现儿童保护中的工作疏漏,加强对儿童的保护。但是,专业社会工作者的缺位不利于做出最有利于儿童发展的安排。

第四节　对受害儿童及其家庭的后期安置和支持

一、对小花的庭后安置

法院判决后,为了对小花进行长期稳定的安置,征求小花亲属的意见后,民政部门决定委托 J 省 X 市儿童福利院托养。

经 X 市民政局批准,N 区民政部门将小花送到 J 省 X 市儿童福利院托养,并按照孤儿集中供养的标准(每月 1 246 元)支付小花的生活费。但没多久,小花

① 2017 年,最高人民法院发布的修订后的《关于常见犯罪的量刑指导意见》将强奸妇女一人的量刑起点修改为在三年至六年有期徒刑幅度内确定,对奸淫幼女未做修改。

的托养协议就被终止了。因为J省X市儿童福利院内供养的孩子一般年龄较小，而小花患有严重的癫痫病且智力发育迟缓，影响了福利院的正常秩序。自2016年11月24日起，为了方便对小花进行生活照料和治疗，民政局将小花托养在无忧阁养老院内。该养老院系医养结合的民办养老机构，内设精神专科门诊，既能照顾小花的生活，也能为她提供一些基本医疗服务。直到笔者团队进行调查时，小花一直在该机构内生活，办理过本案的司法工作人员、心理咨询师和志愿者等经常对其予以探望。

二、对受害家庭的后期支持

在本案中，虽然直接受害者是小花，但无论是对施暴人进行刑事处罚还是剥夺其监护人资格，受害的其实是整个家庭。案件处理后，家庭失去唯一的经济来源，仅剩一名精神残疾成年人、两名智障未成年人和唯一的精神发育正常的未成年人小红。小红在这个过程中承受了很大的心理压力。因此，本案在受害者的支持方面，除了对家庭提供经济资助，还主要针对小花的姐姐小红提供心理疏导。

（一）经济支持

本案后期的经济支持主要来自政府部门。检察院支付了10000元给小花及其家庭。[①] 据了解，人民检察院针对受害者的司法救助资金多数分配给了未成年受害者。如本案中，当地检察院每年可以自行支配的资金只有30000元，小花一案就支出了三分之一。

民政部门为小花母女办理了五保供养手续，将小花列入了精准扶贫的对象，对其实施了临时救助，同时协调残联、妇联进行对口帮扶。除此之外，民政局还动员职工为小花捐赠了衣物等生活用品。

（二）教育支持

教育局为小红提供了所有可以给予贫困生的待遇，不仅免除了学费，还为其

① 《人民检察院国家司法救助工作细则（试行）》（2016年）规定，人民检察院对“刑事案件被害人受到犯罪侵害致重伤或者严重残疾，因加害人死亡或者没有赔偿能力，无法通过诉讼获得赔偿，造成生活困难的”提供司法救助。

发放了1 000元救助金。同时，小红马上高三毕业，如果有就业需求，教育部门也会予以协调帮助。

（三）心理康复

本案的心理支持主要针对小红。小红本身非常内向，案发后，各部门联动，一起联系了西南医科大学的专家对其进行辅导。心理治疗的费用主要由民间慈善组织天祥关爱服务中心支付，每次800元。

第五节　本案引发的处理监护人性侵案件的思考与建议

一、主要发现

本章个案分析的主要发现是：在调查地区，儿童保护的制度正在建设中，检察院、法院和民政部门等政府部门建立制度化的“多部门制约”机制，保证了儿童最大利益原则在案件处理的各个阶段得到考虑和重视、受到性侵害的儿童得到保护和安置。不过，本案受害者智障儿童的特点并未使其得到特殊对待。

二、重视儿童性侵害的预防工作，特别关注智障未成年人

性侵害尤其是未成年人遭受性侵害案件，长期以来都面临着隐秘性极高、难以被发现的问题，特别是智障未成年人受性侵害的问题更为严重。为了避免此类案件发生，以及在发生后能够及时有效地得到处理，针对未成年人及其亲属的防性侵教育至关重要。只有未成年人能够准确地预防和识别性侵害行为，保存证据并及时向家长、公安机关或其他组织求助，才能及时得到发现与处理。

在本案的调研工作中，很多被访谈的人员均提到了当地留守儿童面临着性侵害的危险。基于此，当地多部门均开展了性侵害的预防教育。如检察院成立了“纳爱基地”，专门联合社会组织开发了性侵害预防手册，分为家长版和学生

版，由区教育局挑选老师，结合个案形成课件，然后进行反复试讲，最终形成了三堂示范课，并录制下来制作成光盘。检察院还在材料和课程的结尾部分留下了未成年人检察科干警的电话。当地妇联也联系志愿者协会，通过政府购买服务的方式鼓励偏远县区开展活动。其中就有针对农村女孩的“守护天使花蕾行动”，邀请志愿者对小学高年级的儿童进行防性侵教育，邀请法官、律师等对基层村、社区的妇联干部进行女童保护方面的法律培训工作，提高基层保护女童的意识和水平。在这些活动中，尚未包括预防智障儿童性侵害的内容。

笔者建议进一步加大对性侵害预防与处理工作的投入，通过多部门协作的方式，整合现有资源，形成工作合力，建设系统化、专业化的防性侵教育体系，为当地留守儿童提供专业化的教育，并开发、增加家人预防智障儿童受到性侵害的内容。

三、加快推进未成年人办案机构专业化

与未成年人保护有关的司法机构涉及公安机关、人民检察院、人民法院和司法行政部门(《中华人民共和国未成年人保护法》)，这些部门应依法履行职责，在司法活动中保护未成年人的合法权益。此案发生时，中国的法检系统均成立了专业化的未成年人办案机构或人员队伍，但在公安部门及其他政府部门，未成年人案件处理的专业化有待加强。

在法院系统，本次调研的 N 区没有成立少年法庭，直接设立了家事审判庭对未成年人案件进行审理。该家事审判庭在处理家庭暴力案件方面发挥了极大的推动作用。据介绍，该审判庭配备了专业的反家庭暴力法官，同时设立了反家庭暴力临时庇护所，可以对受害者提供临时救助服务。自《中华人民共和国反家庭暴力法》施行以来，该法庭已经出具了近 30 份人身安全保护令，并进行大力宣传，也建立了覆盖全区的家事调解网络。

在检察系统，本次调研的 N 区人民检察院于 2014 年启动“纳爱”全覆盖体系建设，在全区同步开展了性侵害预防、禁毒宣传、艾滋病预防、校园暴力欺凌预防等主题活动。

但是,公安机关没有把家庭暴力、监护人侵害等违法犯罪行为与一般的纠纷区别开来。因此,在未成年人遭受性侵害案件的办理过程中,保护被害人的隐私、避免重复问询等方面仍然存在问题,难以达到完全同步录音录像、“一站式询问”的要求。

本案的处理可以反映出办理未成年人案件专门机构和人员的重要性。建议全国继续推进少年警务、少年检察以及少年法庭(少年家事法庭)的专业化发展,为办理未成年人案件尤其是监护侵害案件中的性侵受害儿童提供专业服务。

四、进一步开展多部门合作

在未成年人遭受性侵害案件的预防与处理中,有大量具体而专业的工作需要开展,如风险筛查、庇护安置、调查评估、医疗救助、心理支持、法律援助和情绪辅导等。这些服务不仅应是专业性、综合性的,还应尽可能满足每一个未成年被害人的需求。在本案处理过程中,跨部门合作的机制发挥了非常重要的作用,除司法机关外,民政、教育、妇联、团委、关工委等部门均参与其中,形成了较好的部门联动机制,这些部门召开了几次联席会议。据了解,当地倡导各部门形成合力,资源共享,多个部门都可以充分发挥作用。例如:法院和妇联建立了转介机制,对于需要长期关注的孩子,在司法程序结束后可以由妇联进行长期的跟踪和帮扶;团委与检察院合作,定期开展侧重校园暴力等方面的教育活动,建立心理辅导志愿者队伍;法院引入关工委作为第三方来监管未成年人的财产;妇联与律师开展合作,建立维权点,帮助遭受暴力侵害的妇女儿童维护自身权益等。

因此,我们建议完善有关立法和工作机制,支持、鼓励专业社会组织的成立,培养大量的专业人员,构建覆盖全国的性侵害未成年被害人的多专业服务机制。建议和未成年人保护工作有关的政府部门、司法机关通力合作,将跨部门、多专业合作作为一项重要措施来推行,并重视与专业社会组织、公益机构、志愿团队等社会力量的合作,充分利用各方资源为未成年被害人提供一体化综合性的服务,为未成年被害人和相关人群提供所需的专业服务,协助未成年人及其家庭尽可能减少所受伤害的影响,尽快从伤害中康复,消除或尽量减少性侵害案件对未成年人造成的长期的负面影响。

五、进一步加大对性侵受害儿童的法律救济与保护

如前所述，现有的立法与实践对性侵案件受害儿童的保护仍然不足。建议从以下三个方面予以完善。

第一，建立“报案即立案”的制度。对于拐卖案件，公安部门已经实行“报案即立案”的制度，从而能够更加及时有效地对儿童实施寻找和救助，但在性侵害案件中，仍然需要有能够证明有犯罪事实发生的基本证据材料才能立案。现有的立案标准对于性侵害未成年人案件并不适合，尤其是那些监护人、熟人等实施性侵害的案件，被害人往往没有能力获取足够的证据证明案件事实的发生，从而导致很多案件无法进入司法程序。

第二，对被害人的法律援助、社会工作服务和心理咨询服务的介入提前至侦查阶段。当前，对性侵害案件被害人的援助并不是政府法律援助的绝对受理范围，其法律援助需要申请，因此一些难以及时取得经济困难证明的受害儿童被排除在法律援助对象之外。目前由于少年警务的相对缺失，律师、社会工作者、心理专家的介入一般要推迟到审查起诉阶段。实践中，在侦查阶段，对性侵害案件被害人的权益保护非常重要。例如，儿童在律师的指导下对证据进行保存；在询问过程中引入社会工作者、心理咨询师等合适成年人来安抚儿童的情绪，帮助其顺利完成诉讼程序，尽量避免受到二次伤害等。

第三，对被害儿童心理治疗和损失的证据材料降低审查标准，引入性侵害未成年人心理专家证人制度；成立司法救助专项基金，对生活困难、赔偿得不到执行或有医疗、心理治疗等需求的性侵案件受害儿童给予专门救助。

六、引入专业社会组织对受害儿童提供服务

专业社会组织可以服务于民政部门的救助保护机构，解除其缺少专业人员服务的顾虑。同时，专业社会组织还可以培养更多的具有专业知识的志愿者，提供全面服务。

第十二章

大众传播和儿童保护——剥夺父母监护权案件中的传播策略分析

尚晓援　陈　婕

摘要：本章分析第一起剥夺父母监护权案件中出现的传播策略和实践，特别关注这些传播行为中体现的深层理念，如对儿童权利的认知、对传统文化的影响、治理行为的规则和潜规则。本章还关注传播对案件处理过程的影响，以及这些影响怎样通过案件结果作用到涉事家庭和儿童。本章所述研究的主要发现是，在涉及儿童保护案件时，政府的传播策略基于儿童利益优先的原则，尊重儿童权利，重点考虑保护儿童及其家庭的隐私，同时也包含了对政府行为的新的规范和管束。

关键词：儿童保护；传播；儿童权利；儿童虐待

本章论述的主要目的是从儿童最大利益的角度，分析儿童保护制度建设和案件审理中规范传播行为的做法，以期提出关于在未来的儿童保护案件审理中怎样规范传播行为和制定策略的建议。《关于依法处理监护人侵害未成年人权益行为若干问题的意见》是中华人民共和国成立后第一个关于剥夺父母监护权的政府规定。本章对该文件施行后第一起剥夺父母监护权的案件中出现的传播策略和实践进行了深入分析，特别关注这些传播行为中体现的深层理念，如对儿童权利的认知、对传统文化的影响、治理行为的规则和潜规则。本章还关注传播对案件处理过程的影响，以及这些影响怎样通过案件结果作用到涉事家庭和儿童。本章所述研究的主要发现是，在涉及儿童保护案件时，政府的传播策略和实践基于儿童利益优先的原则，尊重儿童权利，重点考虑保护儿童及其家庭的隐私，同时也包含了对政府行为的新的规范和管束。

本章所述研究是由北京师范大学、北京青少年法律援助与研究中心联合调查组进行的，调查组在J省X市开展了实地调查。本章使用的资料，均来自实地调查。

第一节　儿童保护案件中传播政策的重要性

媒体传播在儿童保护案件中具有非常重要的作用，主要表现在三个方面。第一，在引起民众对儿童虐待案件的关注方面，媒体的作用非常显著。利用得当，则可以推动政策变革。第二，媒体的关注可以监督政府部门在儿童保护案件中的操作，使其保持透明公正。第三，中国处在建立新的儿童保护制度的早期阶段，媒体的报道在普及法律知识、宣传预防儿童期性侵害知识等方面，也起到了重要作用。

当恶性儿童期性虐待案件发生时，媒体的报道又是一柄双刃剑。虽然媒体的传播可以推动问题的解决，但对受害儿童及其家属、执法机关来说，也有巨大的风险。如果暴露受害儿童隐私，造成受害儿童的二次伤害，法庭判决结果就可能受到非法律力量的巨大影响等。

因此，为了充分发挥大众传播在推动儿童保护事业的进展方面的积极作用，把涉及儿童的风险降到最低，在儿童保护案件处理过程中，采用适当的传播策略对传播进程进行管理非常重要。

第二节　中国首个儿童保护案件中的传播策略分析

本章对本书第七章中讨论过的中国剥夺父母监护权第一案中的传播策略和传播效果进行了单独研究。研究发现,在案件的整个审理过程中,传播策略是有机的一环。案件之初就建立了核心原则——儿童利益优先,采取了核心措施——控制信息源,并从中国国情出发,采取了严密有效的措施,确保传播过程中受害儿童的隐私没有外泄。由于有了适当的传播策略,因而在整个案件的处理过程中,儿童得到了有效的保护,执法部门没有受到外界压力的干扰。在案件结束之后,该案的经验经过适当的传播,对推动中国儿童保护制度建设起到了积极的作用。在这个案件中,传播策略成功地配合了案件的审理和审理后对儿童的安排。

一、建立核心原则:儿童利益优先

本案是中国儿童保护制度发展中非常重要的一个案件,即剥夺父母监护权的第一案。这个案件建立了儿童保护新的司法实践。这个案件经验的传播,可以大大推动中国儿童保护的制度发展。但是,案件内容的传播对当事儿童及其抚养人可能有巨大的风险,因此本案的传播有两个潜在的、互相冲突的目标。一是通过本案的内容和经验的传播,把虐待儿童违法、剥夺虐童父母监护权的新理念传播开来,推动儿童保护的制度建设。二是在案件处理的过程中,把传播可能给受害者带来的风险降到最低。怎样既能实现这两个互相冲突的目标,是成功的传播策略中最重要的一环。

实地调查发现,负责本案的执法人员和政府工作人员在本案一开始,就有明确的儿童利益优先的意识,没有因为公共利益的需要,在传播中忽视儿童的利益。本案传播政策遵循的基本原则、所有的操作安排都从儿童利益优先这一点出发。正确的核心原则的建立,是传播成功达到目的的重要保障。

二、建立核心政策：控制信息源

在本案进行过程中，传播策略中最核心有效的政策是有效控制信息源。在大众传播和自媒体时代，信息传播的渠道非常分散，很难控制。但是，控制被传播的信息源是可以实现的。因此，本案在儿童保护程序启动，进入民事诉讼后，政府有关部门做出了控制信息源的决定，主要内容为：在审判前，政府各部门及其工作人员，若未取得上级部门批准，不得接受任何外界的采访，不得透露任何有关受害儿童的姓名、住址、学校等隐私信息及其他涉案当事人的个人信息。

本案中，政府部门可以实现信息源的控制，原因之一在于，在案件的早期，信息没有大量扩散，案件的当事人也配合政府部门，没有主动扩散信息。

三、采取有效措施，确保儿童隐私在案件处理过程中不被泄露

在确定了传播策略的目的、原则和主要做法后，在实际操作中，采取什么样的具体措施就是最重要的。涉及受到性侵害的儿童，操作过程中的具体措施如果有失误，对当事的儿童就会造成无可挽回的伤害。调查中发现，根据法律法规，出于儿童利益最大化的考虑，民政部门的传播策略以保护当事人的隐私为核心。所有的操作安排，核心是受害者及其家庭的隐私保护。围绕这个中心，执法部门和民政部门采取了一系列措施，确保受害儿童的隐私不被泄露。

（一）彻底贯彻匿名原则

在决定将案件事实公开时，为了保护涉案儿童，检察院、民政局、法院等机关对外统一使用化名来代替儿童的真实姓名，避免媒体在报道案件的过程中不慎泄露其真实信息。

除了涉案儿童匿名，为了确保儿童隐私不外泄，有关部门还采取了案件其他当事人也匿名的做法。但是百密难免一疏，这个措施在执行中出现了一个疏忽：案件报告人张女士在一次庭审中出现，被媒体曝光，这对其造成了一定的精神

压力。

（二）设立第二庭审现场

在案件审查、庭审和儿童安置的过程中，部分案件信息需要涉案儿童出庭陈述，以便查清案件事实，同时，在另行指定监护人方面，需要充分听取未成年人的意愿。为了保护未成年人的隐私，法庭采用了远程视频、背对镜头的方式让涉案儿童出庭，达到了隐私保护与意愿充分表达的平衡。

但是，由于没有对报告人进行类似的安排，因而出现了报告人名字被媒体曝光的问题。

（三）阴阳文书

案件判决后，法院在向当事人送达法律文书时不可避免地会提到涉案儿童的姓名等个人信息，而在这个过程中，可能会有多人接触到文书。为了严格保护儿童隐私，法院制作了两份判决书，即“阴阳文书”，并进行关联编号。一份判决书使用儿童真实姓名，保证其法律效力；另一份使用化名“小玲”，用于对外发布本案的相关信息。这些措施彻底贯彻了匿名原则。

（四）《未成年人隐私保护告知书》

鉴于中国刚刚建立儿童保护制度，公职人员和社会人员对儿童隐私保护的重要性可能还没有强烈的意识，本案向当事人及其他有关人员送达裁判文书时，一并送达了《未成年人隐私保护告知书》，告知有关人员有义务保护未成年人的隐私，不得擅自复印、传播该文书，并进行案卷封存。

（五）审判后的报道原则

为了推进儿童保护制度建设，普及儿童保护知识，虽然在审判前政府各部门不接受任何采访，但是在审判后，这个案件在大众传媒中被适度地报道和宣传，达到儿童个体保护和推动儿童保护制度建设的双重目的。

上述谨慎的做法确保此案的审理过程没有受到舆论的干扰，儿童可以顺利地进入寄养家庭和学校。鉴于此案在中国儿童保护制度建设史上的重要地位，这些新的做法对此后中国儿童保护案件的处理有极大的示范作用。

第三节　传播情况分析：J省X市撤销监护权案件报道基本情况统计

由于采取了上述各种措施，这个案件在庭审后被适度地报道。

（一）新闻报道的数量

在百度新闻上，我们对关键词“J省X市撤销监护权”进行搜索，并选择新闻全文为筛选项（搜索出的新闻全文中包含关键词即符合本次新闻筛选要求），总共搜索出1 033篇报道，其中69篇为内容不重复的新闻报道，即媒体原创新闻，占总体报道数量的6.68%；964篇为内容重复的报道，即媒体转载的非原创新闻，占总体报道数量的93.32%。

（二）新闻报道的时间

本案件的报道主要在审判（2015年2月4日）之后，原创和转载报道数量共占总报道的81.90%，且主要集中在宣判后的三到五日内；审判前的报道仅占18.10%。见表12－1。

表12－1　新闻报道的时间

时　　间	内容不重复/篇	内容不重复占比/%	内容重复/篇	内容重复占比/%	总　计
2月4日之前	10	0.97	177	17.13	审判前18.10%
2月4日至28日	54	5.23	754	72.99	审判后81.90%
3月	4	0.39	33	3.19	
4月	0	0.00	0	0.00	
5月	1	0.10	0	0.00	

（三）新闻报道刊载媒体的类别

本次内容分析，主要针对69篇内容不重复的原创新闻进行分析。这69篇报道主要刊载在大众媒体上，其次为法律类专业媒体和法律人士自媒体。见表12－2。

表 12－2 新闻报道刊载媒体的类别

类 别	数量/篇	占比/%
大众媒体	60	86.96
法律类专业媒体	8	11.59
大众媒体自媒体	0	0
政府自媒体	0	0
法律人士自媒体	1	1.45
总 计	69	100

（四）新闻报道的内容

新闻报道中出现最多的内容是案情本身（98.55%），其次是本案件作为首例撤销监护权案件的法律标杆意义（84.06%）、宣传未成年人保护的法律法规（60.87%）和作者对案件的评论（40.58%）。对纠正“棍棒底下出孝子”之类的教育观念的宣传较少，不足 10%。见表 12－3。

表 12－3 新闻报道的内容

内 容	数量/篇	占比/%
案情介绍	68	98.55
法律标杆意义	58	84.06
法律知识宣传	42	60.87
案件评论	28	40.58
纠正观念	5	7.25

（五）新闻报道的态度

案件报道中，近 50%的报道表达了对被害儿童的同情和理解，近三分之一的报道对案件的处理流程表示认可，还有 20%左右的报道表示了对侵害人等的不满情绪。见表 12－4。

表 12－4 新闻报道的态度

态　　度	数量/篇	比例/%
对被害儿童的同情、理解	34	49.28
对处理程序的赞成、同意	22	31.88
对侵害人（本案中儿童生父）的愤怒、责骂	12	17.39
对当事人（本案中儿童生母）的愤怒、责骂	2	2.90

（六）儿童隐私保护

在对案件进行报道时，所有媒体都对受害儿童的姓名、学校等隐私进行了保护，尽量做到儿童利益最大化。

第四节 讨论和分析

通过研究媒体对本案件的报道情况，我们主要有以下四点发现。

第一，媒体对本案件的报道力度并不强，主要集中在案件审判结束后的一个月内，而审判前并无过多的报道。这一结果有部分原因是案件有关负责人并未对媒体透露案件处理进程，且对被害儿童的隐私信息严格保密。这也保证了媒体没有对执法机关和民政局的有关工作造成影响。

第二，媒体在报道过程中，除了对案件进行描述外，还对大众进行了普法教育。内容上，宣传本案的法律标杆意义的报道占 84.06%，对大众宣传未成年人保护法律法规的报道占 60.87%。但是在纠正大众错误的教育观念上力度较弱，涉及该部分内容的新闻还不到 10%。

第三，媒体在进行报道时，态度比较客观。在了解涉案人员的具体情况后，除了对受害儿童表示一定的同情和理解外，并没有过多地斥责、怒骂侵害人（儿童生父）和当事人（儿童生母）。同时，部分报道还对本案件中民政局和政法机构的处理办法表示认可和赞扬。

第四,媒体在对外进行报道时,严格遵守儿童利益最大化的原则,对儿童的隐私进行了保密,且没有对涉案人员的个人信息进行过度挖掘。

本案件媒体报道的上述特点,说明在案件处理过程中使用的传播策略成功地达到了目的:既保护了儿童的隐私,也正向传播了保护儿童使其免受性侵和虐待的信息,推动了儿童保护制度建设的进展。

第五编

向儿童性侵害说不：中国的努力

第十三章

高风险和无意识：儿童性侵害高发的原因分析

尚晓援　李香萍

摘要： 保护儿童免受性侵害，中国面对双重挑战。一方面，市场化、工业化和城镇化的剧烈变革增加了儿童成长环境中的风险因素，少子化和老龄化的人口结构变化，使家庭规模缩小。主要依靠家庭和扩展家庭为儿童提供照料、支持和保护的传统的制度安排已经无法对所有儿童提供有效保护。另一方面，对儿童、家长、教师和专业人员进行的预防儿童期性侵害的教育非常不足，对从事性教育和预防儿童性侵害的教师的培训极度不足。儿童保护任重道远。

关键词： 儿童权利；儿童性虐待；性侵害未成年人；性教育；预防性侵害；社会工作；儿童利益优先

前文分析了儿童期性虐待的发生率和危害。在中国的发展过程中，被报道和注意到的儿童期性侵害案件在增加。分析被报道过的事件，可以发现，这些事件与中国在发展过程中儿童成长的家庭、社区和学校环境的变化有密切关系。因此，需要进一步分析中国在发展过程中儿童成长环境中风险因素的变化，以及家庭和儿童对新的风险因素的认识和应对行为的变化，以便对预防儿童期性侵害的问题做出最优安排。

第一节 发展中儿童面对的风险增加，家庭和社区保护能力下降

一、在传统的父权文化影响下，社会成员对儿童保护问题认识不足

父母和子女之间的关系，在中国社会中具有特殊的重要意义。在中国的传统文化中，家长，特别是父亲的权力畸重，儿童从属于父权。家庭的惩戒权，即父母对儿童进行体罚，是被社会普遍接受的合理的教育方式。①② 父母在抚养和教育子女的过程中对儿童使用暴力被广泛接受。③ 儿童由于本身的弱小，不能有效保护自己，完全依赖于父母的庇护，因而有可能成为父母不当行为的受害者且无法上报或从第三方得到保护。

在这样的文化背景下，由父母施加的、针对儿童的暴力行为往往不能得到有效的预防和制止。同时，由于儿童保护被认为是个人的家事，因而在公共场合发生的对儿童的暴力行为往往不能被及时报告，丧失了有效地预防和制止暴力行为发生的时机。

中国传统文化中儿童养育方式的这些特点，可能随经济发展、父母文化水平的提高和科学养育知识的普及而逐渐得到改变。中国台湾和香港地区已经出现了这种变化。调查发现，对儿童的体罚，在中国内地（大陆）的发生率显著高于港澳台地区。④

二、在市场化、城市化和工业化过程中，儿童面对的风险增加

对绝大多数儿童来说，家庭是他们最好的成长环境。家庭为他们提供了适当的成长条件和有效的保护，使他们能够健康成长，免受暴力侵害及其他伤害。

---

① 俞宁、陈沃聪：《关于儿童虐待的文化思考》，《中国青年政治学院学报》2011 年第 2 期。
② Kai Ji and David Finkelhor，"A Meta-Analysis of Child Physical Abuse Prevalence in China，" *Child Abuse & Neglect* 43（2015）：61－72.
③ 俞宁、陈沃聪：《关于儿童虐待的文化思考》，《中国青年政治学院学报》2011 年第 2 期。
④ Kai Ji and David Finkelhor，"A Meta-Analysis of Child Physical Abuse Prevalence in China，" *Child Abuse & Neglect* 43（2015）：61－72.

但在过去的四十多年中，中国经历了高速的经济发展和显著的社会变迁，人口结构和人们的居住方式发生了巨大变化。这些变化对儿童成长和生活的环境、家庭内的亲子关系等家庭和社区各个方面都产生了重要的影响。这些变化包括物质生活条件的改善，价值观念的变化，家庭的规模、结构和居住方式的变化，社会关系的商品化等。从某种意义上说，儿童成长的物质条件有所改善，但成长中面对的风险也增加了，如市场经济的发展在增进社会福祉总量的同时，也增加了对儿童进行商业性剥削牟利的风险。

表 13－1 中国儿童(0～17 岁)人口构成 单位：百万人

年龄组	0～2 岁	3～5 岁	6～11 岁	12～14 岁	15～17 岁	总计
儿童总人数	45.48	49.83	90.12	41.55	43.87	270.85
流动儿童人数	4.63	5.90	9.34	4.12	10.26	34.25
农村留守儿童人数	7.84	7.92	14.11	5.60	5.03	40.50
城镇留守儿童人数	7.44	5.55	7.57	3.44	4.25	28.25

数据来源：留守儿童数据根据 2015 年全国 1%人口抽样调查微观数据计算，其他数据根据汇总资料计算整理。①

大量儿童或随父母流动，或在人口流动中不能与父母生活在一起。如表 13－1 所示，中国有 1 亿多 0～17 岁儿童受到人口流动的影响，包括留守儿童(农村留守儿童和城镇留守儿童)和流动儿童(随父母迁移或独立流动)。他们或在隔代家庭中，在没有父母直接照料的环境中长大②；或移民到城市中，在相对不稳定的，甚至受到社会排斥的环境中成长。③④

① 国家统计局、联合国儿童基金会、联合国人口基金：《2015 年中国儿童人口状况：事实与数据》，https://www.unicef.cn/reports/population-status-children-china-2015，访问日期：2020 年 11 月 12 日。

② 国家统计局、联合国儿童基金会、联合国人口基金：《2015 年中国儿童人口状况：事实与数据》，https://www.unicef.cn/reports/population-status-children-china-2015，访问日期：2020 年 11 月 12 日。

③ Ming Wen and Danhua Lin, "Child Development in Rural China: Children Left Behind by Their Migrant Parents and Children of Nonmigrant Families," *Child Development* 83, no. 1 (2012): 120－136.

④ Lamei Wang and Judi Mesman, "Child Development in the Face of Rural-to-Urban Migration in China: A Meta-Analytic Review," *Perspectives on Psychological Science: a Journal of the Association for Psychological Science* 10, no.6(2015): 813－831.

为了解人口流动中产生的留守儿童的规模和监护状况，2016 年 3 月至 7 月，民政部在全国范围内开展了农村留守儿童摸底排查工作。与此前对留守儿童的定义“父母至少有一方外出务工、不满十八周岁”不同，这次摸底排查集中关注了儿童的监护问题，使用的留守儿童定义为“父母双方外出务工或一方外出务工另一方无监护能力、不满十六周岁”，并在调查后就落实监护人问题采取了政策干预。这表明，政府已经意识到，留守儿童问题的核心是儿童父母监护不足的问题，且这个问题已经不再仅仅是家庭的问题，也是一个需要公共权力干预的社会问题。

三、家庭规模缩小，亲子纽带弱化

近些年中国家庭规模趋于小型化，户均规模从 1982 年的 4.41 人下降到 2000 年的 3.4 人，其后继续下降至 2015 年的 3.1 人。1982 年，中国六人以上户占 28%，2010 年只占 6.6%。[①] 同时，人口流动造成家庭关系和亲子纽带弱化。这对儿童的成长环境有重要影响。其中，最主要的影响是儿童和父母异地而居，父母对儿童的监护不足。从零到十七岁儿童的抚养状况来看，2015 年，只有 64.7%的儿童与父母双方一起居住，19.6%的儿童与父母中的一方一起居住，另有 15.7%的儿童不能与父母中的任何一方一起居住。这种模式基本上没有明显的儿童性别差异，和重男轻女的性别偏向无关。重要的是，家庭关系和亲子纽带的弱化程度还在加深。估算全国 2015 年有 9 560 万儿童出于种种原因不能与父母双方一起居住，比 2010 年增加了 1 100 万人。不能与父母双方一起居住的主要是受人口流动影响的儿童，包括农村留守儿童 4 050 万人、城镇留守儿童 2 825 万人，以及随迁儿童中不能和父母双方一起居住的 1 884 万人，合计共占所有不能与父母双方一起居住的儿童的 90%以上。[②] 亲子纽带弱化、家庭规模缩小，造成父母双方或单方在儿童成长过程中缺位，核心家庭保护儿童的力量

---

① 彭希哲、胡湛：《当代中国家庭变迁与家庭政策重构》，《中国社会科学》2015 年第 12 期。

② 国家统计局、联合国儿童基金会、联合国人口基金：《2015 年中国儿童人口状况：事实与数据》，https://www.unicef.cn/reports/population-status-children-china-2015，访问日期：2020 年 11 月 12 日。

削弱。原来社会中存在的由扩展家庭提供的保护也已经削弱。家庭和扩展家庭能够为儿童提供的支持与保护已经不足以保证所有儿童的健康成长。[①] 对少数出于各种原因失去父母照料的儿童而言,他们更需要家庭之外的力量来进行干预和提供保护。

四、儿童成长的社区环境的变化

除了家庭的变化,工业化、城镇化和人口流动使儿童成长的社区也发生了巨大的变化。原来与儿童生活密切相关的旧的社区组织在变化和衰落中,社区在儿童保护方面的能力被削弱了。

在中国,最大量的社区存在于农村,改革开放以前,以自然村形式存在的社区是儿童成长的最重要的外部环境。如今这个环境变化极大,深刻影响了儿童成长的社区环境。除了农村社区,在私有化、工业化、城市化和人口流动的大背景下,在城市改建、扩展的过程中,城市社区也经历了深刻的变迁。传统的熟人社区和单位社区逐渐解体,新的社区关系正在形成。中国从“熟人社会”向“陌生人社会”转变。

当传统的社区关系变化后,儿童所处的环境也变了,需要更新的儿童保护机制。这些机制不会一步到位,因此儿童面临的风险可能增加,需要国家公权力更多地干预和支持。

五、小结：儿童保护需要公共权力介入

在中国过去四十多年的发展过程中,社会同时经历了市场化、工业化和城镇化的剧烈变革,人口结构则经历少子化和老龄化的过程,儿童面对的风险大大增加。主要依靠家庭和扩展家庭为儿童提供照料、支持和保护的传统的制度安排已经无法对所有儿童提供有效保护。在家庭保护削弱的同时,传统的社区环境也已发生变化。国家和社区对怎样保护儿童缺少必要的制度安排和干预措施。

---

① 彭希哲、胡湛:《当代中国家庭变迁与家庭政策重构》,《中国社会科学》2015 年第 12 期。

因此，中国的儿童保护制度已经无法为所有儿童提供有效保护，迫切需要建立新的制度。自2013年以来，儿童保护的问题被提到政府决策机构的议事日程上来，儿童保护的制度建设大大加速。

第二节　中国的儿童性教育

儿童成长过程中存在受到性侵害的高风险，需要采取有效的预防措施。对儿童性侵害的预防，具有特殊的重要意义。

现有的研究发现，我国针对儿童性侵害问题采取的预防措施仍然薄弱。有学者对中国儿童性教育的现状进行分析，发现从观念、内容、对象、渠道等很多方面，都能折射出性教育的缺失。① 如从观念看，受传统观念的影响，很多人可能避讳对儿童谈性问题，认为性是雷区，不能触碰。还有很多人持无师自通论或无知盲从论等，不认为性教育应该存在。② 从内容看，对农村儿童的性教育内容往往只涉及生理卫生知识，且模糊不清；有关儿童性教育的教材或读物也不完善，往往不涉及性心理健康、性道德培养和性行为自律等问题。③④ 对预防性侵害的主题，更是教育不足。从教育对象的范围看，目前正式性教育的对象主要为进入青春发育期的青少年，人们往往认为性教育就是青春期教育。事实上，儿童在十岁以前就已经对性知识有所渴望，已通过各种传播媒介了解了一些性知识。⑤ 从教育对象的性别看，受传统观念、女性生理特点等因素的影响，性教育存在“重女轻男”的现象，但事实上男童也同样需要性教育。⑥ 从渠道看，

---

① 山国艳、王炼：《农村留守儿童性教育研究综述》，《读书文摘》2015年第8期。
② 李君：《关于儿童家庭性教育现状的审视与思考》，《中华女子学院山东分院学报》2006年第2期。
③ 刘济良、王媛：《香港性教育的基本经验及其对我们的启示》，《河南教育学院学报（哲学社会科学版）》2000年第2期。
④ 孙纪玲：《我国儿童性教育存在的问题与策略探究》，《现代教育科学》2011年第2期。
⑤ 吕吉：《当前青少年性教育问题省思》，《青少年犯罪问题》2004年第4期。
⑥ 高亚兵、骆伯巍：《论青少年儿童性教育的误区》，《教育研究》2002年第1期。

在儿童性成熟的阶段，家庭和学校开展的正式性教育不足，儿童会从非正式的渠道，如书刊、网络、影视剧，以及“朋友”那里寻找答案，但往往得不到正确、全面的引导。[①][②]

有学者研究发现，世界上现有200多种儿童性安全项目。[③] 根据性教育的对象，可以分为三类：以儿童为中心的儿童性安全体系、以家长为中心的儿童性安全体系和以恋童癖患者为中心的儿童性安全体系。[④] 建立以恋童癖患者为中心的儿童性安全体系在目前的中国还很遥远，因此对儿童和家长的教育尤为重要。开展儿童性教育依靠专业人员的努力，专业人员对儿童性侵害的认知水平和采取的态度在预防儿童性侵害中有显著作用。从上面的分析看，儿童、家长和专业人员，可能都存在对性侵害认识不足的问题。

一、家庭和儿童接受的预防性侵害教育不足

（一）性教育的对象首先是儿童

中国传统的儿童教育方式中本来就忌讳公开谈论有关性的问题。由于家庭知识传承方式的变化和社会化的性教育缺失，因而儿童对性问题的理解不清晰，自我保护的意识不足。“女童保护”团队发表的调查结果显示，在接受调查的4 719名学生中，超过40%的受访者对人体的“隐私部位”（性器官）没有清晰的认识，60%不明白性教育是什么。[⑤] 这说明亟须开展对儿童的性教育。

父母外出打工导致对农村留守儿童的监管不足，在受到性侵害方面，这类儿童面对的环境风险较高。在农村留守儿童中，儿童从家庭中得到的正确性教育更为不足[⑥]，高风险和无意识并存。因为留守儿童不能由父母直接抚养

---

① 郑友富、俞国良：《国外儿童性教育对我国学校教育的启示》，《教育科学研究》2002年第7期。

② 山国艳、王炼：《农村留守儿童性教育研究综述》，《读书文摘》2015年第8期。

③ Kirsty Hudson, “Preventing Child Sexual Abuse through Education: the Work of Stop it Now! Wales,” *Journal of Sexual Aggression* 24, no.1(2018): 99－113.

④ 杨斯钰、陈秀文、陈羽双等：《儿童性安全教育现状及干预研究进展》，《中国公共卫生》2019年第1期。

⑤ 女童保护：《“女童保护”2015年性侵儿童案件统计及儿童防性侵教育调查报告》，https://mp.weixin.qq.com/s/vrbxoxnrTp5sl357Zl6mYw，访问日期：2024年1月11日。

⑥ 山国艳、王炼：《农村留守儿童性教育研究综述》，《读书文摘》2015年第8期。

成长，他们大多由爷爷奶奶或者其他亲戚抚养。当父母通过电话或网络与子女进行日常沟通交流时，留守儿童在家的学习情况、是否听话、饮食情况、人身安全、钱是否够用是排在前五位的话题，而对留守儿童的青春期教育和心理发育等话题涉及相对较少。受传统观念影响，家长对性教育的话题往往觉得难以启齿，同时，由于和儿童关系不够亲密，因而家长往往不会有意识地向儿童传授性知识。① 爷爷奶奶和其他亲戚等直接监护人也很少对儿童进行性教育或反性侵害教育。②

（二）家长是预防儿童受到性侵害的重要参与者

有研究发现，在中国的大城市中，大多数父母对儿童性教育持较为开放态度。如果给父母提供必要的知识、沟通技巧的培训和相应的资源，父母就可以有效地提高儿童在面对性侵害时的自保能力。

刘文利和卡罗林·爱德华兹（Caroline Edwards）对北京、上海和西安三个城市的841位有青春期孩子的父母进行了关于家庭性教育的问卷调查。调查发现，大多数父母不仅掌握了一定的性科学知识，而且对在家庭和学校中开展对青少年的性教育持开放和积极的态度，但85%的家长自称，他们从来没有对孩子进行过性教育。③ 其他多位学者的研究佐证了刘文利等的发现：2001年在成都对682名十五至十九岁青少年进行的自填式问卷调查表明，青少年和父母之间关于性的交流较少，话题局限性大；赵双玲等认为，父母没有能力对子女进行性教育是这一问题的关键，他们受传统观念的影响，不好意思开口与子女谈性相关问题。④⑤ 同时，在针对北京年轻人的强迫性性行为的质性研究中也发现，当女性经历了不安全性行为、非意愿怀孕或强迫性性行为后，她们害怕父母知道，更

① 龙玲、陈世海：《农村留守女童性侵害的预防》，《学理论》2013年第35期。

② 山国艳、王炼：《农村留守儿童性教育研究综述》，《读书文摘》2015年第8期。

③ 刘文利、卡罗林·爱德华兹：《城市父母对孩子性教育实践的调查》，《当代青年研究》，2006年第9期。

④ Liying Zhang, Xiaoming Li, Iqbal H Shah, et al., "Parent-Adolescent Sex Communication in China," *The European Journal of Contraception & Reproductive Health Care* 12, no.2(2007): 138－147.

⑤ 赵双玲、高尔生、楼超华：《上海市家庭性教育状况及影响因素分析》，《中国公共卫生》2003年第9期。

不可能寻求父母的帮助。① 在性观念和性行为的转变与传统文化规范难以调和的情况下，要发展健康的家庭性教育，让父母放下包袱并坦然面对子女谈性，依旧是个很大的挑战。如何建立一种支持性的社会氛围来帮助家长提升自身的性教育沟通技能，是性教育工作者未来的一项长远的任务。②

二、学校提供的性教育严重不足并存在重大问题

虽然性教育和预防性侵害的教育在预防儿童期性侵害中有重要作用，但中国学校在这个方面的教育提供严重不足，存在重大问题。

北京大学人口研究所2010年针对22 288名十五至二十四岁青少年进行的全国性随机样本的调查发现，如果将青春期教育或有关课程、预防性病和艾滋病讲座以及避孕节育知识讲座都视为学校提供的性教育，那么只有不足40%的青少年自述参加过这几类教育（从严格意义上来说，讲座不能算是正规的学校性教育）。③ 潘绥铭、黄盈盈针对1 593名十四至十七岁的青少年进行的全国性随机样本的调查发现：73.5%的少年认为，学校几乎没有讲授过性知识；86.6%的少年认为，他们很少从父母那里获得性知识。学校提供的性教育虽然有了一定的发展，但与学校性教育成为义务教育组成部分的距离还很遥远，远远不能满足青少年健康成长的需要。④⑤ 更为重要的是，这些性教育中并不包括预防性侵害的教育。

联合国教科文组织驻华代表处和联合国人口基金驻华代表处联合组织了一项关于中国初级中学性教育实施状况的调研。调研发现，近几十年来，中国青少年性发育成熟年龄不断降低，性观念越来越趋于开放，对婚前性行为持接纳态度的比例较高，但他们普遍缺乏性与生殖健康知识和安全性行

① 王曦影、王怡然：《新世纪中国青少年性教育研究回顾与展望》，《青年研究》2012年第2期。
② 王曦影、王怡然：《新世纪中国青少年性教育研究回顾与展望》，《青年研究》2012年第2期。
③ 郑晓瑛、陈功：《中国青少年生殖健康可及性调查基础数据报告》，《人口与发展》2010年第3期。
④ 潘绥铭、黄盈盈：《我国14—17岁青少年性教育效果的实证分析》，《中国青年研究》2011年第8期。
⑤ 王曦影、王怡然：《新世纪中国青少年性教育研究回顾与展望》，《青年研究》2012年第2期。

为意识。[①] 在这种情况下，青少年发生性传播感染、意外妊娠、人工流产，以及遭受性和性别暴力的风险不断增加，因此性教育至关重要。

这项调研发现，虽然中国的法律政策明确要求性教育，但是在中国的初级中学里，独立的性教育课程仍然少见。开展性教育的主要方式是将性教育融入其他已有的课程中，借助心理课、生物课、思想品德课等现有课程，以及通过班会课等形式来开展。在被调研的30所中学里，只有1所学校有关于性教育的具体课表和课时安排。同时，调研发现，被调研的学校所开展的性教育，更多关注的是青春期生理和心理发展、艾滋病预防、异性关系等传统话题，较少涉及社会性别、性倾向、性行为、性权利和避孕等话题，对性侵害和性暴力的话题更是很少提及。这说明，开展性教育的教师对全面性教育的理解有限，并且缺乏充分的培训和支持。[②]

因此，虽然儿童性侵害对儿童的身心健康构成严重威胁，但是学校总体缺乏预防性侵害教育。

中国的学校性教育还有很多问题，如性教育没有被纳入国家课程计划，也没有作为一门独立的课程，课程、师资、教材都未从其他教育中独立出来。这些情况直接导致了学校性教育开展方式、方法、水平、程度上的不一致，学校性教育常常流于单纯的生理知识教育或单纯的道德教育。同时，在师资、教材、课程设置和学校管理等方面都不能保障性教育在中国的学校中顺利开展。[③]

师资不足和教师对儿童性侵害问题认识不足是另外一个重要的问题。在中国性教育和预防性侵害教育的实践中，缺少对中小学性教育师资的培训，这是性教育和预防性侵害教育发展的瓶颈之一。从中小学教师队伍看，目前中国学校

---

① 联合国教育、科学及文化组织驻华代表处，联合国人口基金驻华代表处：《中国初级中学性教育实施状况》，https://unesdoc.unesco.org/ark:/48223/pf0000266006/PDF/266006chi.pdf.multi，访问日期：2020年1月26日。

② 联合国教育、科学及文化组织驻华代表处，联合国人口基金驻华代表处：《中国初级中学性教育实施状况》，https://unesdoc.unesco.org/ark:/48223/pf0000266006/PDF/266006chi.pdf.multi，访问日期：2020年1月26日。

③ 联合国教育、科学及文化组织驻华代表处，联合国人口基金驻华代表处：《中国初级中学性教育实施状况》，https://unesdoc.unesco.org/ark:/48223/pf0000266006/PDF/266006chi.pdf.multi，访问日期：2020年1月26日。

基本没有专职的性教育教师，开展性教育的学校会根据各自的情况，临时指定其他科目的教师承担性教育的工作。少数教师接受过一些性教育的培训，多数则没有培训机会。

中国对中小学性教育教师的培养非常短缺，只有极少数高校开展了中小学性教育师资的培养。从 2016 年开始，成都大学开始将性教育作为小学教育专业学生培养方案的一部分，以选修课的形式开展。[①] 截至 2018 年，成都大学是中国唯一开设性教育教师职前教育项目的大学。在这个项目中，学生将学习 15 门课，包括性教育学、性心理学、性生理解剖、性与生殖健康、性社会学、性美学、性法学、性伦理、性心理咨询与治疗、性教育教学法、性教育课程设计、社会性别与性教育、家庭性教育指导、中国古代性文化、专业研习（包括实践）等，共有 350 名学生完成了该项目，其中大多数学生毕业后成为教师，但是他们中只有少数人被分配教授性教育课程。

除了中小学教师，学前教育的教师对性侵害问题的了解和他们在这个方面受到的培训更加有限。一项在北京进行的研究发现，学前教育的教师对性侵害问题的认知非常有限，甚至有些认知是不正确的，只有不到 5%的教师参加过有关预防儿童性侵害的培训。[②③]

第三节 讨论和政策建议

本章的分析发现，从预防儿童性侵害的角度看，在中国儿童的成长过程中，

① 联合国教育、科学及文化组织驻华代表处，联合国人口基金驻华代表处：《中国初级中学性教育实施状况》，https://unesdoc.unesco.org/ark:/48223/pf0000266006/PDF/266006chi.pdf.multi，访问日期：2020 年 1 月 26 日。

② 韩萍、陈晶琦：《幼儿园和小学教师对儿童性侵犯问题认识的定性研究》，《现代预防医学》2009 年第 18 期。

③ Y. Jin, J. Chen, B. Yu, et al., "Evaluation of A Sexual Abuse Prevention Education Program for School-Age Children in China: A Comparison of Teachers and Parents as Instructors," *Health Education Research* 32, no.4(2017): 364 – 373.

一方面，儿童处于高风险的成长环境之中；另一方面，儿童性教育，特别是预防儿童性侵害的教育非常不足，并存在重大问题，性教育在观念、内容、对象、渠道等很多方面都有缺失，对从事性教育和预防儿童性侵害的教师的培训极度不足。

为了预防儿童性侵害，有必要根据国际经验设计中国的性侵害预防体系，建立以儿童为中心和以家长为中心并举的儿童性安全体系。

一、以儿童为中心的儿童性安全体系

莱纳斯（Lynas）和霍金斯（Hawkins）对 3 993 篇有关儿童性侵害预防的文献的分析显示，建立以儿童为中心的儿童性安全体系是现今最为有效的预防措施。① 中国学校为儿童提供的性教育和预防性侵害的教育正处于建设和发展过程中，国际上和国内某些地区已经进行的、建立以儿童为中心的儿童性安全体系的实践经验，对建立中国的以儿童为中心的性安全体系有很大的参考价值。

国内外有一些具体有效的方法，主要分为三类。

（1）性侵害预警教育。以学校教育为平台，邀请社区医院的医护人员或者医学院的学生、教师等儿童保健专业人士来教授儿童五种儿童发生性侵的警报，包括视觉警报（see alert）、言语警报（talk alert）、触碰警报（touch alert）、独立警报（alone alert）和约束警报（hold alert），以帮助儿童建立性侵防御意识，鼓励儿童对性侵行为说“不”。②③

（2）多渠道多媒体的性侵害防御教育。金怡晨等研究者曾让北京市 484 名小学生分成两部分，分别以刊物阅读和课堂授课的形式接受性侵害防御教育，结果显示，接受课堂授课的儿童中的 80%能通过性侵害防御测验，进行刊物阅读的

---

① Jenny Lynas, and Russell Hawkins, “Fidelity in school-based child sexual abuse prevention programs: a systematic review,” *Child Abuse & Neglect* 72(2017): 10－21.

② Susan Yoon, Laura A Voith and Julia M Kobulsky, “Gender Differences in Pathways from Child Physical and Sexual Abuse to Adolescent Risky Sexual Behavior among High-Risk Youth,” *Journal of Adolescence* 64(2018): 89－97.

③ 杨斯钰、陈秀文、陈羽双等：《儿童性安全教育现状及干预研究进展》，《中国公共卫生》2019 年第 1 期。

儿童中只有 44%能通过性侵害防御测验。[①] 随着对防性侵课堂的深入研究，人们发现性教育课堂形式多种多样，包括视频动画讲解、情景模拟、APP 应用等。[②] 弗里达（Fryda）等的研究指出，结合视觉效应和儿童互动的课堂比纯灌输讲授的课堂反馈效果高约 25%。[③]

（3）同伴教育。研究还发现，建立同伴教育课堂也是帮助儿童培养防性侵害意识的一种有效形式。同伴教育即通过选拔在群体中具有领导力和公信力的儿童，并由专业教师对其进行培训并协助其开展同伴防性侵害教育课堂。[④] 由于儿童在学校中长时间相处，会建立相互间的信任感和依赖感，因而在沟通时会有更强的安全感，甚至交流一些比较私密的话题。

二、以父母为中心的儿童性安全体系

在中国建立以父母为中心的儿童性安全体系的过程中，其他国家的做法亦可以提供宝贵的经验。如公办的社会健康机构联合学校、医院、社区开设适用于父母的儿童性侵防御课程，包括：① 帮助父母建立儿童性安全意识、识别儿童遭受性侵的危险因素；② 提高父母与儿童关于性话题、性安全的沟通技巧，巩固儿童防性侵技能和知识；③ 教授父母辨别儿童遭遇性侵潜在指征，了解社会福利系统的服务，帮助遭受性侵儿童及其家庭寻求社会支持和心理支持。[⑤]

三、以恋童癖患者为中心的儿童性安全体系

国外研究显示，80%以上的儿童性安全体系关注儿童性安全意识的建立和

---

① Yichen Jin, Jingqi Chen, and Buyi Yu, "Knowledge and Skills of Sexual Abuse Prevention: A Study on School-Aged Children in Beijing, China," *Journal of Child Sexual Abuse* 25, no. 6 (2016): 686 - 696.

② Kirsty Hudson, "Preventing Child Sexual Abuse through Education: the Work of Stop it Now! Wales," *Journal of Sexual Aggression* 24, no.1(2018): 99 - 113.

③ Candice M Fryda, and Polly A Hulme, "School-Based Childhood Sexual Abuse Prevention Programs: An Integrative Review," *The Journal of School Nursing* 31, no.3(2015): 167 - 182.

④ JM Stephenson, V Strange, S Forrest, et al., "Pupil-Led Sex Education in England (RIPPLE Study): Cluster-Randomised Intervention Trial," *Lancet* 364, no.9431(2004): 338 - 346.

⑤ Daniel Tuelo Masilo, "Prevention of Child Sexual Abuse within the Family System: Guidelines for an Educational Social Group Work Program," *Journal of Child Sexual Abuse* 27, no.4(2018): 335 - 346.

提高，但这并不能完全阻止性侵害事件的发生。[1] 全面的儿童性安全体系应从潜在受害对象（儿童）和潜在犯罪对象（恋童癖患者）两个方面进行干预。在这方面，中国刚刚起步。[2]

从中国的现行体制看，由学校执行的、以儿童为中心的儿童性安全体系，有可能是见效最快的制度。同时，提高父母对儿童期性侵害问题的认识，并通过父母教育来保护儿童，也是儿童性安全体系中不可缺少的一环。

---

① Martie L. Skinner, Charles B. Fleming, Kevin P. Haggerty, et al., "Sex Risk Behavior Among Adolescent and Young Adult Children of Opiate Addicts: Outcomes From the Focus on Families Prevention Trial and an Examination of Childhood and Concurrent Predictors of Sex Risk Behavior," *Prevention Science* 15(2014): S70 - S77.

② 杨斯钰、陈秀文、陈羽双等：《儿童性安全教育现状及干预研究进展》，《中国公共卫生》2019年第1期。

第十四章

难以启齿：性侵害受害儿童自我披露行为研究[①]

田　甜　尚晓援　谈子敏

摘要：儿童期性侵害是一种隐蔽的犯罪行为，真正被报告的事件数量极少。本章通过分析126名儿童期性侵害受害者的网络匿名陈述资料，揭示儿童对被性侵害事件隐瞒的原因，以及事件揭露后儿童得到的反馈和面临的后果，探索儿童自我揭露性侵害事件的阻碍性因素。主要包括：儿童及其家庭严重缺乏性知识；儿童的恐惧（恐惧受到报复，恐惧破坏亲属关系）；来自社会文化对性侵害受害者污名化导致的儿童羞耻感；缺少及时的支持和帮助。期望通过本章研究，帮助家庭和社会了解儿童揭露行为的特点，对儿童性侵害事件可以尽早发现和制止，减少性侵害对儿童的负面影响。

关键词：儿童保护；性侵害；实证研究；披露性侵害

① 本章的主要内容曾在《济南大学学报（社会科学版）》上发表，现得到允许收入本书，特此致谢。

第一节 导 言

一、研究对象与研究问题

鉴于本章讨论的是未成年人对受到的性侵害的揭露，首先需要定义什么是揭露行为。“揭露”(disclosure)这个概念看似简单清晰，实则不然。有学者指出，在性虐待事件中，“揭露”这个词所代表的概念是含糊不清的。譬如琼斯(Jones)指出，对性侵害的揭露这个概念的模糊之处在于，是指简单地告知他人的动作，还是指需要向一个权威主体来报告性侵害事件。① 也有学者如阿拉西亚(Alaggia)指出，“揭露”这个概念更偏向于将儿童性虐待事件向官方进行报告，而“告知”(telling)则更偏向于向其他人叙述其曾经历过的虐待，但是阿拉西亚也认为，“揭露”这个词在讨论儿童性虐待的语境中需要进行更深入的探讨，并且撰文进行了讨论。②

另外需要指出的是，人们往往认为性虐待的揭露是一过性的静态的概念，即仅有说出来和没说出来两种情况，将事件说出来即达到了揭露。但学者们的研究发现，对未成年人性虐待的揭露几乎总是一个持续的过程，它可能开始于一个较为戏剧性的第一步，也可能是一系列犹豫和缓慢的启示、暗示与探索。③ 同样，萨米特(Summit)也指出，性虐待的揭露是一个持续的过程。④

学者们将一般的揭露分为三大类，包括偶发的揭露、故意的揭露、受诱导

① David P. H Jones, “Editorial: Disclosure of Child Sexual Abuse,” *Child Abuse & Neglect* 24, no.2(2000): 269 - 271.

② Ramona Alaggia, “Many Ways of Telling: Expanding Conceptualizations of Child Sexual Abuse Disclosure,” *Child Abuse & Neglect* 28, no.11(2004): 1213 - 1227.

③ M Elliott, K Browne, and J Kilcoyne, “Child Sexual Abuse Prevention: what Offenders Tell Us,” *Child Abuse & Neglect* 19, no.5(1995): 579 - 594.

④ Roland C. Summit, “Abuse of the Child Sexual Abuse Accommodation Syndrome,” *Journal of Child Sexual Abuse* 1, no.4(1993): 153 - 164.

与提示而进行的揭露。[①][②][③] 阿拉西亚认为，在此基础之上，还应该增加通过行为与语言的间接尝试揭露、由被唤醒恢复的记忆进行的揭露与保留状态的揭露。[④]

不同学者对揭露的不同定义的采用，大多基于其期待探讨的方向，目前暂未形成一个官方的普适性质的揭露定义。基于本章所探讨的内容与中国现行儿童保护系统的状态，在选取揭露的定义与包含的内容时，我们认为未成年人向任何第三方告知其曾经遭受过的性侵害行为即为揭露行为，这种揭露可能是持续性的，也可能是一过性的，并且包含偶发的、故意的或者受诱导的各种形态的揭露。但即使采取这样最广义的揭露，我们所能看到的揭露行为的比例依然相对较低。

揭露对于保护受性侵害儿童有着显著的意义。从受性侵害儿童的角度出发，及时地揭露有助于阻断可能发生的持续性侵害；并且揭露有机会带来后续的干预，为个体与家庭提供更多的帮助，尤其是儿童母亲的支持能够使儿童心理与生理状态都有更多的康复机会。[⑤] 从性侵者的角度出发，大量的研究表明，曾经受过调查或者被定罪的性侵者再进行的性侵害犯罪数量会远小于没有被调查过或定罪过的性侵害者[⑥]，受害者的揭露有机会使性侵者受到教育与惩戒。对未成年性侵者来说，揭露使他们获得更多的机会被矫治，并重回正常社会生活轨道。随着司法系统建立健全性侵害未成年人违法犯罪信息库和颁布施行入职查询制度，揭露有助于对性侵害犯罪者的跟踪与防护，以保护更多的未成年人。从

---

① Marcellina Mian, William Wehrspann and Halina Klajner-Diamond, et al., "Review of 125 Children 6 Years of Age and Under who were Sexually Abused," *Child Abuse & Neglect* 10, no.2(1986): 223 – 229.

② Maria Sauzier, "Disclosure of Child Sexual Abuse: For Better or For Worse," *The Psychiatric Clinics of North America* 12, no.2(1989): 455 – 469.

③ David P. H Jones, "Editorial: Disclosure of Child Sexual Abuse," *Child Abuse & Neglect* 24, no.2(2000): 269 – 271.

④ Ramona Alaggia, "Many Ways of Telling: Expanding Conceptualizations of Child Sexual Abuse Disclosure," *Child Abuse & Neglect* 28, no.11(2004): 1213 – 1227.

⑤ Beverly B. Lovett, "Child Sexual Abuse Disclosure: Maternal Response and Other Variables Impacting the Victim," *Child and Adolescent Social Work Journal* 21, no.4(2004): 355 – 371.

⑥ A. Nicholas Groth, Robert E. Longo and J. Bradley McFadin, "Undetected Recidivism among Rapists and Child Molesters," *Crime & Delinquency* 28, no.3(1982): 450 – 458.

儿童保护系统的角度出发，受侵害儿童的揭露是使事件有机会被发现、能够进入保护系统的第一环，既需要家庭社会环境对揭露行为的鼓励，也需要儿童保护系统能够有效地接收信息、启动保护程序。

因此，笔者将重点关注受性侵害儿童的自我揭露，包括其选择揭露或不揭露的原因和回应效果。

通过对126名儿童性侵害受害者的网络匿名陈述资料的分析，主要探讨以下问题：

第一，选取样本群体中的受害者和性侵者有哪些特征？性侵害事件的揭露状况如何？

第二，为什么大部分儿童选择不揭露性侵害事件？有哪些具体原因？

第三，在少量被揭露事件中，为什么只有部分事件得到了有效回应？

第四，针对以上情况，可以提供哪些实务和政策建议？

二、研究方法

本章的个案资料来源于某网络匿名平台关于童年性侵害与性取向关联问题的回答。因为大量的研究表明，儿童性侵害受害者倾向于在相当长的时间之后再对曾经遭受过的性侵害进行揭露，并且有许多受害者此前从来不曾进行过揭露，哪怕是他们的受性侵害经历通过其他途径被人们知晓了。[①][②] 因此本章选取的便是在长时间之后，受害者对于曾经历过的性侵害进行网络陈述的样本。

笔者分析了126名儿童性侵害受害者的个案资料，其内容包括受害时间、受害地点、受害方式、性侵者特点、受害者和性侵者之间的关系、是否揭露（包括告知父母和监护人）、揭露之后的结果，以及对个人成长的影响等信息。这些个案资料都是受害者匿名主动发布的，虽然无法求证或进一步跟踪调查，但其中包括大量

① T Sorensen and B Snow, "How Children Tell: the Process of Disclosure in Child Sexual Abuse," *Child Welfare* 70, no.1(1991): 3-15.

② Susan J. Kelley, Renee Brant and Jill Waterman, "Sexual Abuse of Children in Day Care Centers," *Child Abuse & Neglect* 17, no.1(1993): 71-89.

细节，笔者认为大部分信息是真实的，类似研究方法可见于网络媒体的研究。①在资料允许的情况下，笔者使用定量方法对各个案例进行了描述性分析。

第二节　受害者和性侵者基本情况分析

笔者通过126名儿童受害者的个案资料分析了受害者的基本情况，也清晰掌握了性侵者主要族群，以便更好地为儿童提供有实效的保护。

一、受害者基本情况分析

笔者对126名受害者的年龄段、性别、被性侵频次和实施性侵人数进行了统计，基本情况见表14－1。

表14－1　受害者情况

（a）首次被性侵年龄

年龄段	人数/人
3～6岁	29
7～12岁	68
13～15岁	16
16～18岁	3
不清楚	10

（b）性　　别

性　别	人数/人
男	24
女	102

（c）被性侵频次

频　次	人数/人
1次	30
多次	96

（d）实施性侵人数

性侵者	人数/人
1人	94
多人	32

① Martin Shelton, Katherine Lo and Bonnie Nardi, "Online Media Forums as Separate Social Lives: A Qualitative Study of Disclosure Within and Beyond Reddi," accessed October 27, 2019, https://www.ideals.illinois.edu/handle/2142/73676.

（一）受害者性别与年龄

受害者中女性居多，年龄小者居多（主要集中在十二岁以下）。在126名受害者中，102人为女性，24人为男性。受害者最低记忆年龄为三岁（但这并不是最小受害年龄，“女童保护”专项基金2018年公布的统计数据显示，性侵受害者的最小年龄为一岁），首次被性侵时间主要集中于幼儿园和小学阶段，尤其以小学阶段为主。十二岁前受到性侵害的人数，约占总受害人数的77.0%。值得注意的是，虽然受害者中女性是主要群体，但本次研究样本中有24名男性受害者，约占总受害人数的19.0%，该比例远高于国内儿童性侵害研究给出的男性受害者数据。这可能与该网站的用户群体性别比例有关，或者男性受害者可能更愿意在网络上匿名揭露，实际原因值得进一步探索。

（二）被性侵频次与实施性侵人数

幼年有过性侵害经历的受害者，之后受到多次侵害的可能性较大。统计结果显示，126名受害者中有30人在陈述中提到只经历过单次性侵害，其余96名受害者均遭受过多次侵害，约占总受害人数的76.2%；统计结果还显示，94名受害者曾被单人侵害，其余32名受害者受到过多人侵害，约占总受害人数的25.4%，比例不可谓不大。

二、性侵者基本情况分析

根据126名受害者的资料统计，性侵者有175人。笔者对这些性侵者的年龄、性别、与受害者的关系也做了统计和分析，见表14-2，从中可以窥见这些违法者的族群。

表14-2　性侵者情况

（a）年　龄

成年与否	人数/人	比例/%
成　年	87	49.7%
未成年	88	50.3%

(b) 性　别

性别	人数/人	比例/%
男	164 人	93.7%
女	11 人	6.3%

(c) 身　份

与受害者的关系	人数/人	比例/%
陌生人	20 人	11.4%
非亲属熟人	89 人	50.9%
亲属	66 人	37.7%

(一) 性侵者的年龄

从表 14-2 中可见，性侵者中未成年人与成年人数量相当。值得关注的是少年性侵害现象。英国专家拉德福德(Radford)等人的研究显示，在英国全国性样本调查中，只有 34%的性侵者是成年人，29%~50%的性侵者是十七岁以下的儿童和青少年。[①] 在我国的刑事案件报告中也发现了类似问题。

(二) 性侵者的性别

数据分析显示，性侵者中男性占绝大多数，约占 93.7%，可见男性仍为主要的性侵群体。值得注意的是，受害者陈述中提到了 11 名女性性侵者，其侵犯对象有 5 名是女童，另外 6 名是男童。虽然男性在性侵者中占多数，但也需要考虑女性作为性侵者的情况。国外研究显示，约有 10%~20%性侵害儿童者是女性。[②]

(三) 性侵者与受害者的关系

根据本次个案分析，亲属和熟人是实施性侵的主要群体，占比很高。在陈述中提到的 175 名性侵者中，有 66 人是受害者的亲人，包括生父、继父、兄弟姐妹、

① Lorraine Radford, Susana Corral, Christine Bradley, et al., "Child abuse and neglect in the UK today," accessed October 27, 2019, https://learning.nspcc.org.uk/research-resources/pre-2013/child-abuse-neglect-uk-today/.

② Lorraine Radford, Susana Corral, Christine Bradley, et al., "Child abuse and neglect in the UK today," accessed October 27, 2019, https://learning.nspcc.org.uk/research-resources/pre-2013/child-abuse-neglect-uk-today/.

堂表亲、祖父等；89 人是除亲人以外的熟人，包括老师、邻居、父母单位同事、同学或者同学的朋友等；只有 20 人是完全的陌生人。

（四）侵害方式多样

在个人陈述中提到的性侵行为包括性接触、手淫（目击并参与）、口交、指交、阴道和肛门性交。在法律上，这些行为大多属于猥亵，符合法定强奸定义的占比较低。

第三节　揭露状况及其后果

个案研究发现，被性侵者未进行揭露的情况占绝大多数，这无疑为我们发现儿童性侵行为增加了难度，并对儿童保护工作提出了挑战。

本章研究的所有性侵案例中，只有 31 起案例经不同途径被曝光，其他案例皆在此网络平台才被首次揭露。在这 31 起案例中，儿童主动揭露的案例共 19 起，还有 10 起案例是被现场发现的，另有 2 起案例由他人曝光。可见，揭露的比例非常低。

同时，被揭露的案例中，获得有效干预的数量非常少。在被曝光的 31 起案例中，只有 13 起案例受到干预处理（有效回应）。而儿童主动揭露的 19 起案例中获得干预（有效回应）的案例只有 7 起，只占主动揭露案例的 36.8%。这应该是儿童持续受到性侵的重要原因。

第四节　儿童不愿揭露受性侵害的原因

实证数据表明，儿童受性侵害之后进行揭露的少，往往选择在长时间之后揭露或者不揭露。[①] 因为儿童性侵害往往非常隐蔽且缺少明显的可被观察到

① David Finkelhor, Gerald Hotaling, I.A Lewis, et al., "Sexual Abuse in A National Survey of Adult Men and Women: Prevalence, Characteristics, and Risk Factors," *Child Abuse & Neglect* 14, no.1 (1990): 19-28.

的外伤[①],因此有关事件的揭露一般需要依靠儿童的主动告知。[②]

在个案资料中,很多受害者都表述了在受到性侵害之后为什么不揭露的心路历程。这使得笔者可以有效探索为什么儿童往往选择不揭露受到的性侵害。

一、无知

很多受到性侵害的儿童非常年幼,对性侵害懵懂无知,加之作案者往往是熟人和亲属,所以根本想不到揭露。

案例 29 的女孩在幼儿园时被男同学强吻过,当时不知道是性侵害。但是"直到后来某一天,突然明白,当时的震惊与羞耻感毕生难忘"。案例 20 的女孩,六岁时被"唯一亲近信赖的人"——表哥性侵,但是她对此一无所知。

二、恐惧

儿童是弱势群体,无力自保,当他们受到性侵害时,还往往被哄骗、威胁和利诱。因此,他们很少选择主动揭露,在很多情况下甚至还会隐瞒,担心被别人知道。儿童恐惧主要出于以下两个原因。

第一,受到胁迫,害怕被进一步伤害或报复。案例 21 中的女孩,自小学五年级开始在姨妈家受到表兄弟多次欺凌和猥亵,外婆对孩童间的欺凌毫无办法,同时表兄在猥亵后还威胁她说:"你告诉家里你就完了!"

第二,恐惧失去父母或亲人(破坏家庭关系)。案例 36 的女生在小学二、三年级时被堂哥强暴,但她没有对任何人提起这段经历,因为害怕伤害到亲戚关系。

---

① Maria Sauzier, "Disclosure of Child Sexual Abuse: For Better or For Worse," *The Psychiatric Clinics of North America* 12, no.2(1989): 455 - 469.

② Mary L Paine and David J Hansen, "Factors Influencing Children to Self-Disclose Sexual Abuse," *Clinical Psychology Review* 22, no.2(2002): 271 - 295.

三、污名化效应：羞耻感，担心名誉受损

在集体主义文化背景下成长的儿童更倾向于不揭露被性侵害的经历，因为这样的经历可能有损于家庭的名声。[①] 与之相对的，对女性“贞洁”赋予的价值与对性侵受害者的污名化也会影响儿童性侵害的揭露。[②]

第一，担心个人名誉受损，受到同伴排斥。“遭遇这种事，更觉得羞耻，不敢出声，怕被人知道，也怕被小伙伴议论。”（案例 17）

第二，“贞洁”文化观念使受害女孩自我内化了羞耻与对自我的批判。“因为觉得自己很脏。不知道是出于什么心理，我没有把这事儿告诉任何人，包括家里人。”（案例 38）

四、缺少帮助和支持

受害儿童缺乏获得及时帮助的认知。案例 18 的案主是一个在校园内受到其他儿童欺凌和性骚扰的儿童，她感觉任何人都不会帮她，但她自己又无法解决。

五、自身感觉没有太大伤害

被性侵的少数儿童认为自己没有受到太大伤害的情况在整体案例中占比极少，主要出现在少数同性侵害和女性对男性的侵害事件中。这种现象也是文化建构的另一种体现，社会在对性的建构里认为，男性在性行为中相对于女性是“获益方”，因此即使是在女性对男性的侵害事件中，也有部分男性受害者显著地受此观点影响而认为自身未受到伤害。例如“这件事我也没有跟大人们讲过，包括哥哥们，毕竟没有造成什么大的伤害”（案例 79）。或者是男性受害者将其当成一种“性游戏”，得出的结论是“好玩”（案例 19、案例 51）。

---

① Kristine T. Futa, Eugenia Hsu and David J. Hansen, “Child sexual abuse in Asian American families: An examination of cultural factors that influence prevalence, identification, and treatment,” *Clinical Psychology: Science and Practice* 8, no.2(2001): 189 - 209.

② Shahe Kazarian and David R. Evans (eds.), *Cultural Clinical Psychology: Theory, Research, and Practice* (New York: Oxford University Press,1998), pp. 316 - 347.

第五节　被揭露和发现的性侵害案例分析

统计分析发现，儿童受到性侵后有少数受害者会主动揭露，或是被他人发现。但这些被揭露或被发现的案例受到的干预和反馈不尽相同。

一、儿童主动揭露个案分析

儿童主动揭露对儿童性侵害案件启动法律流程并进行治疗性干预具有至关重要的作用。[①] 在本章研究的个案中，共有 19 起为儿童主动揭露（见表 14－3）。

表 14－3　儿童主动揭露情况

（a）

性侵者身份	数量/起
亲　属	9
熟　人	9
陌生人	1

（b）

向谁揭露	数量/起
母　亲	10
父　亲	5
奶　奶	2
姨　妈	1
朋　友	1

（c）

揭露后应对方式	数量/起
报警	2
教训对方（直接打或骂）	4
禁止对方接触儿童	1
不予支持（嘲笑，站在性侵者一方，不相信，骂受害者，无反应）	12

① Mary L Paine and David J Hansen, "Factors Influencing Children to Self-Disclose Sexual Abuse," *Clinical Psychology Review* 22, no.2(2002): 271－295.

(d)

儿童是否获得其他支持帮助	帮 助 方 式
明确提到获得支持的有一个案例	父亲不但打了对方还教育了母亲，并且和女儿认真地沟通

由表 14－3 可知，儿童揭露时告知的主要对象是直接照顾者，特别是女性照顾者，例如母亲、奶奶、姨母等。揭露后家庭的应对方式截然不同，有 2 起案例选择了报警进入司法程序，有 4 起案例是受害者的直系男性亲属直接教训了性侵者，有 1 起案例是性侵者再未出现在儿童周围。其余案例中揭露时告知的对象都没有对受害者提供任何支持或干预，甚至出现打压受害者的情况，对受害者造成严重伤害。

二、被发现个案分析

被现场发现的 10 起案例中只有 1 起是亲属性侵害，这可能与家庭内性侵害所具有的高度隐蔽性有较大关联。不过，这起被发现的性侵事件未能获得处理——虽然此情况被受害者的外公发现，但外公要求受害者对此保密，因而受害者长期受到表哥的猥亵。其他被发现的案例中，5 起为熟人作案，4 起为陌生人作案。

在全部 10 起被现场发现的案例中，仅有 5 起获得回应和处理，另外 5 起无人干预。干预手段为：2 起选择报警，2 起是受害者家属与性侵者产生直接肢体冲突，1 起是性侵者不再出现在受害者身边。

而被他人报告的案例仅为 2 起。1 起是他人告诉受害者母亲，之后学校开除了性侵者，受害者没有再受到伤害；另 1 起则是被同伴嘲笑而曝光，性侵者没有得到惩处，因而受害者没有得到应有的支持，而是继续受到同学和家人的嘲笑。

三、揭露过程与后果分析

（一）揭露的性别差异

总体来说，儿童进行揭露的比例极低，受害者为男性的被揭露案例只有

2起（其中1起案例还是被同学发现并宣扬出来），约占男性受害者案例（24起）的8.3%；其他29起被揭露案例的受害者均为女性，约占女性受害者案例（102起）的28.4%。可见，男性受害者案例被揭露的比例明显偏低。

（二）揭露过程的不同方式

儿童会选择在较为安全的环境中揭露，并且儿童揭露不一定完全陈述细节，往往倾向于表达对与某个人相处的抗拒，如果家人注意到儿童的异常反应，并进行引导，就会有利于儿童特别是年幼儿童揭露的实现。这也与前文对揭露是一个长期持续而非一过性的论述相符，因此受性侵害儿童的揭露行为的完成会显著受到接下来所讨论的反馈效果的影响。

（三）揭露后的不同反馈

儿童揭露较难获得正向反馈。在本章研究的案例中，家庭的反馈方式主要包括四种：报警、教训对方（直接打或骂）、禁止对方接触儿童、不予支持（嘲笑，站在性侵者一方，不相信，骂受害者，无反应）。例如，案例中有多名受害儿童向奶奶、爷爷、妈妈等倾诉，结果却被质疑或不相信会发生此事。

反馈的正向与否和家庭中是否有人支持儿童，成为儿童能否完成揭露的主要原因之一。部分儿童在首次尝试揭露被负向打击后，就不再提及此事。如果仅是没有明确回应，部分儿童就会选择再次揭露；如果仍旧没有回应，那么儿童往往会选择不再揭露。在家庭成员实施侵犯的案例中，如果儿童尝试将事件告知父母但是受到漠视或负面对待，对儿童和父母的关系会有严重影响，例如儿童对父母会有强烈的怨恨感。

（四）揭露后的干预情况

揭露性侵害的行为的多少与是否得到干预或支持相关。在实际揭露过程中，揭露方式不同，得到的干预和支持也不同，如司法干预、亲人干预或朋友支持。

1. 揭露与司法干预

在性侵害被揭露后，产生影响并获得干预的案例数量非常少。例如，被曝光的31起案例中，只有13起案例受到了干预处理，而在儿童主动揭露的案例中获得干预的案例只有 7 起，约占 19 起主动揭露案例的 36.8%。儿童主动揭露后并不能获得足够的重视，这种情况在一定程度上阻碍了儿童的揭露意愿。案例进入司法程序的非常少，其中仅有 4 起是报警处理。

2. 亲属性侵害与揭露后的干预

干预的积极程度与性侵者的身份有明显关联，体现出干预积极程度与亲近程度的负相关。亲属性侵害案例揭露后的干预率远低于其他类型的案例，而对非家庭成员性侵害案例的干预明显相对积极。

在 31 起被曝光案例中，10 起亲属性侵的案例中仅 3 起被干预（见表 14－4）；16 起熟人作案中有 8 起被干预，有 1 起由于时间过去较久无法干预，干预比例占 50%以上；5 起陌生人性侵害案例中，虽然只有 2 起获得有效干预，但更多的是公共场所的一次性猥亵事件，有 1 起案例是受害者未能清楚说明事件，2 起为公交车上猥亵事件，难以追踪到性侵者。

表 14－4　曝光案例涉及的性侵者与受害者的亲属关系和处理方式分析

序号	性侵情况	公开对象	公开对象与性侵者关系	干 预 程 度	是否处理
1	姥爷猥亵一次	告诉父亲	对立系亲属	父亲把姥爷打了	处理
2	二姨父猥亵一次	告诉母亲	同系亲属	母亲说孩子“作妖”，偏袒姨父；父亲主动询问性侵者	对立系亲属处理
3	亲叔叔猥亵	告诉奶奶	同系亲属	奶奶应了几声就没有后续了	未处理
4	表哥猥亵多次	告诉母亲	同系亲属	表哥有时候还是那样	未处理
5	表哥猥亵三年	告诉母亲	同系亲属	不重视，放任发展，合理化表哥的行为	未处理
6	亲哥哥猥亵	告诉母亲	直系亲属	母亲不管，直接站哥哥那边	未处理
7	重组家庭表哥猥亵	告诉父母		孩子当场就和爸爸说了，结果后妈骂她，爸爸说孩子肯定误会人家了	未处理

续　表

序号	性侵情况	公开对象	公开对象与性侵者关系	干预程度	是否处理
8	爷爷强奸	告诉父亲	直系亲属	没有任何反馈	未处理
9	表哥猥亵两年	外祖父发现	同系亲属	要求受害者保密	未处理
10	继父电话骚扰一次	告诉母亲		之后不联系	可能处理

第六节　研究讨论

运用社会生态系统理论分析本章案例可以发现，当今中国社会对儿童性侵揭露的阻碍因素主要可以从文化、家庭与制度层面进行剖析，不同层面的因素之间互相关联，互相影响。

一、社会文化的避讳和性教育的缺位

从文化层面看，对性的无知、恐惧与污名化，以及对潜在性侵者的认知不足阻碍了受侵害儿童进行揭露。本章第四节陈述了儿童在受到三种因素的影响时，对受害经历进行揭露会受到显著的阻碍，其中包括对遭受性侵害的无知，对受到报复、累及家人、破坏亲属关系的恐惧和来自社会文化对性污名化的羞耻感等。

这三种原因的共性根源是缺少对儿童的性教育，不论是在家庭中还是在学校中，都缺乏对儿童适当的性教育。这背后既有传统文化中对性的避讳，家长对儿童进行性教育时难以启齿等原因；又有教育系统中性教育的缺位，儿童在学校教育中难以获得足够的性知识等原因。因此，儿童在社会化与接受教育的两个主要场景中都无法获得足够的性知识，使得他们在面对性侵害时认知不足，感性脆弱，从而阻碍了对受到性侵害的主动揭露。关于性教育在儿童安全中的重要性许多学者已多有论及，此处不再展开论述。

二、对性侵者身份和年龄的认知误区

另一类阻碍儿童完成揭露的因素源于对性侵者身份的认知不足。研究中发现，有两种认知误区：第一种是对由亲人或熟人进行的侵害行为的忽略，第二种是对同龄群体也可能是性侵者的忽略。

（一）对关系密切者的性侵认知误区

由亲人或熟人进行的侵害行为占儿童性侵事件的八成至九成，但是被揭露的比例远低于其他类型的侵害行为。这是因为社会上普遍存在性侵害大多由陌生人使用暴力进行的刻板印象，忽视了亲属和熟人，如亲戚、朋友、老师等对未成年人的性侵风险。实际上相较于陌生人，儿童与亲属、熟人接触的机会更多、时间更长。在针对儿童的性侵害中，许多时候胁迫的形式不一定是直接的身体暴力。亲属和熟人对受害儿童有更多的了解，更擅长利用儿童的无知与恐惧对其进行性侵害，并且压制其揭露的可能性。若儿童因暴力威胁受到陌生人性侵害，当暂时的暴力威胁消除后，儿童选择揭露的比例相对较高。而熟人与亲人利用信息不对等、心理成熟程度的差异、与儿童家庭关系的压力等条件来进行的性侵行为反而是相对持续的，所以儿童的揭露难度更大，性侵害的伤害持续时间也更长。

（二）对同龄群体的性侵认知误区

在前述数据中，未成年性侵者与成年性侵者的比例相当，其他国家的数据也显示，针对未成年人的性侵害可能更多的是由未成年同龄群体实施的。[①] 原因可能既有未成年人与同龄群体的相处时间更长，也有家长、老师等因为未成年人的年龄而忽略他们能做出性侵害行为。需要注意的是，对于许多未成年性侵者来说，他们的侵害行为同样也是显著缺乏性教育的后果。这些侵害行为可能来

---

① Lorraine Radford, Susana Corral, Christine Bradley, et al., "Child abuse and neglect in the UK today," accessed October 27, 2019, https://learning.nspcc.org.uk/research-resources/pre-2013/child-abuse-neglect-uk-today/.

源于他们曾经受到的性侵害经历，并且有可能在其之后的人生中持续造成创伤。

三、家庭对性侵害的认知缺位

从家庭层面看，大部分受害者的家长很难及时有效地支持受到性侵害的儿童，更谈不上主动报警。上文第三节儿童揭露与对应的处理有关内容提到，总共 31 起被曝光的案例，其中获得干预处理的案例仅有 13 起。对受害者陈述进行分析可以发现，导致家长选择不报警的原因主要有两个，一个是对性侵害的伤害程度的认识不足，另一个是受家长与性侵者关系的制约。

在部分案例中，当事人或其家人认为侵害并不严重，如仅为猥亵，未到强奸的程度，再加上认为这种行为并不光彩而不想公开，所以不愿意进入司法程序。有些案例中因为侵犯人是熟人或亲人，所以家人选择私了，而非进入司法程序。这两种情形体现了中国社会文化中对诉讼的抵触，这使儿童无法得到充分保护。一方面，在东亚文化的背景下，对性的羞耻感会使家长觉得把性侵害事件公之于众将使家庭颜面扫地①；另一方面，传统上对诉讼的抗拒，使得对家长来说与亲人或熟人对簿公堂需要损耗更高的心理成本。

因为受性侵儿童不能从家庭获得支持，在揭露或尝试揭露时遇到挫折，所以产生了强烈的不公正感，并受到进一步的伤害。

除了上述心理层面的制约，在现实的家庭关系中，亲属性侵者与公开对象之间身份的亲疏远近也直接影响到儿童性侵的揭露与后续处置。面对性侵者，对立系与同系亲属（母系与父系）之间可能会产生明确的意见分歧。如果性侵者是父系或母系亲属，那么同系亲属会倾向于掩盖此事，甚至责备受害儿童；而对立系亲属则会更多地支持儿童，责备性侵者。即使是亲生父母，在面对兄弟与子女的抉择时，也会出现犹豫。整个大家庭在这样的事件中容易产生强烈的分歧和矛盾，出现父系和母系家庭之间的对立。这种对立对受侵害儿童而言是巨大的心理负担，阻碍了儿童完成揭露，也阻碍了性侵害事件得到正式的处理。

① K P Roberts, H Qi and H H Zhang, "Challenges Facing East Asian Immigrant Children in Sexual Abuse Cases," *Psychologie Canadienne* 57, no.4(2016): 300 - 307.

四、缺少有效的儿童保护制度

从制度层面看，儿童保护制度不健全、儿童在受到性侵时得不到有效的支持和帮助，是阻碍性侵害事件揭露的原因之一。本章的案例中，有10起性侵害案例是被当场发现的，全部案例中没有1起是被其他主体发现并通过报告进入司法程序的。有受侵犯儿童在陈述中明确表达过感觉面对性侵害时得不到任何帮助，即对获取支持的无望。虽然《中华人民共和国未成年人保护法》《中华人民共和国刑法》等法律和各地的地方性法规都明确要求保护未成年人免受性侵害，但是执行中缺少配套的组织架构与资源划拨来落实法律要求。对于明确肩负保障未成年人合法权益职责的相关主体，如教师、医生、社会工作者等，也缺少对应其职责的权力赋予与奖惩措施。

第七节　防治儿童性侵的政策建议

根据本章研究分析，为了更好地保护儿童，笔者提出以下可能有助于政策改善的建议。

一、在儿童家长和中小学生中开展性知识和预防性侵害教育

对家长和中小学生开展性知识教育非常重要。儿童性侵害的发生和不能被及时揭露出来，都与基础性教育和预防性侵害教育的缺失有关。如果从小学阶段开始针对儿童及其家长全面开展预防性侵害的基础知识教育，就能够极大地提高儿童自身及其家长预防儿童性侵害的能力。

二、了解和理解儿童揭露表达的行为特征，鼓励受害儿童主动揭露

家长、教师或社会工作者等与儿童有较密切接触的人员需要了解儿童揭露表达行为的持续性，理解儿童的表达方式，鼓励受侵害儿童完成揭露。儿童的揭

露尝试往往为间接表达，表现为在面对亲人或熟人性侵者时出现畏惧、抵触情绪或反常行为，这些应引起家长的特别关注，家长或社会工作者均需要有足够的敏感进行识别。

三、完善对儿童暴力侵害和性侵害的报告制度

2020年5月7日，最高人民检察院等九部门联合印发了《关于建立侵害未成年人案件强制报告制度的意见（试行）》，这标志着全国性的强制报告制度的建立。然而，这个制度刚刚起步，仍存在缺陷。此外，要实施该制度，需要对强制报告人员进行专业培训，以保证从事与儿童健康和教育有关工作的人员、政府工作人员及时发现儿童性侵案件并立即向主管部门报告；同时也需要增强公民的责任意识，使每个公民都意识到自己有义务报告儿童性侵的现象。

四、在学校和社区配备防虐待儿童专员，并对他们进行有关技能培训

建议在学校和社区指定专职教师（心理咨询教师）、儿童工作者或社区工作者担任防虐待儿童专员，并对他们进行防止儿童受性侵害、虐待甄别与报告等技能的培训。公民在社区内发现疑似案件难以确定时均可征询防虐待儿童专员，通过民政、教育与公安系统联动合作对所报告的案件及时反应，在社区和学校环境内全面保护儿童的安全。

五、加强儿童保护社会工作者队伍建设

由于性侵事件中约九成为熟人作案，侵害事件发生后，对儿童及其家庭会造成不可弥合的伤害，因此急需成熟的专业儿童保护社会工作者团队对整个家庭提供支援与帮助。一方面，需要民政、司法和教育系统加大对儿童保护社会工作服务的购买力度；另一方面，需要加强社会工作队伍职业能力的建设，培训一大批专业化、职业化、社会化的专职儿童保护社会工作者，有效推动儿童保护工作健康发展。

第八节　研究的局限和意义

笔者主要通过在网络匿名平台上发布的资料来分析未成年受害者揭露行为的特点、未揭露性侵害事件的原因，以及揭露事件后面临的状况，旨在让人们知悉存在的儿童性侵害问题，提升防护的认知和干预意识。这种研究方法有一定的局限性。首先，样本数据缺少代表性，不能代表受到童年期性侵的全部人群，因为并非所有受害者都能够使用网络并知道该匿名网站，或者愿意将自己的受害经历发表在公共网络平台上。即使缩小范围，该性质研究的数据也不能代表运用该匿名网络平台或者愿意发表自己性侵害经历的全部群体。其次，在网络平台上的个人回答，是受害者自由主观地回忆的事件经过并阐述其个人感受，而并非提供受害者全面的生命历程信息。这意味着，研究结果仅依靠受害者在网络上所提供的相对有限的信息得出。受害者除了个人发表的创伤性记忆和事件以外还有更为广泛的生命历程，其他因素可能对受害者的观念产生影响，这在本研究中并没有被列入讨论范围。

在中国，大量性侵事件未能被揭露，未曾进入司法系统或公众视野。除司法系统外，研究者往往难以取得儿童性侵的事件样本。本章提供了一种研究和探索受过儿童期性侵害的社会群体的方式。随着社交媒体的发展，通过网络匿名倾吐并寻求社会支持和纾解个人压力的群体在不断增长。本章的资料采集方法和样本分析为研究儿童性侵害问题拓展了研究视角，提供了一个新的研究方向。

第六编

社 会 在 行 动

第十五章

非政府的儿童保护组织

尚晓援　田　甜

摘要：本章概述了中国一些极有影响的民间儿童保护组织的活动。政府与非政府组织长期协作，结合社会各界的努力，推动儿童保护的发展。在这个过程中，民间组织的贡献不可或缺。这些民间组织的工作重点不同，有些活跃在宣传教育领域，有些活跃在法律援助领域，还有些为遭受性侵害的未成年人提供所需要的救助服务。虽然这些组织的数量与儿童对保护服务的实际需求相比极其有限，但是它们的活动影响极大。

关键词：儿童权利；儿童性虐待；性侵害未成年人；性教育；预防性侵害；社会工作；儿童利益优先；儿童保护组织

中国底线的儿童保护制度，需要民间组织的积极参与，补充国家提供服务的不足，并促进儿童保护服务的专业化发展。同时，我们看到，在中国儿童保护的各个方面，活跃着一批儿童保护的民间组织。这些组织的数量非常有限，和儿童对保护服务的需要相比，显得少之又少。因此，推动非政府的儿童保护的民间组织发展，对建设未来的中国的儿童保护制度具有重要意义。

第一节 非政府儿童保护组织的类型

中国儿童保护制度的发展，得益于国内政府部门、非政府组织和国际组织的长期努力与密切合作，以及全社会的共同参与。在这个过程中，除了政府机构，还活跃着一批民间组织，这些组织为受到性侵害的儿童提供需要的帮助和支持。这些非政府组织涉及宣传教育、法律援助、干预救助等不同领域。虽然其数量与儿童对保护服务的实际需求相比极其有限，但是它们的活动影响极大。本章概述了中国极有影响的一些民间的儿童保护组织的状况。

笔者采取文献研究和定性研究的方法。一方面，对公开发表的儿童保护机构的文献进行分析；另一方面，对部分非政府组织（社会组织）进行了深度访谈。本章概述了在儿童保护领域活跃的社会组织，以及这些组织怎样为受性侵害儿童提供服务。

从法律身份看，在中国，社会组织分为三种登记类型，包括社会团体、民办非企业和基金会。为受性侵害儿童提供服务的社会组织按照工作内容则可以分为三类，包括预防儿童性侵害的宣传教育组织、法律援助组织、针对儿童虐待受害者提供干预和救助服务的组织。

一、宣传教育组织

针对中小学多次发生性侵害未成年人的案件，教育部制定了《中小学公共安全教育指导纲要》（2007 年）和《中小学健康教育指导纲要》（2008 年），这些文件中建议在学校开展预防儿童性侵害的宣传教育工作。研究发现，经过数年的努力，我国性侵害有关的教育宣传在学校里仍相当有限。[①] 随着 2013 年各种虐童案件新闻的影响扩大，社会组织逐渐开始承担起预防儿童性侵害宣传教育的重任。

① 吴玥娇、陈晶琦：《东北某市 8 所小学预防儿童性侵犯工作的定性研究》，《中国生育健康杂志》2021 年第 5 期。

（一）“守护童年”网络合作平台

自2013年N市饿死女童案①后，中国妇女发展基金会联合百家单位，共同促成建立了全国儿童保护网络合作倡导平台“守护童年”，决定做好中国的儿童保护工作。“守护童年”网络合作平台不是正式注册登记的组织，而是一个多方合作的儿童保护平台，“守护童年”对各参与方的力量按照其特点进行分工。在这个基于网络的合作中，政府单位进行倡导，企业进行宣传和个案通报，专业人员提供专业服务，并在家长和儿童中进行知识普及，以期培养全民反对儿童性侵害犯罪的意识。

（二）“女童保护”专项基金

“女童保护”专项基金是中国影响最广泛的预防儿童性侵害的宣传教育组织之一。2013年6月1日，鉴于全国发生多起对女童的性侵害案件，各地百名女记者联合《京华时报》、人民网、凤凰公益、《中国青年报》和中青公益频道等媒体单位发起“女童保护”公益项目。随着“女童保护”公益项目的影响逐步扩大，捐赠者和参与者持续增加。“女童保护”公益项目在2015年成立专项基金，设在中国少年儿童文化艺术基金会下。2018年，“女童保护”专项基金团队成立北京众一公益基金会（非公募）。该组织以“普及、提高儿童防范意识”为宗旨，致力于保护儿童，远离性侵害。② “女童保护”专项基金培养了大批志愿者和专业讲师，为儿童和家长提供预防儿童性侵害的教育课程。截至2021年12月底，“女童保护”专项基金已经在全国31个省份开展预防儿童性侵害的课程培训和知识讲座，覆盖儿童超过593万人，覆盖家长超过70万人，培养了家长和儿童防范儿童性侵害的意识。③ 从2014年起，“女童保护”专项基金每年发布“性侵儿童案例统计和儿童防性侵教育调查报告”，为宣传预防儿童性侵害起到了重要作用，

---

① 马超：《南京检察官：“饿死两女童”案催生未成年人保护条例》，https://www.thepaper.cn/newsDetail_forward_1477284，访问日期：2022年9月19日。

② 中国少年儿童文化艺术基金会：《“女童保护”专项基金》，http://cfcac.org.cn/index.php/fund/23.html，访问日期：2022年7月19日。

③ 女童保护：《如何成为“女童保护”志愿者讲师?》，https://mp.weixin.qq.com/s/Y2Iki8j-RQeFT3cAmo5k-w，访问日期：2022年7月19日。

有关报告数据也为政策制定提供了依据。[①]

二、法律援助组织

在中国儿童保护制度发展的过程中，法律界特别是非政府的法律工作者和组织发挥了极大的作用。

（一）北京青少年法律援助与研究中心

北京青少年法律援助与研究中心是中国第一家专门从事未成年人法律援助与研究的公益法律机构，是这个领域在中国最有影响力的非政府组织。这家组织的创建人和主任是佟丽华律师。1999年，佟丽华以北京市致诚律师事务所的名义，联合中国青少年犯罪研究会共同成立了青少年法律援助与研究中心（后更名为北京青少年法律援助与研究中心）。2003年5月，该中心正式获得民办非企业注册登记。北京青少年法律援助与研究中心的使命是致力于中国未成年人权益保护，推动律师参与未成年人保护工作，构建覆盖全国的未成年人保护协作网络，促进未成年人法学研究和法律政策的完善。该中心创建了包括为未成年人提供法律服务、开展未成年人法学研究、推动和参与立法等方面在内的未成年人保护综合模式，同时推动全国更多的律师参与未成年人保护工作。2020年，该中心推动、组建的“中国律师未成年人保护志愿协作网”已经有志愿律师9 300多名，覆盖了全国31个省、自治区和直辖市。[②]

除此之外，该中心还为儿童性侵害案件受害者提供免费的法律服务，2022年推出24小时“未成年人保护热线”，为受到或疑似受到性侵害的未成年人提供专业的法律帮助。[③]

（二）北京千千律师事务所

北京市千千律师事务所成立于2009年9月，是一家依托北京大学法学院原

---

① 女童保护：《“女童保护”2020年性侵儿童案例统计及儿童防性侵教育调查报告》，https://gongyi.ifeng.com/c/84HZd9RVFSY，访问日期：2022年6月29日。

② 北京青少年法律援助与研究中心官方网站：《中心介绍》，https://chinachild.org/about/，访问日期：2023年11月14日。

③ 致诚儿童：《青少年中心推出“未成年人保护热线”，律师24小时答疑》，https://mp.weixin.qq.com/s/UlOuGV2SPXeJgA2n8axCOw，访问日期：2022年7月19日。

妇女法律研究与服务中心成立的偏公益性质的律师事务所，创始人为郭建梅女士。

北京大学法学院妇女法律研究与服务中心成立于1995年12月，是中国第一家专门从事妇女法律援助和研究的公益性民间组织，当时是这个领域最具盛名的民间组织。该中心以妇女这一特殊的弱势群体为服务对象，以提供法律援助为救济途径，致力于中国贫弱妇女的维权事业。在该中心解散后，北京千千律师事务所承继其使命，以提供法律援助为救济途径，致力于推动包括妇女（主要服务对象）、儿童、老年人、残障人士、农民工等社会弱势群体法律权益状况的改善，推动公益法律援助事业的发展和有关法律法规政策的出台与完善。儿童性侵害问题是该机构的重点关注领域，也是法律援助目标之一。

该机构于2014年组建了由30多名律师志愿组成的“守护天使”公益律师援助团队，采用团队合作的方式，先后为多起儿童性侵害案件提供了法律援助，并积极进行案件研讨，提供立法建议，推动刑法修改，他们撰写的《性侵害未成年人案件法律手册导读》，为律师办理儿童性侵害案件提供了具体的实务建议。[①]

以上两家法律援助类组织采用了类似的工作模式：对数量有限的、具有典型性和重大影响力的未成年人保护案件提供免费的法律援助服务；开展对重大问题的法学研究，积极进行案件和重大问题研讨，引起社会各界对儿童保护重大问题的关注；向政府提供政策和立法建议，推动法律法规修改、制度变迁和全国更多的律师参与未成年人保护工作。

这是一套行之有效的工作模式，民间组织和政府有关部门互动，促进了多项重要法律法规的出台或修改。中国未成年人保护领域内很多法律法规的进步，都包含了民间组织和全社会的努力。

三、干预救助组织

对遭受性侵害的未成年人提供干预和救助，需要医疗、心理、社会工作等多

① 北京市千千律师事务所官网：http://www.woman-legalaid.org.cn/，访问时间：2022年6月19日。

专业的共同合作。在民间，针对性侵害未成年人受害者提供干预和救助服务的社会组织相对有限。

（一）西安博爱儿童虐待预防与救助中心

国内最早开展受虐待儿童救助服务的机构，是西安博爱儿童虐待预防与救助中心的“春晓”计划团队。该团队以医疗救助为主，为受虐待儿童提供免费的诊断和治疗，并辅以资金支持等其他救助方式。但是多种原因使得该机构缩减了规模，后成为陕西省人民医院的一个课题研究方向。[①]

（二）中国性侵害预防网

中国性侵害预防网又名春风网，该机构为网络互助平台，其中“春风计划”为中国（未包括港澳台地区）首个预防性侵害、援助遭遇者的公益项目，同时也为性侵害受害者（包括未成年人）提供基于网络的心理咨询和治疗，以及法律援助等服务。[②]

（三）9958 儿童紧急救助中心

9958 儿童紧急救助中心（“9958”与中文“救救我吧”读音相近）是中华少年儿童慈善救助基金会的创新性项目。9958 儿童紧急救助中心于 2012 年 7 月起，开始运营 24 小时热线救助电话“400 - 006 - 9958”，为全国患有大病、受到意外伤害（性侵害可归为此类）的贫困儿童提供救助服务。除热线外，该机构针对个案（包含儿童性侵害）提供募捐服务，在网络上搭建个案救助平台，将受害儿童的情况和资料（根据求助者的想法，有些是实名，有些会做隐私保护）公开，向全社会募捐。该机构还对求助的儿童提供转介服务，不在该机构救助范围的个案，如严重的儿童性侵害，该机构会帮助受害者转介到可能提供帮助的组织。[③]

以上这些社会组织更多的是通过网络或电话为受虐待儿童提供帮助，鲜少

---

① 姚村社、宋洁、张波：《儿童受虐事件频繁上演 不打不成才格训作孽》，https://news.sohu.com/20081222/n261340157.shtml，访问日期：2022 年 7 月 19 日。

② 春风网，http://www.858.org.cn/，访问日期：2022 年 7 月 19 日。

③ 中华少年儿童慈善救助基金会：《9958 儿童紧急救助项目》，https://www.ccafc.org.cn/category/3741。

能直接为受害者提供服务。在中国,直接为受到性侵害的儿童提供服务的民间组织非常少,河南省儿童希望救助基金会(本章以下简称"儿童希望基金会")是其中最著名且规模最大的。笔者团队对儿童希望基金会进行了深度访问和调查,下一节将对儿童希望基金会为儿童性侵害受害者服务的流程、内容、资金来源和成果进行简单分析。

第二节　服务组织个案分析

儿童希望基金会在河南省注册,早期主要致力于困境儿童救助,先后创立了儿童希望基金会助医、助养、孤儿、脑瘫等几大项目,截至我们调查时,已服务了1万多名儿童。① 2012年12月,儿童希望基金会正式成立了专门针对儿童暴力受害者的项目——"真爱受虐儿童服务项目"(本章以下简称"'真爱'项目"),致力于打造一支为儿童暴力受害者提供服务的专业团队。儿童希望基金会接受国内外的捐款,依靠这些捐款开展服务。与政府购买服务不同,由于捐款人认同儿童希望基金会的组织宗旨和目标,所捐款项往往不限定用途。

一、儿童希望基金会"真爱"项目的工作流程

儿童希望基金会建立的"真爱"项目,把宏观动员和微观服务有机结合,在全国范围内为遭受暴力侵害的儿童提供支持和服务,并通过宣传和政策变革,推动未成年人保护制度的进步。儿童希望基金会"真爱"项目的主要工作流程见图15-1。

儿童希望基金会该项目的主要特点是微观服务,即对受害儿童提供服务。受害儿童个案服务是儿童希望基金会的主要工作内容,包括家庭评估、庇护服

① 河南省儿童希望救助基金会:《河南省儿童希望救助基金会2019年度工作报告》,http://www.childrenshope.org.cn/noticeinfo.php?id=91,访问日期:2022年6月19日。

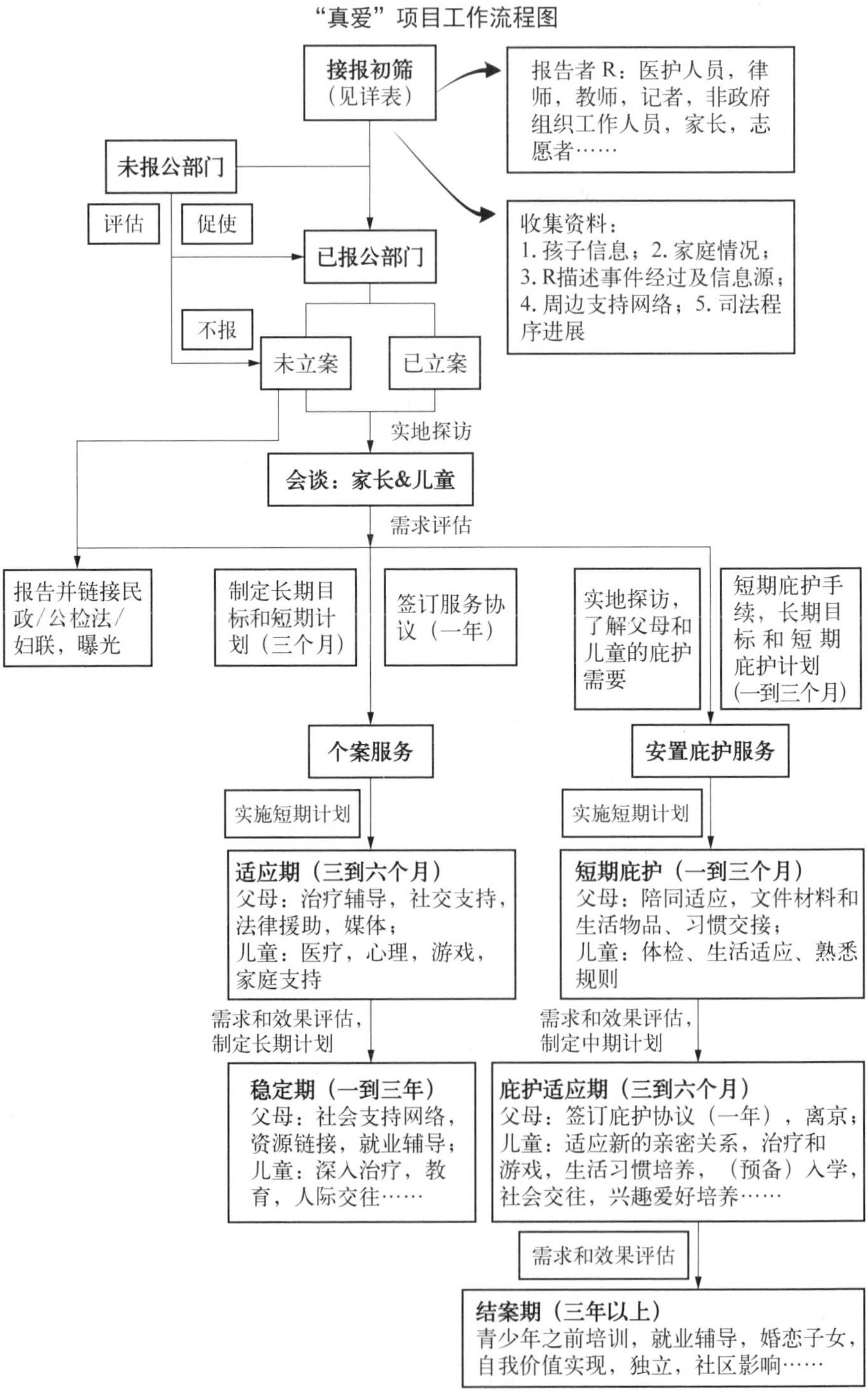

图 15-1 儿童希望基金会“真爱”项目工作流程图

务、助养助学、心理康复/辅导等社会工作服务。从 2012 年成立至 2020 年 7 月，儿童希望基金会共对 70 个个案提供了服务，其中结案 43 个。受害儿童分布在北京、天津、云南、贵州、四川、广西、广东等 20 个省区市，这些个案涉及不同类型的对儿童的暴力侵害，以性虐待为主，年龄最小的受害者仅三岁。根据儿童的具体情况，儿童希望基金会“真爱”项目为他们提供短期救助和长期救助两类服务。由于为长期救助的受害儿童提供庇护的需要，自 2018 年 7 月起，儿童希望基金会建立了“真爱庇护所”，为严重的受害儿童提供庇护安置服务。

二、儿童希望基金会从事儿童保护服务的员工配置

儿童希望基金会“真爱”项目配有四名专业人员，分别承担不同的任务。一名主管负责筹款和资源统筹，一名社会工作者（受过心理学训练）负责全国的接案审核和个案管理，两名专职管理人员负责“真爱庇护所”的日常工作（一名为儿童生活教师，主要负责儿童在“真爱庇护所”的家庭生活；另一名为专职社会工作者，帮助受害儿童链接所需要的服务资源）。除这四名专业人员外，儿童希望基金会“真爱”项目还在外面聘请了兼职的受过专业训练的项目督导，为工作人员提供配套的从个案到项目执行层面的督导和培训。儿童希望基金会“真爱”项目同时与医院、心理咨询机构、法律援助机构以及职业培训学校长期合作，注重不同年龄段儿童的健康、安全和发展等多重需求。截至 2019 年年底，已有两名正在接受服务的女童进入“真爱庇护所”并得到安置。儿童希望基金会“真爱”项目已经形成了生活照料、社会工作、心理治疗三个方面结合的紧急个案救助模式。

三、儿童希望基金会“真爱庇护所”及其经费配置

“真爱庇护所”的活动、生活场所是在社区租用的私人院舍，房子共 280 平方米，安排有 5 间儿童卧室，还配有专门的儿童活动室、“小妈妈”卧室、厨房、卫浴房，最多可容纳 12 个孩子；还安排有一间生活教师的卧室和一间办公室。另有一个小花园。“真爱庇护所”的年度基本支出约 80 万元（见表 15－1）。

表 15－1　儿童希望基金会“真爱庇护所”2020 年度支出预算表①

<table>
<tr><th colspan="2">支出类型</th><th>费用</th><th>说明</th></tr>
<tr><td colspan="2">庇护所房租</td><td>30 万元</td><td>租赁价格低于市场水平，部分为友情赞助</td></tr>
<tr><td colspan="2">水电煤气</td><td>1 万元</td><td>大约合计</td></tr>
<tr><td rowspan="10">生活和人力成本</td><td>伙食费</td><td>2 万元/人</td><td>约为 1 666 元/人/月</td></tr>
<tr><td>学费</td><td>3 万元/人</td><td>受户口限制，儿童只能进入私立学校</td></tr>
<tr><td>儿童医疗费用</td><td>2 万元</td><td>儿童医疗保险
残疾儿童的特殊康复需求
常规体检（妇科体检）
儿童心理辅导费 200 元/次</td></tr>
<tr><td>其他开销</td><td>2 万元</td><td>购买服装、书籍或兴趣开发费用</td></tr>
<tr><td>交通旅行</td><td>1 万元</td><td>日常上学、郊游和回家探亲</td></tr>
<tr><td>员工工资</td><td>30 万左右</td><td>四名工作人员</td></tr>
<tr><td>督导教师工资</td><td>3.6 万元</td><td>两名教师</td></tr>
<tr><td>个案探访差旅费</td><td>2 万~3 万元</td><td>个案服务、管理、孵化
全国差旅</td></tr>
<tr><td>个案管理员协调全国个案的花费</td><td>2 万</td><td>学费、医疗费、生活费（包括助养、助医、夏令营）</td></tr>
</table>

四、个案来源与性质

儿童希望基金会跟踪的个案来自全国各地志愿者的报告、机构转介和受害儿童及其家长主动求助。由于国内为性侵害受害者提供服务的组织非常

① 河南省儿童希望救助基金会：《河南省儿童希望救助基金会 2019 年度工作报告》，http://www.childrenshope.org.cn/noticeinfo.php?id=91，访问日期：2022 年 6 月 19 日。笔者实地访谈。

少，全国各地的社会组织遇到此类个案后会转介给儿童希望基金会的“真爱”项目，有些地方政府也转介受害者给儿童希望基金会的“真爱”项目。受害儿童的来源详见表15-2。

表15-2　“真爱”项目的个案来源分析（统计截至2020年7月）①

个案来源	数量/个	备　　注
家人求助	17	
社会求助	9	包括1例事发学校的学生家长求助，该家长曾为媒体人
地方政府转介	3	
其他机构转介	24	包括3例托管班教师、2例律师、2例就读学校的教师、1例精神科医生转介
社会媒体联络	10	
自主发现	7	在机构内其他项目工作过程中发现个案

从个案来源看，有政府部门和学校的转介，有医生、律师、媒体人的转介，还有家长的求助。这说明中国社会上对这类服务的需求量较大。但提供服务的组织数量有限，偶尔有极少数受害者知道儿童希望基金会在提供服务，辗转被介绍来。

接到报告后，儿童希望基金会首先会派当地志愿者去核实报告是否属实，核实后若符合救助条件，则立案；接下来社会工作者介入跟踪个案并用量表进行评估；以家为单位根据评估结果和需求为受害者及其家庭提供心理和医疗方面的支持；组织受害者与志愿者（部分曾是儿童性侵受害者）交流；帮助受害者上学或学习其他适合的专业技能。

“真爱”项目涉及的个案有家庭暴力、性侵害等不同性质，详见表15-3。

---

① 河南省儿童希望救助基金会：《河南省儿童希望救助基金会2019年度工作报告》，http://www.childrenshope.org.cn/noticeinfo.php?id=91，访问日期：2022年6月19日。笔者按内部文件整理。

表 15-3 “真爱”项目涉及的个案性质分析(统计截至 2020 年 7 月)①

个 案 类 别	数量/个
家庭暴力	7
性侵害	52
疏忽照顾	5
校园暴力	3
其他	3

在多年的一线工作中,儿童希望基金会反虐待团队(含“真爱”项目)秉持“不离不弃”“无条件接纳”等专业理念,为儿童受害者提供服务。截至 2020 年 7 月,已经有 43 个个案结案。其中涉及的几名受过严重伤害的儿童已经长大成人,拥有了普通人的正常的工作和学习环境,有的结婚成家,进入了人生新的阶段。

第三节 小　　结

虽然中国在各个领域活跃着一批儿童保护的非政府组织,但是这些组织的数量非常有限,和儿童对保护服务的需求相比,显得少之又少。因此,发展非政府的儿童保护的民间组织,对建设中国未来的儿童保护制度有重要意义。

未成年人保护法律专家佟丽华认为,当前制约留守儿童保护、困境儿童保护以及其他儿童保护工作的难点是缺乏专业的力量。政府很难增加很多编制去开展具体服务工作,具体服务工作主要依靠政府来完成也不符合国家机构改革的

① 河南省儿童希望救助基金会:《河南省儿童希望救助基金会 2019 年度工作报告》,http://www.childrenshope.org.cn/noticeinfo.php?id=91,访问日期:2022 年 6 月 19 日。笔者按内部文件整理。

方向；传统的主要依靠乡镇、村干部兼职开展一些工作，已经难以解决留守儿童、困境儿童以及其他儿童的情感、心理、权益保障等问题。他建议民政部儿童福利司将孵化、发展专业社会组织当成一段时期的重点工作：要求每个县至少要有一家专业的儿童保护类社会组织；在国家层面整合专项财政拨款、公益彩票资金、基金会等资金，大力培育、发展儿童关爱保护类专业社会组织，依托社会组织培育专业人才。[①]

从本章对儿童保护的民间组织的概览来看，发展专业化的儿童福利和保护的民间组织，的确是中国儿童保护制度建设的当务之急。

---

① 佟丽华：《中国儿童保护的希望、挑战与期待》，《人民法院报》2019年1月31日第2版。

第十六章

未成年人保护公益律师在儿童保护制度发展中的作用

尚晓援　田　甜　詹尉珍

摘要：笔者考察了中国公益律师在推动未成年人保护法律法规基础建设中所用的方法和所起的作用。研究发现，从事未成年人保护工作的律师队伍，在儿童保护法律不够健全的背景下出现和发展。未成年人保护律师不仅需要介入个案，也需要在法律和政策研究、沟通法律专业队伍和政府部门、推动法律和政策的制定和变革、进行法律知识普及、促进未成年人保护工作的专业化等多个方面开展工作，并形成了独特的工作模式，即个案介入和发现问题—政策研究和政策提案—政策倡导和推动政策变化。在这个过程中，法律法规的逐渐完善、公益律师专业水平的提高、社会组织的发展和政府部门的互动与协作，都是成功的要素。

关键词：儿童权利；公益律师；未成年人保护律师；社会工作；儿童利益优先

第一节　导　　言

一、研究背景

近十年来,侵害和虐待未成年人的问题受到社会的广泛关注。中国未成年人保护制度的各个要素逐渐建立,国家法律政策也进一步完善。中国的未成年人保护工作向前迈了一大步。

中国未成年人保护制度的建设,是一个由下而上,再由上而下,通过国家和社会的密切合作和互动才得以前进的过程。在这个过程中,中国从事未成年人保护工作的公益律师和律师组织发挥了极大的促进作用。我国未成年人保护和有关法律政策的进步和落实,最早的推动力量不是来自社会工作专业组织和个人,律师行业参与未成年人保护工作远早于社会工作制度的建立。本章通过对中国未成年人保护律师队伍和律师组织发展的研究,深入考察了从事未成年人保护的公益律师在中国未成年人保护制度建设中所起的作用,特别是在推动制定新的法律、倡导新的法律实践、宣传未成年人保护法律知识等方面所起的作用。

二、研究目的和研究问题

本章旨在深入考察公益律师怎样推动中国未成年人保护制度的发展,包括所用的方法和所起的作用。主要研究问题有:第一,中国未成年人保护律师(本书以下简称“未保律师”)队伍及其组织与未成年人保护制度建设之间的关系是什么?第二,中国未保律师队伍及其组织怎样推动未成年人保护的制度建设?有什么特点?有哪些值得参考的独特经验和值得吸取的教训?

未成年人保护制度的建设是一个系统工程。从国家的角度看,法律法规是制度的基础和运行框架。为了这个制度的运行,还要有进一步的制度建设。在政府层面,建立与未成年人保护有关的政府部门和培养有关的公务人员,是建设这个制度的组织基础。从民间的角度看,未保律师及其队伍的形成与壮大、推动社会各界接受新的未成年人保护观念、在未成年人保护案件中代表未成年人利益发言等，都是未成年人保护制度建设和正常运行的必要条件。

因此，本章试图从五个方面考察中国未保律师及其组织的发展，以及他们在未成年人保护制度建设方面所起的作用。第一，中国未保律师队伍的发展和全国性未保律师网络的建立；第二，未保律师怎样推动法律和政策变化；第三，未保律师推动未成年人保护中新的法律实践的出现；第四，未保律师在公众中普及未成年人保护的法律观念和知识；第五，未保律师在组织受害未成年人及其家庭的社会支持和援助方面发挥的作用。

除了上面几个方面外，未保律师还深度介入个案，直接代表受害儿童参与个案的审理过程。这个方面的作用，我们将在第十七章中考察。

三、研究方法

本章资料收集以深度访谈为主，以文献资料收集整理为辅。首先，团队通过文献整理，梳理了公益律师在推动未成年人保护制度建设，特别是推动法律法规建立健全和政策出台方面的工作。其次，团队对全国律师协会未成年人保护专业委员会的几位委员和秘书处工作人员，以及五位在未成年人保护领域工作的公益律师进行了深度访谈，了解该委员会的发展历史和作用，以及公益律师的努力。

本章使用的资料，除了注明出处的之外，都来自实地调查。负责调查的人员包括从事未成年人保护工作的法律工作者和北京师范大学的社会工作专业研究人员。

第二节　中国未成年人保护法律专业组织和专业队伍的建设

1979 年 7 月 1 日，第五届全国人民代表大会第二次会议一天之内通过了《中华人民共和国刑法》等七部法律，被法学界称为中国法律史上著名的“一日七法”。[①] 以此为先导，中国陆续制定了《中华人民共和国民法通则》等一大批重要法律。

未保律师，是指参与未成年人法律咨询或诉讼、法律制度建设和法律宣传的律师。中国第一批从事未成年人保护的专业律师，是在1978年之后培养出来的。根据未保律师网络化、组织化和专职化的程度，未保律师队伍的发展可以分为三个阶段：2000年以前、2000年至2006年、2006年至今。

一、从北京致诚律师事务所到全国建立专职的未保律师队伍

2000年以前，中国还没有全国范围内的未保律师网络，律师在全国各地以个人名义或者以所在律所的名义开展工作，主要通过介入未成年人保护的个案参与未成年人保护工作。

在这个阶段，中国公益律师的领军人物是佟丽华（北京市致诚律师事务所主任），他于1999年建立了北京青少年法律援助与研究中心。[②] 二十多年来，佟丽华带领的致诚公益律师团队的服务范围由为未成年人、农民工和老年人依法维权，发展到关注农村留守儿童、刑事法律援助、社会组织发展等六大领域，其成为全国最大的综合性公益法律服务机构。截至2019年4月，致诚办理了有关未成年人、农民工、妇女、残疾人、老年人等的免费案件1.3万余件，为农民工挽回经济损失超过2亿元，化解了大量未来可能被激化的社会矛盾。根据我们2020年的实地调查，全国有超过60万人因佟丽华所推动的免费公益法律服务而直接受益。

其他地区亦有公益律师为未成年人提供法律服务。个别律师的努力，主要体现在个案介入。例如，沈阳张志毅律师介入一起6个不满十六周岁未成年人在制作打火机的过程中因打火机爆炸而被烧伤的案件。鉴于生产商没有赔付能力，张志毅律师要求政府承担赔偿责任。又如安徽省凤台县农民刘诚因买到并使用劣质柴油而导致拖拉机爆炸，造成其子小宝全身大面积烧伤的案件，安徽孔

---

① 张文显：《中国法治40年：历程、轨迹和经验》，《吉林大学社会科学学报》2018年第5期。
② 佟丽华：《为了正义：致诚公益十年》，法律出版社，2009，第12—13页。

维钊律师主动为一家人提供法律援助，以法律手段追究生产者和销售者的责任，最终为小宝拿到近 15 万元的经济赔偿。①

在个案介入的过程中，因为发现普遍存在的法律意识和法律知识缺乏的问题，公益律师也尝试开展了未成年人法律咨询和法律宣传活动。自 1993 年至今，北京王毅伟律师联合北京市朝阳区人民法院，每年定期开展针对青少年、教师和学校管理者的司法观摩活动。

总体来说，这一时期，律师在各自的地域范围内独立开展未成年人保护工作，不同地域的律师之间极少就未成年人维权问题进行沟通和交流。

二、全国组建青少年法律援助律师协作网

2000 年至 2006 年，全国性的未保律师网络出现，律师的未成年人保护工作进入了组织化、规范化的轨道。

2000 年，在佟丽华律师的推动下，中国各地的律师相互联系并配合，在全国组建了青少年法律援助律师协作网，由此，未保律师网络开始建立。这一律师协作网之所以得以建立，缘于律师进行个案介入时遇到的问题。1999 年，北京的佟丽华律师介入一起 2 个未成年人在北京遭父亲遗弃的案件。在案件处理过程中，他将两人送回广西老家并说服孩子的姑母抚养他们。通过本案的处理，他意识到异地办理案件的问题。出于对办案成本、资金、资源以及办案效率的考虑，佟丽华考虑组建青少年法律援助律师协作网，动员全国律师的力量，对未成年人提供法律援助。通过直接向全国各地 500 家律师事务所发函和在《法制日报》（2020 年 8 月 1 日更名为"《法治日报》"）上发布广告，全国有 60 余名律师表示愿意加入这一网络。2000 年 7 月，中国青少年法律援助律师协作网第一次全国会议在北京召开，会议讨论了各地律师协作促进未成年人保护的重要性，探讨了办理未成年人案件需要注意的问题，该会议标志着中国开始出现职业化的办理未成年人案件的律师。②

---

① 佟丽华：《为了正义：致诚公益十年》，法律出版社，2009，第 74—76 页。
② 佟丽华：《为了正义：致诚公益十年》，法律出版社，2009，第 73—74 页。

随着青少年法律援助律师协作网的发展壮大，暴露出来的一个问题是如何组织和协调各地律师的行动。就这一问题，2001 年年底，时值北京市律师代表大会召开，佟丽华律师建议北京市律师协会设立未成年人保护专业委员会。该建议得到了支持和采纳。2002 年 1 月，北京市律师协会未成年人保护专业委员会成立，这是在中国地方律师协会内成立的第一个未成年人保护专业委员会。[①]

基于北京的成功经验，2002 年 11 月，佟丽华律师向中华全国律师协会提交书面建议书，建议在中华全国律师协会内成立未成年人保护专业委员会。2003 年 5 月，中华全国律师协会采纳该建议，成立了中华全国律师协会未成年人保护专业委员会（本书以下简称"全国律协未保委"）。[②] 此后，各省律师协会纷纷成立未成年人保护专业委员会，最多的时候（2013 年），有 30 个省级律师协会成立了未成年人保护专业委员会（本书以下简称"律协未保委"）。全国律协未保委的建立，解决了青少年法律援助律师协作网的组织协调问题，促进了青少年法律援助律师协作网的进一步发展壮大，由此未保律师网络步入组织化、规范化的轨道。这个网络还深入县城，有相当一部分县级律师加入了青少年法律援助律师协作网，成为未成年人保护的重要力量。

三、建立专职的未保律师队伍

尽管全国未保律师网络已经建立，但不论是各个律协未保委的律师还是青少年法律援助律师协作网的律师，参与未成年人保护工作是以兼职、志愿的形式为主，这难免在推动当地未成年人保护工作中有一定的局限。鉴于此，2006 年，佟丽华律师推动建立专职的未保律师队伍，这支律师队伍将全职致力于未成年人保护工作。[③] 此后，许多省都设立了专职的未成年人法律援助机构，包括北京青少年法律援助与研究中心、江苏维世德律师事务所、安徽致诚公益法律援助与研究中心、江西省公益法律服务中心、四川伟旭律师事务所等。这些机构在各自

① 佟丽华：《为了正义：致诚公益十年》，法律出版社，2009，第 78 页。
② 佟丽华：《为了正义：致诚公益十年》，法律出版社，2009，第 79—80 页。
③ 佟丽华：《为了正义：致诚公益十年》，法律出版社，2009，第 91—96 页。

的省级行政区内为推动未成年人保护事业的发展发挥着重要作用。

第三节 未保律师组织在儿童保护中的作用

中国未保律师队伍建设和儿童保护制度建设是同步发展的。

中国未保律师队伍的成长，是在一个特殊的历史背景下发生的。当时，中国的儿童保护制度处于初创阶段，从无到有。因此，中国未保律师所起的作用，在个案介入，政策研究、倡导、推动，以及参与立法等方面同样重要。一个行之有效的工作模式逐渐形成，即从个案介入和发现问题入手，进行政策研究和组织政策提案，最后进行政策倡导和推动政策变化。如北京青少年法律援助与研究中心概括自己的工作模式为“未成年人保护综合模式”，包括为未成年人提供法律服务、开展未成年人法学研究、推动和参与立法等。

一、法律、政策倡导

（一）通过个案介入，关注法律的缺失

公益律师自 20 世纪 90 年代就开始参与未成年人权利维护和保障工作，2004 年，中华全国律师协会还曾发布专门意见以动员更多的律师参与未成年人保护工作。

个案介入是所有律师最基本的工作。中国的未保律师往往通过个案介入积累实践经验，同时就未成年人保护的法律短板开展专题研究，推动法律政策变革，促进法律政策向有利于未成年人保护的方向转变，以便惠及更多的未成年人。例如，2005 年，孔维钊律师发现，刑事诉讼并没有给予未成年人充足的特殊保护，同时他提出政策条文“讯问不满十八岁的证人，可以通知其法定代理人到场”（1998 年修订的《人民检察院刑事诉讼规则》第一百六十一条）中的“可以”应改为“应当”。经孔维钊律师长期呼吁，“讯问未成年人时应当通知监护人到场”最终被写入了 2006 年修订的《中华人民共和国未成年人保护法》第五十六

条中，后这一规定又被写入了2012年修订的《中华人民共和国刑事诉讼法》中。[①] 未保律师通过个案介入并发现法律缺失的例子还有不少，不再一一列举。

（二）进行未成年人法学研究

为了弥补法律缺失，推动未成年人法律保护建设，中国很多未保律师都同时进行未成年人法学研究，与国家各级政府、国际组织、国内外的高校和研究机构等合作进行儿童保护的调研和理论研究。如北京青少年法律援助与研究中心承担过多项重要研究项目，并出版学术著作和法律知识普及读本50余本，其中近30本获得司法部"金剑文化工程"图书类奖（包括一、二、三等）。

（三）与政府部门合作，直接参与立法过程

未保律师通过个案介入积累了大量的实证资料，之后进行深入的理论和法学研究，某些积极的未保律师还深度参与了立法和修改法律的过程。如在《中华人民共和国民法总则（草案）》制定期间，北京青少年法律援助与研究中心多次参加全国人民代表大会组织的立法座谈会，就国家在家庭监护缺位状况下对未成年人的最终监护职责、法定代理人制度、强制报告制度、监护人资格的中止与撤销程序、临时监护制度、监护监督制度等问题提出了修改意见。另外，公益律师直接或间接推动了有关法律政策的变革。2013年后，未成年人保护制度在法律法规方面有所变化，如《关于依法惩治性侵害未成年人犯罪的意见》和《中华人民共和国刑法修正案（九）》中就社会长期关注的监护人侵害问题，以及虐童、猥亵男童、收买被拐卖儿童等问题做出了有利于未成年人保护的修订，2020年通过的《中华人民共和国刑法修正案（十一）》又进一步加大了对被性侵害儿童的保护力度。2020年《中华人民共和国未成年人保护法》修订时，中国的公益律师是重要的参与者和推动者，佟丽华是其中的领军人物。[②]

除了推动国家层面的法律规定的出台，各省的未保律师也推动了地方未成年人保护政策的发展。例如，江苏李晓霞律师联合南京市人大代表，呼吁制

---

① 中国青年网：《"儿科律师"孔维钊：奔走在儿童保护公益路上》，http://qclz.youth.cn/znl/201705/t20170528_9906546.htm，访问日期：2023年11月19日。

② 白楚玄、黄洁：《佟丽华：一位公益法律服务领军者的十年》，https://sfj.beijing.gov.cn/sfj/sfdt/sfxzyw59/325861641/，访问日期：2023年11月19日。

定地方未成年人保护条例并提交了有关意见，最终《南京市未成年人保护条例》得以制定并于 2016 年 5 月 1 日生效。[①] 又如，2007 年 4 月，湖南省启动《湖南省实施未成年人保护法办法》的修订工作，时任湖南省律协未保委主任的叶秀格律师被聘为该文件立法小组的副组长，执笔修订草案并全程参与了修订工作。

二、推动新的司法实践发展

近几年来，未成年人法律政策和制度建设逐渐完善，出现了新的司法实践，未保律师通过个案介入推动了新的司法实践和新出台的法律政策的落实。

例如，2015 年，在中国第一起剥夺家长监护权案件的审理中，公益律师的参与是创造新的司法实践的原因之一。2014 年，J 省 X 市发生一起父亲性侵害女儿的案件，后父亲被判刑入狱。同年 12 月，最高人民法院等四部门联合发布《关于依法处理监护人侵害未成年人权益行为若干问题的意见》。其中规定，若监护人实施监护侵害行为，必要时，民政部门可以向人民法院申请撤销监护人资格。这个意见出台后，司法实践必定要有相应的改变。为了促进新的儿童保护条款的落实，全国律协未保委委员、江苏维世德律师事务所李晓霞律师介入了此案，接受 J 省 X 市民政部门的委托，代理民政部门向法院提起了撤销父母监护人资格的申请。法院经过开庭审理，采纳李晓霞律师的代理意见，当庭宣判撤销监护权。本案由此成为全国首例民政部门起诉撤销未成年人父母监护权的案件，创造了新的法律实践，推动了《关于依法处理监护人侵害未成年人权益行为若干问题的意见》的规定在具体个案中的落实。详见本书第七章。

三、普及未成年人保护法律知识

未保律师还通过普及法律知识的方式介入未成年人保护的事前预防阶段。他们通过走进学校、社区、工地开展普法讲座，出版未成年人通识普法类书籍，利

---

① 马超：《南京检察官："饿死两女童"案催生未成年人保护条例》，https://www.thepaper.cn/newsDetail_forward_1477284，访问日期：2022 年 9 月 19 日。

用媒体向社会宣传未成年人保护知识等方式，帮助未成年人、家长或监护人、教师、政策制定者及其他未成年人利益相关方了解与未成年人相关的法律知识，从而实现未成年人案件的事前预防，促进利益相关方了解最新的法律政策规定。

以北京青少年法律援助与研究中心为例，2001 年至 2019 年上半年，中心为社会免费提供法律咨询 5 万余人次，直接办理法律援助案件 500 余件，协调和支持各地志愿律师直接办理案件 500 余件；中心律师共开展讲座 400 多场，直接培训对象超过 10 万人。这些都是有效的普法宣传。

在全国范围内，以 2017 年为例，未保律师开展的普法活动包括：全国律协未保委秘书处就未成年人监护、校园欺凌、学校伤害事故的预防与处理、校园突发事件应急处理、反家庭暴力等主题，开展普法讲座 25 场，受益人数近 6 000 人；广西律协未保委在 2017 年至 2019 年举办了约 1 000 场“送法进校园”活动；安徽律协未保委开展了 30 余场法律培训讲座，受益对象 2.5 万余人；新疆律协未保委走入学校，举办了“杜绝校园暴力，构建和谐校园”普法活动等。

未保律师开展法律宣传工作有自己独特的优势。一方面，相较于从事未成年人工作的社会工作者，未保律师更加了解法律的规定，能够准确宣传现有的法律政策；另一方面，相较于其他领域的律师，未保律师具有儿童视角，能够从儿童的利益出发来分析和解释法律规定。

此外，未保律师还提供免费的未成年人法律咨询服务。北京青少年法律援助与研究中心在 1999 年开通了未成年人法律咨询热线电话，接待来自全国各地的电话咨询。到 2019 年，该中心已为约 5 万人提供了免费的法律咨询。

四、与社会工作组织合作，救助受害者

在处理未成年人案件的过程中，律师对所发现的涉案未成年人存在的心理、家庭贫困等问题，也会尽最大可能提供法律以外的其他帮助。2005 年 8 月，全国律协未保委就案件办理过程中一些未成年人家庭贫困或者受到伤害却无法得到赔偿的情况，设立了“小额爱心资助”项目。截至 2018 年 8 月，“小额爱心资助”项目共资助了 1254 名权益受到侵害的儿童，资助总金额超过 170 万元，资助

的金额用于儿童的生活、教育、医疗和心理康复等方面；同时，该项目还为192名犯罪的未成年人提供资助，帮助他们参加职业技能培训，让他们掌握一技之长，避免二次犯罪。①

第四节 主要发现和讨论

本章论述的主要发现是，在中国，具有强烈社会责任感和专业修养的未保律师队伍在中国儿童保护制度建设中发挥了重要作用。这个队伍立足基层，深谙中国国情，亦有国际视野和同情、关心底层受害者的胸怀。因此，未保律师队伍可以在政策倡导、专业协作、观念普及和个案介入等各个方面，充分发挥民间专业组织的作用。

中国未保律师队伍、律师组织和中国儿童保护制度的发展同步，两者相辅相成。在儿童保护法律体系尚不完备的情况下，未保律师队伍和组织逐渐发展。他们不仅涉足个案处理，更积极参与法律与政策研究、与法律专业人士和政府部门沟通、倡导法律政策的制定和改革、普及法律知识等，致力于提升未成年人保护工作的专业化水平。同时，他们形成了独特的工作模式：处理具体案例并识别问题—进行政策研究和提案—推动政策变革。在这整个过程中，社会组织的发展、与政府部门的互动和协作等都是成功的要素。

① 北京中致儿童关爱基金会：《“小额爱心资助”项目》，http://www.zhongzhiertongguanai.org/4，访问日期：2022年6月21日。

第十七章

专业律师对儿童性侵害案件的介入

田　甜　詹尉珍　尚晓援

摘要：笔者考察了未保律师对性侵害未成年人个案的介入，分析了未保律师在案件审理中所发挥的作用，发现作为受害儿童的代理人，专业未保律师能够最大限度地保护受害儿童和维护受害儿童的利益。这不仅包括为受害儿童争取经济赔偿、提出受害儿童及其家庭的诉求，还包括在司法机关办案过程中提出意见和操作建议，避免案件审理过程中对受害儿童造成二次伤害。此外，通过个案介入，未保律师可以发现法律法规的漏洞和不完善之处，并通过案件判决结果和政策建议推动政策变革和新的儿童保护司法实践的完善。

关键词：儿童权利；性侵害未成年人；未成年人保护；未保律师；社会工作

第一节　导　　言

一、研究背景

近年来，未成年人遭受性侵害问题受到社会的广泛关注。面对社会上不断发生的性侵害未成年人案件，中国政府进一步完善法律政策，相继出台或修改了多项法律，颁布了新的行政法规，以期对严峻形势做出回应。在此背景下，未保律师广泛介入性侵害未成年人案件，这说明我国未成年人保护工作在法治的轨道上不断进步。

在我国，法律界的先驱——律师很早就介入了未成年人保护，并推动了律师行业对未成年人保护事业的介入和支持（见本书第十六章）。[①] 自20世纪90年代以来，律师一直参与未成年人权利维护和保障工作。为了深入了解律师在未成年人保护个案中，特别是在不同法律政策环境中所发挥的作用，笔者团队开展了深入研究。

二、主要目的和问题

本章的主旨是考察未保律师对性侵害未成年人个案的介入，分析未保律师在案件审理中所发挥的作用，同时关注未保律师在推动新的儿童保护司法实践中的作用。

三、研究方法

本研究采取的资料收集方法以深度访谈为主、以文献资料收集整理为辅。团队由受过训练的社会工作专业和法律专业硕士研究生组成，访问了全国律协未保委的两位委员、秘书处工作人员，了解全国律协未保委的发展历史和发挥的作用。此外，还分别深度访问了两起性侵害未成年人案件的办案律师，深入了解了律师在处理性侵害未成年人案件中的作用。在文献资料收集方面，团队梳理了目前我国与性侵害未成年人有关的法律法规和政策，查阅了有关律师办理未成年人案件的资料或新闻报道，为深度访谈的开展和确认深度访谈的内容提供帮助。

---

① 白楚玄、黄洁：《佟丽华：一位公益法律服务领军者的十年》，https://sfj.beijing.gov.cn/sfj/sfdt/sfxzyw59/325861641/，访问日期：2023年11月19日。

四、主要发现

通过研究，团队注意到，未保律师在处理未成年人遭受性侵害案件时，作为受害者的代理人，能够最大限度地保护受害者，维护受害者的利益。这种保护，不仅在于代理受害者争取经济赔偿、反映受害者的意见，还在于在司法机关办理案件的过程中提出意见和建议，以避免办理案件的工作人员对受害未成年人造成二次伤害。此外，通过个案介入，未保律师可以发现法律法规的漏洞和不完善之处，并通过案件判决结果和政策建议推动政策变革和新的儿童保护司法实践的完善。

第二节　未保律师个案介入的重要性

如前所述，2000 年以前，律师主要通过未成年人个案的介入来参与未成年人保护工作。先驱有北京的佟丽华律师、王毅伟律师，沈阳的张志毅律师，安徽的孔维钊律师等。至 2021 年，许多省份都设立了专职的未成年人法律援助机构，这些机构在各地为推动未成年人保护事业的发展发挥着重要作用。

一、儿童性侵害案件的特殊性

未成年人为被害人的性侵害案件与一般成年人为被害人的性侵害案件相比有其鲜明的特点：家庭教育缺位的未成年人（如留守儿童、流动儿童等）容易遭受性侵害；被害人年龄较低，性侵者易于采取欺骗、诱惑等方式对未成年人实施性侵害，而未成年人意识不到这是一种侵害行为；遭受性侵害的证据难以保存等。

儿童性侵害犯罪具有隐蔽性，作案时不易被第三人发现。同时，这类案件证据收集难度大、证据相对单一，除被害人陈述、犯罪嫌疑人的供述和辩解外，往往很难有目击者提供证人证言等直接言词证据，而儿童提供的言词证据可能存在表述不清等问题。此外，受性侵害的未成年人在参与诉讼的过程中遭受伤害的可能性大，性侵害给未成年人带来的心理和精神伤害会影响其今后的成长。[①]因此，未保律师介入未成年人遭受性侵害案件是非常重要的。

二、专业律师在儿童保护案件介入中遇到的问题

由于中国法律援助政策的不完善，专业律师在刑事案件阶段对儿童保护案件的介入不多，即使介入，也往往介入较晚，因而被害人的权益得不到有效保护。

专业律师对儿童保护案件早期介入困难，和调查时执行的法律援助制度有一定关系。最主要的是经济困难可能影响被害人聘请律师。儿童保护案件，特别是强奸幼女的案件，属于公诉案件。2003 年开始施行的《法律援助条例》第十一条规定，"公诉案件中的被害人及其法定代理人或者近亲属，自案件移送审查起诉之日起，因经济困难没有委托诉讼代理人的"，可以申请法律援助。

在实际生活中，很多受到侵害的未成年人及其家庭，由于家长外出打工，很难及时取得经济困难证明，因此被排除在法律援助之外。还有一部分家庭虽然没有达到经济困难标准，但仍然难以负担聘请律师的费用，因此处在无法获得专业律师帮助的夹缝中。[②]

与遭受性侵害的未成年被害人只能在案件移送审查起诉之后才可以申请法律援助的情况形成对照的是，涉罪未成年人可以在案件早期就获得法律援助。《中华人民共和国刑事诉讼法》和《法律援助条例》规定，涉嫌犯罪的未成年犯罪嫌疑人、被告人可以在被第一次讯问或者采取强制措施之日起获得法律援助。两者相比，遭受性侵害的未成年被害人明显处于更加弱势的地位，显然不合理。[③] 实际上，审查起诉之前的阶段对于性侵害案件未成年被害人的权益保护非常重要，例如：儿童在律师的指导下保存证据；在诉讼程序中注意保护儿童的名誉，使其尽量避免受到二次伤害；帮助儿童及时提起刑事附带民事诉讼等。现

---

① 李伟民、袁翠：《性侵犯未成年人刑事案件办理及预防机制研究》，http://www.sn.jcy.gov.cn/xysqdq/lldy/201907/t20190702_137979.html，访问日期：2019 年 10 月 26 日。

② 韩晶晶：《性侵害案件儿童被害人法律援助研究》，《妇女研究论丛》2013 年第 4 期。

③ 韩晶晶：《性侵害案件儿童被害人法律援助研究》，《妇女研究论丛》2013 年第 4 期。

实中未成年被害人在诉讼程序中遭受二次伤害主要集中在侦查和审查起诉阶段。①

除了上述政策方面的疏漏，中国还存在专业未保律师人数不足的问题。韩晶晶提出了未保律师专业化的问题。② 中国专业的未保律师数量非常有限，无法为所有受害儿童提供专业的法律服务。

鉴于性侵害案件中儿童被害人的主体特殊性，律师需要给予其特别的保护和考虑，如诉讼过程中的不当询问等都会加深对儿童的伤害。律师需要从儿童利益最大化出发维护儿童的诉讼权利及其他方面的合法权益，并保证诉讼程序以及媒体等尽量减少对儿童的伤害。而当前中国并没有充分实现未保律师的专业化，在法律援助质量本身缺乏有效的监督评价体系的现实情况下，代理遭受性侵害案件的律师更是普遍缺乏儿童视角和性别视角的专业性，也缺乏对儿童性侵害案件特殊性的考虑，这将直接影响儿童被害人权益的有效维护。③

第三节　专业律师的个案介入

本节通过两个具体的个案，分析律师为遭受性侵害的未成年人提供的帮助。本节选取的两个个案一个发生在 2001 年，一个发生在 2016 年。通过研究我们发现，在我国未成年人保护工作的不同发展阶段，律师在性侵害案件中所发挥的作用是不同的。

一、柴胡营性侵害案

（一）案情介绍

6 名女孩是某村小学四年级学生，也是班上仅有的女生。程某是该村小学

① 韩晶晶：《性侵害案件儿童被害人法律援助研究》，《妇女研究论丛》2013 年第 4 期。
② 韩晶晶：《性侵害案件儿童被害人法律援助研究》，《妇女研究论丛》2013 年第 4 期。
③ 韩晶晶：《性侵害案件儿童被害人法律援助研究》，《妇女研究论丛》2013 年第 4 期。

的教师，也是6名女孩所在班级的班主任。从2001年9月这6名女孩读小学二年级开始，程某就利用其职务之便，长期、多次性侵害6名女孩。[①]

2002年11月，6名女孩的家长集体报警，案件由此被发现并进入司法程序。2003年5月，经审理，法院认为程某构成强奸罪和猥亵儿童罪，判处程某死刑并剥夺政治权利终身。后程某提起上诉，二审法院经审理后于2003年7月裁定驳回上诉，维持原判。程某后被执行了死刑。

（二）律师在案件中提供的支持

性侵害案件发生后，6名女孩及其家庭受到极大伤害，但是程某已死，这些女童及其家庭无法得到必要的经济补偿来帮助他们走出困境。律师在了解基本案情后，认为性侵害发生在公办学校中，政府有关部门需要承担一定的责任，可以申请要求教育部门或者当地政府给予受害儿童一定的赔偿。基于这一思路，律师联系教育部门和当地镇政府，希望通过协商处理赔偿问题。

同时，律师还联系当地市委，从《中华人民共和国义务教育法》《中华人民共和国教师法》《中华人民共和国未成年人保护法》等法律规定出发，提出政府应当对受害儿童提供赔偿的建议。这一建议得到了该市市委书记的重视和协调，当地教育部门和镇政府也配合协商赔偿，最终分别给予6名受害儿童每人2万元赔偿款。

二、北京首例民政部门申请撤销监护人资格案

（一）案情介绍

2002年，刘某（女）在某医院附近将小芳捡拾并带回家中抚养。2011年，刘某办理收养手续，合法收养了小芳。然而，刘某在抚养小芳期间，长期对小芳实施辱骂、殴打等家庭暴力行为，还强迫小芳彻夜在外捡拾垃圾。此外，小芳从七岁开始，就先后遭到与刘某同居的男子和刘某儿子的多次性侵害。

李某曾作为保姆在小芳成长期间长期照看过小芳，视小芳为干女儿，与小芳

---

① 龙迪：《性之耻，还是伤之痛：中国家外儿童性侵犯家庭经验探索性研究》，广西师范大学出版社，2007，第80页。

保持着良好的关系。2016 年 6 月,李某了解到小芳遭遇性侵害的情况,便向公安机关报案,案件由此进入司法程序。根据小芳的陈述、刘某儿子的供述、医学鉴定报告、有关人员的证人证言,法院最终确认刘某儿子构成强奸罪,判处有期徒刑十年,剥夺政治权利两年。至于与刘某同居的男子的侵害问题,除了小芳的陈述以外,没有其他证据材料予以支持,因此该男子的侵害事实未得以认定。

（二）律师在案件中提供的支持

2016 年 7 月,北京青少年法律援助与研究中心张雪梅律师接到丰台区未成年人救助保护中心电话,得知小芳受侵害的情况,开始介入案件。其间,张雪梅律师全程参与了小芳遭受性侵害案和撤销小芳养母刘某的监护人资格案的行政干预和司法诉讼活动。张雪梅律师一方面作为小芳合法权益的援助律师发挥了作用;另一方面,也作为未成年人保护专家为参与案件的有关部门提供了法律意见,使各部门能够从儿童保护的角度处理此案,同时她在推动部门间合力处理此案的过程中发挥了重要作用。

未保律师作为法律援助律师,所起到的具体作用包括:第一,在案件的刑事审判阶段,作为小芳的诉讼代理人,参与小芳被性侵案件的刑事侦查、审查起诉以及审判;第二,在案件的民事审判阶段,作为西城区民政局的诉讼代理人,向海淀区人民法院申请撤销刘某监护人资格。

在小芳案件的刑事审判阶段,张雪梅律师积极和办案机关沟通,查阅卷宗、参加庭审、会见小芳和报案人李某。此外,张雪梅律师在侵害人刘某儿子的量刑上,向检察机关和法院提出了自己的代理意见:第一,侵害人是与小芳有共同家庭生活关系的人员,且在明知小芳未满十二周岁的情况下长期、多次对小芳实施性侵害,符合《关于依法惩治性侵害未成年人犯罪的意见》第二十五条规定的从严惩处的情形;第二,侵害人的行为致使被害人生活无着,流离失所,事实上无人抚养监护,且给小芳造成了严重的心理创伤,可以认定为《中华人民共和国刑法》第二百三十六条第三款规定的加重情节;第三,小芳对侵害人行为不予谅解,明确表示放弃民事赔偿请求,希望对侵害人加重处罚。张雪梅律师提出的这些代理意见,促使检察院变更起诉书,认定情节恶劣,最终法院也采纳了加重处罚的量刑意见，给予了小芳最大限度的保护。

在案件的民事审判阶段（撤销监护人资格案），张雪梅律师推动了撤销监护人资格程序的启动，代理民政部门向法院提出了申请，并最终促成法院撤销监护人资格的判决。在推动撤销监护人资格程序启动的过程中，她通过研究养母刘某家暴行为的事实和证据并向李某调查取证后，认为刘某符合解除收养关系或被撤销监护人资格的法定情形。因此在刑事案件处理过程中，她与检察院积极沟通，希望检察院对刘某的家庭保护予以关注，行使监督职能，建议原送养人或民政部门申请解除收养关系或申请撤销刘某监护人资格。后该意见得到了检察院的采纳，检察院向民政部门发出了检察建议书。在代理撤销监护人资格案件的过程中，张雪梅律师协助民政局及时遵循检察院的检察建议，向检察院申请支持起诉；代理民政局整理申请材料和证据材料、收集社会工作调查评估报告，随后向法院申请立案。在法院审理阶段，张雪梅律师参加庭审，就刘某实施暴力行为、怠于履行监护职责导致小芳多次遭受性侵害的事实进行举证，发表代理意见。后法院采纳了律师的意见，判决撤销刘某为小芳的监护人资格，指定民政局为小芳的监护人。

在代理此案的过程中，未保律师张雪梅充分发挥了她作为未成年人保护专家的作用，多次就性侵害刑事案件、监护干预、庇护问题和证据收集等问题向办案机关和未成年人保护有关部门提出意见和建议。如在公安机关处理案件的过程中，她在初步了解案件情况后，发现李某对小芳的庇护没有合法依据。遂与公安机关沟通，建议出具紧急庇护文件，使庇护合法化。公安机关因此发出了书面通知，为李某庇护提供依据。在公安机关起草《未成年人紧急庇护通知书》的过程中，她参与提供法律意见，提出注明法律依据、加上征求未成年人本人意见等内容。在公安机关收集犯罪证据的过程中，张雪梅律师考虑到本案将来可能涉及刘某能否继续担任监护人的问题，建议公安机关就刘某对小芳的监护情况、是否存在家庭保护、有无尽到保护义务等情况同时开展调查并固定证据。在她的建议下，公安机关开展了全面的调查和证据收集工作，为下一步撤销刘某监护人资格、解除收养关系等工作提供了证据材料。在小芳的临时庇护过程中，她多次探访小芳，全程参与案件的部门协调会，从受害儿童保护的角度，提出了诸多意见和建议，包括：保护小芳的人身安全、隐私；如果受到养母的骚扰威胁，可以采取报警、申请人身安全保护令、申请变更安置方式等措施保障小芳的人身安全；代理小芳和临时庇护人反映其困难和请求等。

三、个案讨论

（一）专业律师能够在个案中为未成年被害人提供更有效的保护

首先，专业律师熟悉有关法律，了解未成年人特点，能够从未成年人利益最大化出发，站在保护未成年被害人的角度处理案件，以自己的努力最大限度地实现对未成年人的保护。《关于依法惩治性侵害未成年人犯罪的意见》第五条规定，对于涉及未成年被害人的身份信息和可能推断出其身份信息的资料，律师及其他诉讼参与人应当保密。在小芳案件中，律师注意对未成年被害人的隐私进行保护，要求案件在对外宣传时不能透露小芳的身份信息，同时，宣传主要针对家庭暴力的情况，不应涉及小芳遭受性侵害的情况。根据《中华人民共和国反家庭暴力法》的规定，当事人因遭受家庭暴力或面临家庭暴力的现实危险，可以报警、申请人身安全保护令。在小芳这一案件中，律师也注意对未成年被害人的人身安全进行保护，告知临时照料人如果小芳后续受到骚扰，就可以通过报警、申请人身安全保护令等方式来保障小芳的安全。

除了人身安全保障，律师也注重保障儿童的参与权。参与权是联合国《儿童权利公约》规定的儿童基本权利之一，也是《中华人民共和国未成年人保护法》规定的未成年人权利之一。在处理性侵害案件中，专业律师同样需要注重保障未成年被害人的参与权，听取未成年被害人的意见。在小芳这一案件中，当涉及是否撤销刘某的监护人资格和是否对刘某儿子的性侵害行为予以谅解等问题时，律师多次征求小芳意见，并根据小芳的意见向法院提出撤销刘某的监护人资格和对刘某儿子加重处罚的请求。

其次，专业律师充分利用法律和技巧，帮助未成年被害人获得最大限度的赔偿。关于在公办学校中受到性侵害，被害人可以要求教育机构承担赔偿责任的做法，中国政府在2013年才做出明确的规定。① 在2003年发生的柴胡营性侵害案中，这项规定尚未出台。但是，律师在当时的法律规定的背景下，深度介入案件，分析法律条文，探索有效的解决方式，并采取措施积极与地方政府、涉案学校和教育部门沟通协商，说服地方政府领导支持赔偿请求，最后为每位受害者争取到了2万元的赔偿款。

最后，专业律师在参与案件的同时，还促进了政府部门处理性侵害未成年人案件规范化，普及了未成年人保护有关知识。在小芳这一案件的侦查阶段，律师在了解案件情况后，建议公安机关向临时照料人提供临时照料的合法依据，因此公安机关向临时照料人出具《未成年人紧急庇护通知书》。另外，律师建议公安机关就案件后续可能涉及的监护问题调查取证并及时固定证据。由于《关于依法处理监护人侵害未成年人权益行为若干问题的意见》《中华人民共和国反家庭暴力法》都是较晚才开始施行的法律法规，因而其中有关临时庇护、人身安全保护令、民政提起撤销监护权申请等规定在实际操作层面缺乏可供参考的前例。但律师熟悉儿童保护的有关法律和司法实践，往往在实际操作规定尚不完善的情况下，为有关部门提出具体的实施方法，促进有关部门探索同类案件的规范性处理办法。

（二）超出个案代理：律师推动儿童保护制度建设

从第二个个案的分析来看，针对性侵害未成年人的问题，律师不仅在个案中提供法律代理服务，向侵害人追责或求偿，进而保障受害未成年人的权益，还通过法律倡导，促进与性侵害未成年人问题有关的法律政策的出台或完善，从而惠及更多的未成年人。此外，律师还通过开展普法活动，让未成年人、办理性侵害未成年人案件的工作人员了解最新的法律政策，以便预防未成年人遭受性侵害，或防止未来案件办理人员在案件办理过程中使未成年人遭受二次伤害。

① 《关于依法惩治性侵害未成年人犯罪的意见》第三十二条规定，未成年人在学校学习期间被性侵害而造成人身损害，被害人和其法定代理人、近亲属据此向人民法院起诉要求上述单位承担赔偿责任的，人民法院依法予以支持。据此，被害人可以要求教育机构承担赔偿责任。

（三）个案暴露的儿童保护问题

从两个个案来看，由于当时没有报告制度，未成年人遭受性侵害的情况难以被及时发现，因而犯罪行为不能被及时制止，使被害人长期多次受到侵害。此外，还可能出现侵害人多次作案，导致出现多个被害人的情况。如在第一起案件中，侵害人自6名被害人二年级起开始实施性侵害，性侵行为一直持续到四年级才进入司法程序。其间，尽管部分被害人曾多次向家人说出线索，然而家人都没有仔细想过她们真正想透露的信息。在第二起案件中，刘某儿子在被害人小学二年级至初一期间多次性侵害被害人，直至性侵害行为被李某得知后案件才进入司法程序。这两起案件都是因为侵害行为不能被及时发现，导致被害人长期遭受性侵害。另外，在第二起案件中，由于未能及时报案，公安机关在提取证据上存在困难，因而与刘某同居的男子的性侵害行为因缺乏证据而未启动诉讼程序。

（四）审判之后的社会服务机制

未成年人因生理、心理都尚未成熟，他们在遭受侵害时无力反抗，遭受侵害后长期难以走出伤害的阴影。在一些情况下，被害人家属也缺乏专业知识，不能很好地帮助孩子走出伤害阴影。因此，在处理性侵害案件时，不仅要通过司法程序惩治犯罪实现正义，还要注意被害人的社会、心理问题，在案件中引入社会、心理等专业的工作人员，从而尽可能地消除性侵害对被害人的不良影响，促进被害人在未来健康成长。引入社会服务机制的情况可在两个案件的处理中看出明显的差别。在柴胡营性侵害案中，6名受害未成年人均存在一定的社交、心理创伤，难以修复，出现易怒、厌恶男性、噩梦、厌食等症状。[①] 然而除了法律程序以外，没有任何专业服务机构介入以帮助被害人摆脱前述创伤。而在小芳的案件中，社会服务情况已经有很大转变，在后期，有两家社会服务机构介入案件处理的过程中，为被害人提供心理辅导和治疗，缓解了被害人疑似出现的创伤后应激障碍，促进了被害人心理和人格的完善。

---

① 龙迪：《性之耻，还是伤之痛：中国家外儿童性侵犯家庭经验探索性研究》，广西师范大学出版社，2007，第165—167、234—241、319—321页。

第四节 结论和政策建议

一、支持、培养专业未保律师

2017年，司法部、财政部发布了《关于律师开展法律援助工作的意见》，要求推动律师提供公益法律服务，发展公益法律服务机构和公益律师队伍，专门针对未成年人等提供免费的法律服务。另外，从前述案件来看，专业未保律师在未成年人案件中发挥着重要作用。因此不论是从政策导向，还是从实务中律师的作用来看，各地政府都应支持、培养专业的未保律师。具体来说，首先，要对法律工作者开展未成年人保护法律方面的能力建设培训。未成年人案件处理不同于成年人案件，律师在处理案件的过程中不仅需要有专业的法律知识，还应当考虑未成年人的身心发展特点，注意避免二次伤害、保护未成年人的隐私、与社会机构的沟通合作等问题。因此，需要对律师开展专业的未成年人案件办理方面的培训，以便律师在案件办理过程中更好地保护未成年人。培养未成年人保护法律工作者在国外已有一些尝试，如在一些高校开设专门的儿童法课程，使现在或未来的法律工作者有机会系统地学习未成年人保护法律法规和实务技能。其次，要提高对律师办理未成年人法律援助案件的政府补助额度。从目前来看，律师办理未成年人法律援助案件的政府补贴远低于律师在收费案件中的收入。因此，要吸引更多的律师参与未成年人法律援助案件，就需要提高补贴标准，以降低法律救助提供的门槛，使性侵害案件中的受害儿童可以普遍获得律师的帮助。

二、支持专业未保律师尽早介入案件

目前，《中华人民共和国刑事诉讼法》规定，被害人及其法定代理人自案件移送审查起诉之日起，有权委托诉讼代理人，也就是说，律师一般在案件审查起诉之日起才介入。但是，在性侵害未成年人的案件中，案件侦查阶段就可能涉及未成年人的隐私保护、询问中的二次伤害等问题。此时，如果没有未成年人利益

的代表者，那么未成年被害人可能会在反复询问中受到伤害，以致后期不愿再配合案件的司法程序。因此，要让专业未保律师及早介入案件，才能最大限度地保护受害未成年人。在上述小芳案件中，律师在侦查阶段就介入了案件，向侦查机构就紧急庇护、未成年人隐私保护等问题提出了意见和建议；此外，律师介入后多次与未成年被害人及其临时照料人进行沟通，了解未成年被害人对经济赔偿、撤销监护人资格的意愿，帮助解答并处理未成年被害人及其临时照料人未来可能面对的情况以及可以采取的措施。案件中，律师较早介入使未成年被害人在司法过程中受到最小伤害，极大地维护了未成年被害人的权益。

三、普及预防和报告性侵害知识，促使性侵害案件被及早发现和报告

上述两起未成年人遭受性侵害的案件中都有性侵害行为长期存在、未被及时发现和报告的问题。这导致未成年被害人长期遭到侵害。解决这一问题，要求我们开展预防性侵害知识的普及，培训儿童、家长和社区的儿童工作者。开展预防工作要注意对未成年人及其父母、监护人、教师、看护人员等利益相关方的培训。

对未成年人的培训，需要让未成年人能够了解自身的隐私部位、识别性侵害行为、了解性侵害的法律后果，才能让他们在侵害初期及时发现，告知家长、教师等，进而防止遭受进一步的侵害。

在针对利益相关方，如家长、教师、医生和社会工作者的培训中，要提高他们发现和报告性侵害案件的能力。在柴胡营性侵害案中，家长的不重视致使 6 名受害儿童在长达两年的时间内屡次受到侵害。这直接反映了家长对孩子遭受性侵害的发现和报告能力的不足。因此，要对这些利益相关方开展培训，让他们明白平时应注意观察孩子的心理情况、行为表现，并了解发现后应当如何处理，以最大限度地保护孩子。

四、专业人员介入性侵害案件

在处理性侵害未成年人案件的过程中，除了司法机关、律师对案件进行处理

外，还要考虑未成年人的身心情况，开展诸多专业性很强的工作，如庇护安置、调查评估、心理辅导等。因此，需要完善有关立法和工作机制，支持、鼓励成立服务未成年人的专业社会组织，利用各方资源为受害未成年人提供综合性服务，尽可能减少受害未成年人及其家庭因性侵害而遭受的不良身心影响，减少或消除性侵害案件对未成年人可能造成的消极后果。

第十八章

儿童保护服务：政府购买和慈善捐款支持

田　甜　李梓琨　尚晓援

摘要：本章分析了社会组织对性侵害受害儿童提供服务的两种类型，即慈善捐款支持的服务和政府资金购买的服务，比较了两种类型服务各自的优势和局限性。笔者发现慈善捐款支持的服务可灵活提供为服务对象量身设计的个性化服务，满足受害儿童的特殊需求。这是其特点和优势。但因为资金有限，服务的儿童数量偏少，缺乏可持续性。政府资金购买的服务由政府出资，通过购买基本公共服务为儿童提供保护服务，可持续性比较好。但政府只能购买基本公共服务，满足儿童的底线需求，缺乏对受虐待儿童的个性化支持。慈善资金支持的服务，可以成为政府购买服务的重要补充，两者相辅相成，互相促进，共同推动儿童保护事业的发展。

关键词：儿童权利；性侵害未成年人；政府购买；儿童保护服务；慈善；社会工作；基本公共服务

第一节 导 言

一、背景：儿童保护制度建设和政府购买儿童保护服务

自2010年以来，在中国，儿童性侵害问题引起持续的社会关注。中国的儿童保护制度也迅速发展起来。2013年以后，国家陆续出台了一系列儿童保护的法律法规，并建立了新的儿童保护的司法实践，改变了以前监护权不可剥夺的状况，虐待儿童的监护人的监护权可以被剥夺。受害儿童对儿童保护服务的需求大大增加。但是，儿童保护服务在中国起步较晚，政府部门和社会组织都缺少为受到性侵害的儿童提供服务所需要的经验、人力资源和物质资源。因此，我国政府一方面努力在全国范围内建立儿童福利服务队伍，另一方面则尝试从市场购买儿童保护服务，以培养非政府的儿童福利和保护服务机构。

2019年，民政部建立了儿童福利司，负责儿童福利和儿童保护的有关事宜。同年，民政部在《关于进一步健全农村留守儿童和困境儿童关爱服务体系的意见》中强调，"通过政府委托、项目合作、重点推介、孵化扶持等多种方式，积极培育儿童服务类的社会工作服务机构、公益慈善组织和志愿服务组织"。这说明在我国儿童保护体系的建设中，政府期望通过购买服务来推动社会组织的发展，使社会组织成为国家服务的重要补充。

政府通过向社会组织购买来提供儿童福利和儿童保护服务起初只是一个发展方向，具体执行还需要进一步的政策支撑。笔者的研究团队通过调研发现，政府要购买的服务，需要首先被列入基本公共服务的项目清单中，被列入清单的项目由国家承担经费保障责任，即政府买单。我国政府对基本公共服务的描述是"由政府主导、保障全体公民生存和发展基本需要、与经济社会发展水平相适应的公共服务"和"享有基本公共服务是公民的基本权利，保障人人享有基本公共服务是政府的重要职责"（《国务院关于印发"十三五"推进基本公共服务均等化

规划的通知》)。因此，政府购买的基本公共服务，本质上是保障所有公民有权共享的底线服务。至2020年年底，政府购买服务的项目，体现在“十三五”期间的基本公共服务清单中。该清单中的项目共有81项。从儿童福利的角度可分为三类：一是专门针对儿童的基本公共服务项目，有16项，约占项目总数的20%；二是惠及全体公民，儿童也可以从中获益的项目，有24项，约占30%；三是针对特殊困难群体的项目，困境儿童也可以受惠，有14项，约占17%。三者合计，共54项，约占已经列入国家基本公共服务清单的项目的67%，即在国家提供的基本公共服务中，儿童（及其家庭）可以享受的项目数量占所有项目的三分之二。可以说，儿童是国家提供的基本公共服务的主要受惠群体之一。不过，虽然儿童可以从国家提供的基本公共服务中受益，但是，由于我国的儿童保护制度正在发展中，儿童保护服务尚未被列入购买清单，政府可以购买的与儿童保护有关的服务项目非常少，基本只有三项：法律援助、困境儿童保障和农村留守儿童关爱保护。而后两项的关注重点都不在对儿童的暴力侵害方面。当然，受到性侵害的儿童，如果受到明显的创伤，也可以享受一般性的医疗保障服务。① 这种情况说明，多数儿童需要的保护性服务尚未被列入国家的基本公共服务清单中。目前，在地方政府试点中，政府购买社会工作服务的个案很多，儿童保护已是社会工作服务的重要组成部分。今后，随着我国儿童保护制度的不断发展，儿童保护服务必然会更多地被列入政府购买服务目录中。

除了政府通过试点购买的儿童保护服务之外，由于受害儿童迫切需要支持和服务，在儿童保护制度的发展过程中，我国出现了一批非政府的儿童保护类社会组织。但与我国受到性侵害儿童的规模相比，这些组织的数量非常有限。这些组织在支持受性侵害儿童的过程中承担着重要的示范性的公共职能。它们通过与政府、公益组织和家庭的协作，共同搭建起对受害儿童提供救助和支持的社会体系。在政府购买基本公共服务的过程中，如何通过国家购买，充分发挥社会

---

① 尚晓援、乔东平、王小林等：《中国儿童福利发展战略研究》，社会科学文献出版社，2022，第194—236页。

组织的专业力量，为性侵害受害儿童提供更有效及时的救助和支持，是一个亟待探索的研究领域。

通过上述分析，本章提出了社会组织对性侵害受害儿童提供服务的两种类型，即慈善捐款支持的服务和政府资金购买的服务。本章分析了在不同的资金模式下，社会组织提供给儿童的不同的服务情况，包括服务对象、服务内容、服务过程。由于政府购买服务开展的时间较短，服务效果和影响尚不是很明显。本章比较了两类服务之间的差异，以及各自的优势和局限性。

二、主要研究问题

本章主要从儿童权利保护的角度分析由非政府组织提供给受到性侵害儿童的社会支持服务，主要研究问题有三个。第一，政府购买服务和慈善资金支持服务分别怎样对整个服务的过程发生影响，从而影响儿童权利的保护？第二，具体而言，资金来源怎样影响服务的各个方面，如服务对象的选择、服务项目的内容、参与服务的组织和人员，以及服务的成效等？两种类型服务的异同是什么？各自体现了什么样的儿童权利理念？第三，慈善资金支持的服务和政府购买的服务，各自的优势和局限性是什么？本章期望根据这些分析，为政府购买儿童保护服务的政策发展提供实证支持依据。

三、研究方法

本研究采用文献研究和定性研究的方法，主要包括政策分析与案例研究。一方面，笔者团队对公开发表的政府文件和儿童保护机构的资料进行了分析，以说明目前中国政府购买基本公共服务和儿童保护的政策进展、这些政策怎样影响第一线的服务购买和提供，以及社会组织如何为受性侵害儿童提供服务；另一方面，笔者团队对两个儿童救助民间机构的领导、负责的社会工作者以及与儿童生活有关的教师和照料者进行半结构式访谈，深入分析不同的资金来源对民间组织提供的服务产生的不同影响。

第二节　对儿童暴力受害者的保护和服务：政府购买服务

政府购买服务主要是指针对进入司法领域和社会救助的案件，通过国家购买法律援助和社会工作服务，对受害者提供的各种保护性和支持性服务。因此，政府购买服务对服务的接受方和提供方都有严格的规定。

在本章中，承接政府购买服务的组织是非营利社会工作组织。在我国，这些组织是注册在民政系统下的民办非企业社会组织。根据中国社会工作联合会发布的报告，截至2018年年底，各地共成立社会工作服务机构9 793家，其中能够提供儿童保护服务的机构相对较少，能够提供对性侵害儿童后期支持的社会工作机构数量更少。本节分析的是北京首例民政部门申请撤销监护人资格的案件，通过对这个案件的分析，考察在儿童性侵害案件中政府购买的社会服务工作的具体内容和流程，分析政府购买对儿童保护案件中社会工作服务的影响。

一、案件简介

小芳曾经是被遗弃儿童，2002年，刘某将其带回家中抚养。2011年，刘某办理了收养手续，合法收养了小芳。然而，刘某在抚养小芳期间，有家庭暴力行为，还强迫小芳彻夜在外捡拾垃圾。最恶劣的是，小芳从七岁开始，遭到与刘某同居的男子和刘某儿子多次性侵害。李某曾作为保姆长期照看过小芳，对小芳有感情，与小芳关系良好。2016年6月，李某了解到小芳遭到性侵害，对小芳提供临时庇护，并向公安部门报案，案件由此进入司法程序。法院确认刘某儿子构成强奸幼女罪，判处有期徒刑十年，剥夺政治权利两年；而与刘某同居的男子的侵害问题，除了小芳的陈述以外，没有其他的证据材料予以支持，侵害事实未得以认定。小芳的案件在判决之后，养母刘某的监护权被剥夺，小芳由民政部门监护并提供替代性养护。

二、对小芳的儿童保护服务

此案件中，服务对象小芳是儿童性侵害犯罪的被害人，其完全符合国家提供儿童保护服务的对象的要求。小芳需要的后期支持和保护服务内容与其他儿童性侵害受害者类似。但是，这个案件的复杂之处在于，案件从前期的庭审到后期安置隶属于北京市两个不同的行政管辖区域。按照政府购买服务的规定，政府购买介入经办案件的社会工作组织的活动不能超出该组织所属地政府的行政管辖区域。因此，本案必须通过分属不同行政管辖区域的两家社会工作机构提供服务，经历了案件转介的过程。这两家社会工作机构分别是北京超越青少年社工事务所（本书以下简称“超越”）和北京和风社工事务所（本书以下简称“和风”）。

（一）服务的内容和流程

从案件被发现到庭审结束的整个过程中，海淀区政府向超越购买了儿童社会工作服务，由超越与政府的司法部门、其他有关部门和官方组织（如共青团）合作，为受害儿童提供服务。

（二）案件前期安排

海淀区公安部门有专门负责儿童青少年案件的工作人员，对青少年案件很有经验，并和超越开展过刑事案件被害人救助项目的合作。此案发生后，公安部门在接案的第一时间就联系了超越的司法社会工作者，邀请社会工作者介入。因此，在案件的早期就有社会工作服务介入，案件处理过程纳入了儿童保护的内容，这一点对提高儿童保护干预服务的效果非常重要。公安机关能够及时购买社会工作服务，说明此次政府购买服务是非竞争性购买，实际上是对曾经的合作组织的定向购买。

超越的司法社会工作者不能提供律师服务，于是接案后联系了北京的公益律师，并建立了与共青团组织之间的联系。其后，扩大到多个部门，建立了由海淀区的团委、公安、检察院未成年人检察处、法院未成年人审判庭（法官）、律师和社会工作组织组成的案件协调小组（圆桌会议），即案件联动机制。这种联动机制是我国政府处理跨部门案件的一种常用做法。在该政府购买服务的案件中，为了保护受害儿童的利益，政府部门和非政府组织建立了合作的联动机制。

本案中，超越为儿童提供的个案服务的主要内容有四个方面。

（1）儿童需求评估和短期安置。基于家内性侵案件的特殊性，案件协调小组确定了首要目标是保障女孩的生存安全和短期安置问题。其后，社会工作者对儿童和短期安置家庭（李某家庭）进行了家访，对儿童当前需求和安置家庭的安全进行了评估。评估发现，受害儿童希望能够待在李某家，但作为短期安置家庭，李某家庭表示承担着较大的精神与经济压力。其中精神压力主要来自李某家庭暂时不具有对儿童的监护权，而在案件审判期间出现了养母家庭与李某家庭抢夺孩子的情况，李某家庭既担忧儿童安全，也担忧自己短期庇护的合法性问题。

（2）司法支持。评估后，案件协调小组及时就该情况进行商议，并针对问题采取措施。如通过律师的指导，决定由海淀区公安部门出具临时庇护通知书，通知李某家庭，认同其有权力庇护这个孩子，在庇护期间其他人没有权利带走孩子，并盖上公安局的公章，确保了李某家庭临时庇护孩子的合法性。同时，海淀公安分局治安管理大队大队长亲自将庇护通知书送往家庭，表示已经将该事件告知当地派出所，并强调及时出警的要求。

（3）经济支持。针对李某家庭的经济困难，社会工作者链接多方资源，通过团委每个月为李某家庭发放 800 元的生活费，同时提供了米、面、油和书包等生活和学习用品给李某家庭作为安抚。另外，律师和检察院检察长等发起了爱心捐款，为儿童购买了新衣服和新鞋。

（4）儿童隐私保护。案件初期，李某家庭缺乏对司法机关的信任，因而自行求助媒体，以期通过媒体压力促进案件的审理。社会工作者经由家访及时发现了这个情况，基于儿童隐私保护的原则，通过团委联络宣传部门阻止了媒体访谈的播出，从而保护了儿童的隐私。

以上四个方面，是政府通过购买社会工作服务（并通过其链接法律援助服务），使儿童在案件的审理过程中得到了专业化的服务，保障了儿童的安全。由于该案件涉及的人员较为复杂，案件庭审过程中需要移交给其他行政管辖区的法庭。海淀区政府购买的社会工作服务是区域性的，因此当案件审理转移到同一个城市的其他行政区（丰台区）时，个案也需要转介给其他区域的社会工作机构。丰台区向和风购买了社会工作服务，并使该组织成为新的服务提供机构，负责儿童后续的服务。

和风提供了下列服务：

（1）入学支持。在案件审理两个多月后，儿童提出希望继续上学。对受过性侵害的儿童来说，转到一个新的学校对其发展最有利。但是由于户籍限制，儿童无法转到新的学校。对转学问题，和风作为非政府组织，无法独立解决，因此请北京团市委出面解决。经过多次沟通，联系了儿童原来就读学校的老师，安排该儿童回到原学校学习。同时，为了保护孩子的安全，避免原来的监护人骚扰该儿童，派出所在得到学校许可后，一段时间内派人到校内保护该儿童。在校外，除了社会工作者和与案件有关的工作人员外，其他人一律不能接触儿童，特别不允许原来的养母接触儿童。

（2）儿童安置。转介后儿童离开了临时庇护的李某家庭，面临中长期的后期安置问题。根据法院的判决，区县和民政部门负责儿童安置。该区域民政部门的救助站是唯一可能安置儿童的机构，却没有合适的安置儿童的场所。为了解决这个问题，救助站专门腾出一间办公室，加装两张床，为该儿童安排了一个单独的居住场所，成为儿童的临时安置地点。儿童吃住都与救助站的工作人员一样。同时为避免养母纠缠，区民政部门要求案件原受理部门海淀公安分局开具临时监护证明，直至养母的监护权被剥夺。

在这个阶段，区民政部门购买了社会工作服务全程照顾儿童，但单个儿童的照顾成本较高。民政部门共雇用了两名社会工作者负责儿童的白天看护，一名家政负责晚上看护，一名保安负责儿童上下学的安全，避免原家庭成员的骚扰。根据社会工作组织负责人估算，儿童的照顾成本最低每个月 8 700 元，最高时（四人同时工作期间）约每月 19 000 元。直到笔者团队调查时，儿童的替代性养护问题尚未解决，儿童还处于民政部门的持续监护下。

2022 年 7 月，笔者团队回访该案例，案主小芳已成年，正在就读大专。小芳于 2018 年进入职业高中就读，依托街道提供的特困人员供养费用和学校的免学费补贴，解决了学杂费和基本生活费问题。小芳在区民政局救助站办公室共居住三年六个月，由于多重原因的限制，直到 2020 年 4 月，因疫情防控影响，小芳不得不转入寄养家庭（李某家）生活。根据社会工作机构测算，政府给予寄养家庭补贴 4 600 元/月（小芳的特困人员补贴+街道补贴+寄养政府补贴），寄养家庭负责支付儿童所有学杂费和生活费，直到案主成年。

综上所述，政府购买儿童保护服务是综合性的、全方位的。如在案件审理过程中的法律救助、社会工作者干预、儿童状况评估和保护方案的制定、临时性庇护法律援助、隐私保护、监护权转移、对经济保障和教育需求的满足，以及直到最后由民政部门接管替代性养护的长期安置等等。服务的特点是，在整个案件服务的全过程中，政府部门深度介入，非政府的社会工作组织的独立性很小，其提供服务的活动范围受到政府的行政管辖区的严格限制，即使在同一个城市中，也无法完全根据儿童需要实施设计好的个案干预方案，无法为儿童提供完整的服务，需要政府部门和共青团的持续干预。整个案件处理中政府支出的成本较高。

三、政府购买对个案服务的影响：特点与局限

由个案分析可知，在政府购买服务为儿童性侵害受害者小芳提供社会工作服务的过程中，地方政府承担了全部的经费责任，在案件审理和后期安排中，尽可能地使用了专业化的社会工作服务。通过政府购买社会工作专业人员服务的方式，可以使专业社会工作者在面对行政与司法系统时，能代表受侵害未成年人的利益发声，也能从政府购买服务中获得工资收入，得到更多的发展机会。这些都是儿童保护制度的进步，是政府购买儿童保护服务的积极方面。

政府购买社会工作服务为儿童性侵受害者提供服务，从儿童保护的角度看，最重要的是有专业社会工作者的参与，这对提高服务的专业化有重要的影响。从案件的处理流程看，专业社会工作者的参与，使儿童受害者的权益受到了更多的关注和更好的保护。此案件在公安预审的第一时间就被认可并纳入了社会工

作者作为合适成年人代表儿童利益的范围内，从而使社会工作者在询问阶段就介入了案件，避免儿童在司法程序中遭受二次伤害，有效地保护了儿童权利。社会工作者为儿童代言，在获得政府的授权许可后，能够在儿童安全、离开原生家庭和进入临时性监护的程序等问题上提供专业化的服务，这些都有助于更好地保护儿童。

政府购买服务，在推动非政府组织提供儿童保护服务方面有更加明显的作用。第一，非政府组织服务获得了有保障的经济收入，政府的购买服务经费使项目平稳运行，社会工作者可以专心为儿童提供服务，无须为项目运行经费担心。第二，政府对所购买的服务不仅提供了资金支持，还使非政府组织的服务活动获得了官方承认，政府购买使社会组织的服务被赋予了与政府有关的“权威性”，即公权力机关为社会组织的参与背书，使其在做出决定并实际提供儿童保护服务时，更少受到来自行政管理部门的掣肘，更容易达到预期的目标。第三，儿童保护涉及很多仍然由政府提供的服务，如教育、医疗保障、困境儿童生活救助、户口转移等。在这个过程中，非政府组织如果单独处理，就会遇到很多干扰。政府购买行为建立了政府部门与非政府组织、儿童及其家庭的一个新的关系和沟通渠道，使得在案件处理过程中，更可能得到多部门的配合，案件处理和儿童安置的过程更顺利。在本案中，设立了联席会议制度，政府多个部门都参与了案件的处理，专业社会工作者也代表儿童参加会议，并与其他参会的政府官员进行交流沟通，使政府部门更充分地了解儿童及其安置家庭的需求。在此基础上，做出有效保障儿童安全和隐私的决策和安排。

不过，我们也发现了政府购买儿童保护服务与现有的管理体制之间存在不协调的问题。该个案所面临的主要问题是政府购买服务在提供过程中，与不同层级、不同部门之间的职能和责任的划分存在不易协调的问题，这些问题给儿童福利和保护服务的实践带来了一定的困难。

第一，管辖区域的问题。在现有的系统中，依照行政区划，政府购买的服务只能在规定的区域内提供。当出现需要提供跨区服务的案件时，原有社会工作机构的服务不得不中断，并将服务对象转介给新的行政区域的社会工作机构。

服务的中断和转介给儿童保护服务带来了明显的困难。

第二，在现有的行政体制内，对儿童的安置不仅仅受到行政区域的限制，跨区域安置还受到管辖层级的限制。当法院将儿童的监护权判决到区县级民政部门，但区县级民政部门无能力安置或无合适的安置机构时，儿童需要由市一级民政部门和下属合规机构进行监护。由于平级单位无法协调，因此在案件从一个区域转到另一个区域的过程中，要经过行政上报和上级审批。在此案中，案卷先从海淀区转往丰台区，而该受害儿童户口最后落在西城区，这就涉及三个行政区。因平级政区无法协调，案件必须通过上一级的政府机构进行协调，再由上级机构及其隶属的下级单位进行协调（或发布命令）。在这个协调过程中，由于各部门不清楚自己承担的责任和具体职权范围，因此常常出现重复安排的情况。有时如果一个单位的负责人员变更，就需要重新沟通，耗时耗力。

第三，政府购买服务受到经费使用方式的限制，无法高效地使用资金对儿童进行高质量的救助。如与通过民间的专业机构进行家庭式养育或招募寄养家庭进行照顾相比，通过政府设立的行政机构为儿童提供替代性养护，不仅成本更高，而且照料效果不如前者。但因为受到政府购买服务的经费使用规定的限制，难以通过寄养家庭或民间的儿童养育机构提供替代性养护。

第四，该案件具有特殊性。现行法律条文中并没有明确规定儿童案件需要社会工作者在场，因此需要建立更完善的社会工作救助制度。对受害儿童的救助，应当从派出所接到报案后的第一时间起就安排社会工作者参与。

第三节　对儿童暴力受害者的保护和服务：慈善资金支持服务

慈善性服务是指社会组织主要利用从民间募集的资金，对受害儿童提供的救助服务。服务接受者都是儿童性侵害的受害者。不过，由于我国的儿童保护制度刚刚建立，儿童保护不能覆盖所有受到性侵害的儿童（见本书第三章对儿童性侵害内涵的讨论）。儿童保护服务尚未纳入政府提供的基本公共服务项目，各地都处于试点阶段或制度建设的初期，大量受害者无法获得政府提供或资助的服务。一些非政府组织利用慈善基金，为性侵害受害者提供服务，在一定程度上弥补了由资金不足或认识不到位等原因导致的政府公共服务的空缺。

上文提到，河南省儿童希望救助基金会（本章以下简称“儿童希望基金会”）是一家利用慈善资金对受到性侵害的儿童提供后期支持和服务的非政府组织。截至 2020 年 7 月，该机构已经有 43 个个案结案。本节分析儿童希望基金会为两名受害者提供服务的个案（均发生在 2014 年），试图通过对这两个个案的分析，总结社会组织利用慈善捐款提供服务的优势和局限性。

一、个案 1

（一）案情简介

2014 年，A 县一名十六岁男童小飞在上学的三年间，多次被学校一名老师带回家中猥亵。小飞因此无法集中注意力学习，在校表现不佳，被视为“问题学生”。直到小飞被父母带去医院检查并诊断出应激性心理障碍，其父母才得知小飞受到性侵害。2014 年 5 月，小飞父亲报案后，A 县刑警队迅速刑事拘留作案人，此后正式批捕，并由 A 县人民检察院提起诉讼。同年 12 月，A 县人民法院一审判决被告人（老师）非法拘禁罪有期徒刑两年十个月，赔偿附带民事诉讼费用共 132 716.83 元。此后，小飞父母向 B 市中级人民法院提起诉讼，被告为 A 县政府、A 县教育局和 A 中学，请求更改罪名为虐待儿童罪，民事部分要求更改经济赔偿为 687 241.34 元。2015 年 3 月 6 日，B 市中级人民法院下达刑事附带民事裁定书，认为原审判决认定的部分事实不清，发回重审。但是，当时的《中华人民共和国刑法》没有规定强制猥亵已满十四周岁的男性为犯罪，而法无明文规定不为罪。所以，刑事部分维持原判，民事部分增加了部分赔偿金额。此后，儿童希望基金会介入此案，为小飞提供服务，小飞最终走出了性侵害的阴影，学习了谋生的技能，并有了独立的收入和生活。

（二）社会组织的介入和服务

1. 接案和评估

本案通过报道该案件的媒体转介给儿童希望基金会。报道本案件的《京华时报》记者得知儿童希望基金会有“真爱受虐儿童服务项目”（本章以下简称“‘真爱’项目”），专门为受到性侵害的儿童提供帮助，遂把涉案儿童转介给儿童希望基金会。

在法律上，小飞并不是性侵害犯罪的受害者。但这并没有影响儿童希望基金会对该儿童的支持。

接到报案后，主管社会工作者与小飞父母初次接触后，分别从儿童自身创伤情况、儿童所处环境安全情况、家长和家庭情况等多个方面对受害者状况进行了评估，发现创伤的部分除了性侵本身造成的身心伤害，还有周围环境对受害者的再度伤害：① 小飞所在学校的教职工和同学们的歧视性的态度[①]；② 学校对受害儿童及其家属不甚关心；③ 经济压力大，父母要带小飞到北京进行后期康复治疗，超出了家庭的经济能力；④ 对家庭的分析发现，小飞的家庭环境对小飞康复有利。此外，小飞父母非常注重小飞的健康成长，一家人团结一心，家庭对受害儿童有足够的支持。主管社会工作者综合分析后确定了对小飞的服务方案：一是陪伴父母走完司法程序（努力使施害人得到与其罪行相称的惩罚）；二是改变就学环境，支持小飞集中注意力在新学校学习、交友，并为未来走入正常生活做好准备。

儿童希望基金会链接法律资源确定了对小飞的服务方案后，第一个目标就是完成司法程序，达到“惩凶”的目的，也满足受害者对“认可”和“知情”的要求。这属于法律援助的内容。儿童希望基金会本身没有可以提供法律援助的专门人员，因此，儿童希望基金会联系了北京青少年法律援助与研究中心，通过该中心与在“中国律师未成年人保护志愿协作网”上登记的当地志愿律师建立联系。案发时间在 2015 年《中华人民共和国刑法修正案（九）》颁布之前，已满十

① 在对小飞的询问中他提到，最受不了的是父亲报警后此事在全校范围内被曝光，有同学直接打电话询问他本人关于案件的细节。

四周岁男性未被包括在猥亵罪的犯罪对象中，在律师的帮助下，此案最终以非法拘禁罪起诉该教师并定罪。

2. 经济支持

小飞在北京期间，儿童希望基金会“真爱”项目组为了缓解他的经济困难，帮他链接了申请经济援助的民间资源。小飞在北京治疗、出院到入学的一年时间中，儿童希望基金会“真爱”项目组动员了北京的爱心家庭志愿者，在租房、购买生活物品方面对小飞家庭提供帮助。发现小飞的摄影爱好和天赋后，志愿者还帮助他筹款购买笔记本电脑、募集单反摄像机，并资助他参加摄影课程的学习。整个个案服务期间，项目组共募集现金和实物捐赠约 24 000 元。

3. 学习和培训

小飞的个案服务时长为一年半。开始阶段，社会工作者与家长、小飞在医院探访和评估会面八次，制定了后续的服务方案。小飞出院后，在社会工作者帮助下，小飞进入新的学校，社会工作者带小飞父母去新学校考察评估、与校长会谈，并到学校探访小飞，协助他适应学校生活。入学后，社会工作者为小飞单独提供了心理康复谈话 11 次。同时，父母受到培训，在社会工作者的帮助下学习怎样与孩子相处，并积极配合社会工作者帮助孩子康复。在这些支持下，小飞逐渐成长为一个阳光帅气的大男孩。社会工作者在接触中发现小飞热爱摄影并有这方面的天赋，遂帮助他联系了专业的摄影老师进行学习。最后，小飞能够拍摄出非常专业的摄影作品，并成功入职摄影事务所。他的父母也得以安心回老家，继续生活工作。这是一个康复成功的个案。

二、个案 2

（一）案情简介

小梅，十六岁，女性，七八岁时曾被父亲猥亵，初中时期被父亲强奸。小梅中学毕业后到公司实习，把自己的遭遇告诉了同事，后实习公司的老板转介小梅到儿童希望基金会，期望其获得帮助和保护。

由于小梅已经离家工作一段时间了，因而没有保存能够证明其受到强奸的直接物证（沾有体液的衣物、毛发等）。另外，当时我国还没有建立儿童保护制度，尚无可参考的执法程序来撤销父母监护权，实现小梅提出的离开原生家庭的希望很困难。但是为了保护小梅的人身安全，儿童希望基金会帮助小梅离开家庭，并把她安置到一户寄养家庭。随后，小梅便进入了儿童希望基金会的儿童保护程序。经过几个月的支持性服务，小梅逐渐走出心理阴影，有了工作、收入和独立生活的能力，逐渐进入独立的成年生活。

（二）社会组织的介入和服务

1. 接案和评估

小梅的个案是性侵受害者本人主动披露并向外界寻求帮助。社会工作者通过会谈评估后，认为小梅最紧急的需要是安全问题。因此给出的救助方案分为两部分：一是通过法律程序，起诉小梅的父亲，这需要固定证据；二是帮助小梅寻找可提供住所的安全团体或家庭。

2. 联络法律资源

儿童希望基金会就小梅的情况与公益律师沟通。律师建议立即报警、固定证据。但进一步沟通发现，小梅被性侵的事情过去较久，近期无法获取直接物证。同时，通过与小梅母亲的通话，社会工作者发现小梅的母亲站在父亲一边，否认事实，指责女儿“勾引”父亲。小梅也认为很大程度是因为自己的过错，“把家里搞得一团糟”，对父母怀有恨意，但又很想去照顾他们。小梅有继续上大学的愿望，但父亲控制着小梅的经济来源。小梅的家庭内部关系如此复杂，且当时撤销父母监护权的法律规定尚未出台，没有可参考的此类案件的执法程序，因此社会工作者在没有报警的前提下帮助小梅离家并转移。

3. 庇护安全和心理支持

儿童希望基金会为小梅找到了一个愿意提供庇护的志愿者家庭。这个家庭有七个孩子，女主人在幼年时也有过被性侵等经历，她最终在同伴团体的支持中重获对生活的希望。通过与女主人分享经历和获救的经验，小梅能够逐渐放下心理负担，并认识到她没有错，她完全可以做到不被那个伤害她的男人控制。在同伴群体中，小梅获得了心理支持，看到了未来的希望。

4. 心理康复

在整个寄养和初期工作期间，治疗学习小组的伙伴们紧密陪伴着小梅。在小梅结婚生子之后，社会工作者仍与其保持联络。社会工作者一共与小梅进行了13次面谈，跟进小梅的疗愈过程，了解她的需求并在个案辅导中帮助她发现自身的资源和能力。

5. 经济支持

儿童希望基金会为小梅提供了短期经济支持。由儿童希望基金会募集资金，每个月为小梅提供1 000元助养款。在三个月的寄养期满后，寄养家庭为小梅介绍了一份保育员兼幼教老师的实习工作，这份实习工作提供食宿，并有少量现金补助。经过一段时间的过渡后，小梅找到了一份服务员的工作。虽然辛苦，小梅还是通过自己的努力赚取房租，并通过了服务技能考试，走出了成功独立生活的第一步。

小梅重新开始正常的独立生活的经历也说明这是一个后期干预成功的个案。

三、慈善资金资助性服务的特点和局限性

从以上个案分析和儿童希望基金会的具体服务结果来看，慈善资金资助的服务，在服务过程中，对服务对象的确定、服务项目的选择、经费的使用方式等，比政府资助的服务具有更大的灵活性。这使得儿童希望基金会在为受性侵害儿童提供服务时，可以在服务对象、服务项目的选择等方面，根据专业人员的建议和儿童的需要做出决定，更好地体现社会工作的专业性，并争取更好的服务结果。

（一）服务对象的选择

以上两个个案的接案途径不同，受害者都处于儿童性侵害司法处理的灰色区域（第一个个案受侵害者为男性，相对报案与接案更难；第二个个案中未成年女性受性侵时间与报告时间之间的间隔较长，报案与取证不易，强奸幼女或妇女的指控均无法获得法律支持）。如果由政府提供服务，受到政策因素的限制，那

么这两个受侵害者均可能无法成为受助对象。如小飞在法律上不能被认定为强制猥亵犯罪的受害者；小梅的父亲虽然是性侵害犯罪人，但小梅无法提供证据，此外，父亲也是小梅的法定监护人，这个身份当时还无法被剥夺等。因此政府对这类个案进行干预有一定的难度。

（二）服务内容和形式的多样性

慈善资金资助的服务可以根据儿童的愿望和需要灵活地选择必要的服务内容。如在经济支持方面，儿童希望基金会从多方面募资，能够更全面地将社会力量与个案的需求进行对接，选择使受害儿童能得到更好发展的服务方式（如安排小飞学习摄影）等。同时，还把对儿童治疗和发展性培训融入了日常的生活和学习中，如清扫居所、课业辅导、上下学接送、短期家庭寄养、发展兴趣爱好等。儿童希望基金会开拓了大量愿意陪伴孩子的志愿者资源，其中包括很多具有专业技能的各领域人才。志愿者的参与给予孩子最需要的陪伴和帮助，可以多方面满足儿童发展的需要，达到帮助受害儿童更好地成长与发展的目的。

（三）社会工作的专业性

在儿童希望基金会的服务中，经费使用比较灵活，没有太多行政方面的限制，社会工作者更多的是根据专业知识和儿童需要做出决定，在贯彻执行中也少打折扣。通过个案评估和个案服务，儿童希望基金会的服务能够关注到儿童及其家庭的多层次需求，通过较为长期稳定的服务模式，为受害者及其家庭提供更专业且更具针对性的服务。这与现有的民政体系中提供的基本生活保障服务，以及司法体系中更关注公平公正的原则都有一定区别。在政府只能对受害儿童提供底线保护的情况下，社会组织通过自身的专业能力和更精准的服务，为受害儿童提供个性化的儿童保护服务是非常必要的。

社会组织利用慈善资金对受性侵儿童提供的服务能够选择更多类型的受害者，服务方式更好地贴近和满足儿童的需要，具有灵活性、多样性和专业性的优势。但是这类服务价格昂贵，有能力提供相应服务的社会组织有限，每个非政府组织的人力资源与经济资源同样有限，与受性侵儿童的服务需求和数量相比，显得少之又少。

同时，虽然社会组织在自筹资金的使用和对儿童的帮扶上拥有较大的自由度，但长期支持性侵害受害儿童给这些社会组织带来了持续性的经费压力。性侵害的受害儿童通常需要长时间的支持，比如在儿童希望基金会救助过的个案里，最长预计要八到十年的支持才能确保受性侵儿童过上普通人的生活。此外，基于儿童的隐私保护的需要，在筹资时要避免出现儿童的身世和图像曝光等问题，这使得社会组织通常以讲故事为主的筹资模式更加困难。

因此，慈善经费难以支持针对受性侵害儿童的大规模长期服务。只有政府可以承担起提供普惠服务的责任，将更多的受害儿童纳入现有的社会福利的支持体系中。社会组织提供的服务与政府可以提供的服务之间应当有清晰的区分门槛，主要服务提供者应当是具有兜底责任的政府，政府提供的底线服务无暇顾及的部分，由非政府组织提供服务。

第四节　慈善捐款服务和政府购买服务的异同

在分析两类服务的个案之后，我们可以总结一下这两类服务的异同，并由此比较它们各自的优势和局限。

本章开始时提出了笔者关注政府购买服务和慈善资金支持服务，以及两者怎样对整个服务的过程发生影响，并从服务对象的选择、参与服务的组织和人员、服务的目的和具体内容，以及服务的成效等方面考察政府购买服务和慈善资金提供服务的异同，包括各有什么特点、优势和问题。

根据对两类儿童保护服务的分析，本节比较慈善捐款服务和政府购买服务的异同。

第一，服务对象。政府购买服务的服务对象在享受资格方面有严格的限制，如对居住地的规定，或者根据现行法律认定受害者的身份等。在案件处于刑事调查和审判的过程中，按照法律法规，政府应该对受害者提供司法援助，并在父母的监护权被剥夺之后，对该儿童提供替代性养护、经济保障、教育医疗卫生服务等儿童发展的必要安排。慈善资金支持的服务对象，在享受资格上其实没有受到限制（儿童希望基金会秉持“无条件接纳”的理念）。此外，这些个案发生在我国儿童保护制度建立的初期。当儿童保护制度更加完善后，为了制度的可持续性，政府对服务对象享受资格的规定应该更加严格。因此，政府购买儿童保护服务的对象，比慈善资金支持服务的对象，在资格和身份上有更加严格的规定，覆盖面较窄。

第二，服务目的。在政府购买服务的条件下，服务的主要目的是在儿童保护的司法过程中，提供社会工作专业服务，使儿童免受伤害，并对受害儿童进行适当的安置；慈善资金资助的服务，主要目的则是通过提供伤害后的服务，帮助受害者康复，重新获得正常的生活。两者服务目的有所不同，满足受害者不同类型的需要。

第三，服务内容。政府购买服务的主要内容是对儿童的法律救助和在司法过程中对儿童权利的保护，如司法援助、临时性的经济援助、安排临时庇护和教育等。慈善资金资助的服务（如儿童希望基金会提供的服务），虽然也包括法律援助的内容，但重点是对受害儿童的安置、心理康复、职业教育、临时性经济援助和向成年过渡的服务等，甚至包括筹资购买电脑、单反相机、摄影课程等内容。在这些方面，慈善捐款资助的服务项目更为多样，更贴近儿童个性的需要。

进一步分析，政府购买服务是为儿童提供底线保护，满足儿童对保护生命和免受伤害的需求。这类需求对每一个儿童都一样，因此是共享需求。政府提供服务的一个特点是满足所有公民共享的一般性需求。但是，受到性侵害的儿童，除了一般性的需求外，往往还有对康复、补偿、重建生活环境的非共享需求。因此，受侵害儿童对保护和后期支持的需要往往具有差异性，无法被政府提供的服务完全满足，需要高于底线的、特殊性的服务和支持。慈善捐赠支持的服务恰恰满足了这类非共享需求。

第四，在两类个案中，提供服务的都是非政府非营利的组织。不同的是，在政府购买服务中，服务必须从作为购买者的政府机构管辖区内的非政府组织购买，其服务地域仅仅限于一个辖区内。在慈善经费支持的服务的个案中，服务提供组织儿童希望基金会在河南注册，服务提供地是北京，实际上从全国各地获得资金，服务的对象来自全国各地。两类个案中，服务者都有专业的社会工作者。这说明，政府购买服务的承接组织，除了对专业资质的要求外，在注册登记的地域要求方面有更严格的限制。考虑到儿童保护类的服务未来都可能是（县区以下）地方政府的责任，因此，更可能依靠当地的民间组织提供服务，这将成为中国儿童保护制度的重要发展趋势。

第五，从服务的结果看，在调查结束时，政府购买服务的个案，司法过程结束了，养母的监护权被剥夺了，儿童回到了学校，但是没有实现转学的愿望，仍然处于民政部门的监护下，在救助机构的办公室中居住了三年多才进入寄养家庭。慈善资金支持服务的个案，受害者均顺利地进入了社会，有了独立的收入和生活，找到了自己未来发展的道路。

第五节　结　　论

第一，比较慈善捐款支持服务和政府购买服务，在对受性侵害儿童的支持方面，有各自的特点。一是服务对象不完全相同。与政府购买的服务相比，慈善捐款资助服务对服务对象的限制较少，因此其服务对象覆盖的受害者群体更大，能够覆盖法律尚未覆盖的受害者群体（如已满十四周岁的男性未成年受害者，丧失了性侵害证据的女性受害者）。二是在提供的服务项目方面，政府只购买基本公共服务，满足儿童的底线需求；慈善捐款支持的项目则更丰富，更贴近个人化的需要，满足受害儿童的特殊需求。三是这两类服务对服务提供者的资格限制不同。这些差异使我国只有政府购买服务还不够，也需要慈善捐款支持服务，后者是前者的补充，在儿童保护方面有更大的发展空间。

第二，我国的儿童保护制度正在逐步建立与完善，政府购买儿童保护服务和慈善资金支持服务在社会上并存。资金来源不同，对整个服务的影响也不同。这里我们从儿童权利保护的角度进行分析。首先，政府购买服务，对服务对象、项目和地域都有严格的限制。而慈善资金的使用则没有这些方面的限制。其次，政府购买服务，在保障儿童权利方面，有超过慈善资金支持服务的便利一面。即政府在提供资金的同时，已经为该项服务“背书”，使服务获得了官方的正式认可，提供了政策便利。如政府和非政府组织合作，对服务提供组织赋权，使其能够在司法过程中有更多的机会为儿童代言，而慈善资金支持服务则没有这方面的便利。儿童的有些权利，必须由政府部门出面才能得到实现（如户口转移，获得政府提供的教育、医疗和基本生活保障待遇等），缺少政府背书，在争取儿童权利的过程中可能会遇到阻力。这方面的问题随着中国儿童保护制度的完善会逐渐减少。这样看来，不同资金来源对服务的影响各有不同。

第三，综上所述，非政府组织利用慈善捐款提供的服务，虽然有自己的特点和优势，但其服务的儿童数量太少，长期可持续性存在问题。而政府购买儿童保护服务是一个重大的进步，说明政府在这个领域承担起了责任。无论慈善捐款支持服务有多少优势，其力量终究有限，不可能代替政府的主导地位为所有需要的儿童提供必要的服务。这是大势所趋，政府承担经费责任，通过购买公共服务提供儿童保护服务势在必行。中国儿童保护服务将逐渐从依赖慈善捐赠，转向主要依靠政府购买服务，这是中国儿童保护制度发展的重要一步。同时，为了满足受害儿童多方面的需要，慈善资金支持服务在中国也应该有所发展，以补充政府服务的不足。

第十九章

结语：儿童保护，任重道远

尚晓援　田　甜

摘要：本章总结了全书的主要发现。第一，在中国，儿童保护制度正在起步，法律基础逐渐完善，关键制度已经建立，底线保护的基本要素齐备，新的司法实践已经开启。第二，儿童利益优先的原则成为儿童保护的基本理念。第三，中国的儿童保护制度仍然处于初创阶段，任重道远。我们需要加强儿童保护的组织建设和队伍的专业化发展，建立多支柱、多维度和专业化的后期支持与服务保障体系，并面对新的挑战——数字时代的儿童保护。

关键词：儿童权利；儿童保护制度；性侵害未成年人；预防性侵害；社会工作；儿童利益优先

本书关注的中心是对受到性侵害儿童的社会支持和服务，系统考察了中国儿童保护制度的法律基础、组织建设、新的司法实践及其面对的诸多问题，总结了保护受到性侵害儿童的经验，归纳了中国的公益律师、非政府组织在对受到性侵害儿童的保护和支持方面做出的努力和提供的服务。本章讨论本书的主要发现：中国儿童保护制度的进步、努力的方向和面对的挑战。

一、中国儿童保护制度仍然处于初创阶段

研究发现，在中国儿童保护制度建设已经起步，经过数年的努力，法律基础逐渐完善，儿童保护的关键制度已经建立，底线保护的四个基本制度要素已经具备，新的司法实践已经开启，逐渐积累了一些成功的案例和经验。虽然如此，中国的儿童保护制度仍然处于初创阶段，很多方面仍然存在空白。

根据澳大利亚家庭研究所的研究，西方国家的儿童保护制度经历了三个主要的发展阶段。

第一阶段，制度初创阶段。发生在19世纪末，主要通过慈善组织的推动，建立儿童保护法律、干预家长行为、对受到虐待和忽视的儿童提供保护。美国、英国和澳大利亚的儿童保护制度都是从此起步。

第二阶段，专业化和制度完善阶段。发生在20世纪60年代，从确认“受虐待儿童综合征”（battered-child syndrome）开始，通过专业人员（主要是医学专业人员）的推动，政府立法，建立强制报告制度，由国家主导，对虐待儿童的现象进行干预。在这个阶段，关于针对儿童的暴力，也从早期对身体暴力的关注，扩大到关注精神虐待、忽视和性侵害等方面。在替代性养护方面，则开始了持续的“非机构化”的努力，并强调儿童安置的稳定性和长期计划。

第三阶段，持续发展阶段。此阶段开始于21世纪初。从19世纪末开始，经过上百年的发展，儿童保护已经有成熟的制度，制度本身的问题也充分暴露。以澳大利亚为例，最主要的问题包括两个方面：第一，国家机构无力应对大量的关于虐待儿童或疑似虐待儿童的案件报告；第二，国家干预之后，替代性养护的问题很多，国家养护的儿童的发展结果不理想。在此背景下，新阶段的儿童保护制度向预防性干预发展，如对高风险家庭提供支持和基于社区的干预等措施。针对案件本身的处理和措施，只有在其他方法都失效之后，才在最后阶段使用。

从英国、美国、澳大利亚等国家儿童保护发展的历史看，儿童保护涉及千家万户，涉及方方面面。制度建设需要持续努力，不能一蹴而就。中国正处于制度初创阶段，因此，在未来相当长的时间内，儿童保护的主要工作仍然是通过持续

的法律和制度建设，弥补儿童保护法律方面的空白，为受到性侵害的儿童提供底线保护。

二、儿童利益优先的原则成为儿童保护的基本理念

儿童利益优先的原则，在中国儿童保护制度的发展中是被普遍接受的重要原则，中国的儿童保护制度在起步阶段就坚持了这一重要原则。但值得注意的是，该原则的灵活性和模糊性使其在实践中面临着多重挑战。[①] 本书提出了儿童保护最佳实践的分析框架，为从业人员提供参考，同时呼吁进一步探索本土化儿童利益优先原则的应用。这有望推动中国儿童保护体系的不断完善与发展，以更有效地保障未成年人的权益。

三、儿童保护的组织建设和队伍的专业化发展

研究发现，中国的儿童保护制度的法律基础已初步具备，接下来将进一步建设和完善儿童保护法律体系，这需要比较长期的司法实践和经验积累。同时，儿童保护制度的组织建设任重道远。从全国范围看，儿童保护的组织机构尚未健全，人员配备、经费预算保障和经费来源、专业队伍的培养和专业素质的养成等都处于初级阶段。同时，各个地区之间发展不平衡，存在比较大的差异。这是制度初创时期的必然现象。

在儿童保护的法制基础逐渐完备的背景下，未来儿童保护的组织建设和人员队伍的专业化发展将成为发展的重点。例如，第一，建立基层的儿童保护主管机构。有效的儿童保护制度，需要在县（市）一级建立基层主管机构，接受儿童保护的报案，协调公安和司法部门，对恶性案件进行立案、调查、判决，并负责对受害者进行后续安排等工作。第二，建立和落实中国儿童保护制度的经费保障机制。第三，中国各个方面的儿童保护专业人才奇缺，因此未来要加强儿童保护队伍的专业化建设，如针对未成年人保护培养更多的法律人才，加大社会工作者

① 王雪梅：《权利冲突视域下儿童最大利益原则的理解与适用》，《政法论坛》2022 年第 6 期。

岗位建设的力度。

四、建立多支柱、多维度和专业化的后期支持与服务保障体系

一个有效的儿童保护制度，不仅能够针对儿童期性侵害做出迅速反应和采取措施，还要对受害儿童提供一系列的后续安排和服务。因此，只依靠政府部门提供的服务是不够的，需要建立专业化的后期支持和服务供给体系，引入专业人员和非政府组织，以减轻政府直接提供服务的压力。

第一，建立高效的多学科多部门的合作模式，完善“一站式”的性侵害取证，这些是减少二次伤害的有效手段。笔者发现，当前的多学科多部门的合作模式已见雏形，但未能成为制度化的常规工作模式。同时，如何优化合作流程、加强部门间的联系和跨越专业壁垒，是值得进一步探索的领域。

第二，后期支持服务纳入家庭视角。在性侵害干预中不仅需要对受害者提供支持，也需要对非侵害家长（non-offending parents）予以支持，这样有助于为受害者提供稳定安全的康复环境。在目前的儿童保护工作中，这是一个缺失的视角。

第三，完善机构安置规范、短期长期寄养标准和流程。此外，儿童从家庭中移出到回归家庭（或拟家庭环境）的具体筛选标准、评估规范和工作流程等都亟待探索。

五、数字时代的儿童保护

儿童保护面对的新的挑战，是数字时代带来的。本书对这个问题没有进行深入的研究，只是简单提到了网络性猥亵问题和最高人民检察院对网络儿童性侵害案例的认定。这些信息预示了在大数据和网络信息化时代，社会对儿童保护工作提出了新的挑战，同时也会有新的儿童保护技术手段不断涌现。这将是一场新的“魔高一尺，道高一丈”的持续竞逐，新技术革命下的儿童保护将有更长的探索之路。

后　　记

迁延数载，几易其稿，《保护和支持受到性侵害的儿童：政策与实践》一书终于付梓，作者不胜欣慰。2019 年，我参加了一个传播学的研讨会，在发言中提到了保护和支持儿童性侵害受害者的有关问题。会后，年轻的男主持者私下与我说，他童年时受到过性侵害，留下了极大的心理阴影，但是从小到大他从未对其他人提起。在中国，男童受到性侵害，想得到社会的理解和法律的保护非常困难。交浅言深，反映他内心倾诉的渴望，他更期望看到研究结果的出版。我理解他的期望，也理解也许还有其他缄默的受害者同样期望研究者通过翔实的学术研究，替他们讲出难以启齿的困境和对正义实现的渴望，推动儿童保护的进步。我因此明白，发表研究结果，也是为受害者代言。此书最终获得出版，我感到释然，感到自己对这一份沉甸甸的期望终于做出了回应。

本书是集体努力的结果。直接参与调研和写作的人包括崔雅文、田甜、李香萍、谈子敏、陈婕、窦振芳、魏艳丽、李秀红、詹尉珍、李梓琨，每一章的标题下均单独注明了该章的作者。

佟丽华律师与我一起策划了这项研究。佟丽华律师是中国未成年人保护法治研究的领军人物，非常感谢他领导和安排了北京青少年法律援助与研究中心的调研团队，调研团队参与了调查、资料分析和写作的全过程。

这项研究开始的时候，中国在性侵害儿童保护方面还是一片处女地，现在，中国底线的儿童保护制度已经初步建立。这是中国儿童保护发展最快的十年。我能够与佟丽华律师，以及带着激情、为了理想进入这个领域的青年研究者们一起，亲身经历在中国儿童保护事业发展过程中充满困境与挑战、光荣与梦想的初创时期，深以为幸，也深以为荣。

尚晓援